Wissen wuchern lassen

Ein Handbuch zum Lernen in urbanen Gärten

Wissen wuchern lassen

Ein Handbuch zum Lernen in urbanen Gärten

Herausgegeben von:
Severin Halder
Dörte Martens
Gerda Münnich
Andrea Lassalle
Thomas Aenis
Eckhard Schäfer

AG SPAK Bücher

„Viele legen in den Gärten einfach los, ohne konkrete Vorstellung, was das ist und wie sie damit sich selbst und die eigene Umwelt ändern können."

„Das ist ein Lernen im Dialog, ob mit Tier, Pflanze oder untereinander."

„Das heißt Bildung mit allen Sinnen."

Wissen wuchern lassen

Ein Handbuch zum Lernen in urbanen Gärten

Herausgegeben von:
Severin Halder
Dörte Martens
Gerda Münnich
Andrea Lassalle
Thomas Aenis
Eckhard Schäfer

AG SPAK Bücher

„Viele legen in den Gärten einfach los, ohne konkrete Vorstellung, was das ist und wie sie damit sich selbst und die eigene Umwelt ändern können."

„Das ist ein Lernen im Dialog, ob mit Tier, Pflanze oder untereinander."

„Das heißt Bildung mit allen Sinnen."

„Bei uns im Garten waren die Bohnen am Blühen und auf einmal steht da jemand und will ‚diese hübschen Orchideen' haben."

„Auf engem Raum wird soziales Miteinander gelebt und Achtsamkeit, Sorgfalt und Geduld gelernt."

Impressum

Herausgeber*innen und Redaktion:
Severin Halder, Dörte Martens, Gerda Münnich,
Andrea Lassalle, Thomas Aenis, Eckhard Schäfer
Gestaltung und Siebdruck: Nico Baumgarten
Illustrationen (soweit nicht anders angegeben): Natalia Hosie
Grafiken (soweit nicht anders angegeben): Pau Domingo
Lektorat: Andrea Lassalle

1. Auflage: AG Spak, Neu-Ulm 2014
ISBN 978-3940865-66--0
Druck: Digitaldruck leibi.de, Neu-Ulm

Auslieferung für den Buchhandel:
SOVA, Frankfurt, sovaffm@t-online.de

Diesem Buch liegen eine Karte und eine Kartierungsanleitung bei.
Weitere Informationen und Download des Buches:
www.agspak.de/wissenwuchernlassen

gefördert durch

Deutsche
Bundesstiftung Umwelt

www.dbu.de

Projektpartner*innen

GFBM

bauerngarten
workstation
Ideenwerkstatt e.V.

Peter-Lenné-Schule
Oberstufenzentrum Agrarwirtschaft

prinzessinnengärten

Inhaltsverzeichnis

Einleitung

Von Severin Halder

Urbane Gärten sind eine Bühne für Stadtökologie, lokale und gesunde Lebensmittel, Interkulturalität, Selbstorganisation und andere Bausteine für ein „gutes Leben". Die Lernprozesse, die auf dieser Bühne stattfinden, bilden ein Netzwerk des Wissens, das sich in sowie zwischen den Gärten aufspannt und die Vielfältigkeit der Lebewesen, Praktiken und Visionen miteinander verknüpft. Verschiedene Momente des Austauschs in Form von Gesprächen, Saatgut, Workshops, Kochrezepten oder Kompostwürmern bilden die Knotenpunkte dieses Netzwerkes. Die Beziehungen, die im Miteinander von Gemeinschaftsgärtner*innen, Salatköpfen, Ökolandwirt*innen und Insekten entstehen, sind die Kanäle, über die der Wissenstransfer möglich wird. Dabei ist das Lernen ein in der alltäglichen Praxis verwurzelter Prozess. Im urbanen Garten wird das *learning by doing* zum *learning by digging*.

Dieses Handbuch vereint die verschiedenen Gartenrealitäten und Lernformen von Gemeinschaftsgärtner*innen, Landwirt*innen, Pädagog*innen und Forscher*innen. Dabei trifft der Autodidaktismus des alltäglichen Lernens urbaner Gärtner*innen, die sich gerne als dilettantisch bezeichnen, auf das Fachwissen des Garten- und Landbaus. Diese Sammlung bietet einen Einblick in die Vielfalt der urbanen Gärten und deren Bildungsmodelle und lässt auch die Gemeinsamkeiten urbaner Gartenbildungspraxis deutlich werden. Verbindende Elemente sind neben dem Stadtgärtnern und dem Gemeinschaftscharakter der kreative Umgang mit Lernprozessen und die Offenheit für neue Formen des Lernen und Lehrens, bei dem die Lehrenden und Lernenden gerne auch die Plätze tauschen.

Die Besonderheit des Buches liegt neben der Diversität der repräsentierten Garten- und Lernformen wohl darin, dass es mit Erde unter den Fingernägeln geschrieben wurde, denn es ist ein Abbild des langjährigen Erfahrungsschatzes der Autor*innen, die selbst in verschiedenen Berliner Gärten aktiv sind. Somit ist dieses Buch ebenso Teil der prozesshaften und praxisorientierten Lernkultur der urbanen Gärtner*innen. Es zeigt daher auch, wo das Beschreiben und Vereinheitlichen solch reichhaltigen, unterschiedlichen und durch eigenes Erleben in der Gemeinschaft geprägten Erfahrungswissens an seine Grenzen stößt. Dieses Handbuch ist das Spiegelbild eines gemeinschaftlichen Versuchs, aus unterschiedlichen Lernprozessen der urbanen Gartenpraxis verwandte und gleichzeitig flexible Bildungsmodule abzuleiten. Das Buch wendet sich an die urbanen Gärtner*innen selbst, insbesondere aber auch an Multiplikator*innen, wie Gründer*innen von Gartenprojekten, Bildungsreferent*innen, Lehrer*innen und Forscher*innen.

Es erläutert, wie man sich gemeinsam die Finger „richtig" dreckig machen kann und beinhaltet gleichzeitig eine Sammlung von „Anleitungen zum Anleiten". Ausgehend vom jeweiligen Gartenkontext der Autor*innen sind verschiedene Themen rund ums Stadtgärtnern aufbereitet:

In ihren Workshops zum urbanen ökologischen Gemüsebau zeigen die Bauerngärten, wie das Fachwissen der Ökolandwirt*innen und der urbane Gartendilettantismus zusammenkommen können.

Das Allmende-Kontor ruft allen Gartenaktivist*innen und denen, die es werden wollen, zu: „Mehr Gemeinschaftsgärten – Ja bitte!" und erläutert in sechs Schritten, wie dies gelingen kann.

Bei einer Führung durch die Kompostvielfalt der Prinzessinnengärten werden anhand von Kompostbeeten, Wurmkisten

Im Sinne der urbanen Gartenbewegung haben sich die Mitwirkenden dafür entschieden, das Handbuch im Sinne der Allmende zu behandeln und es unter einer Creative-Commons-Lizenz zu veröffentlichen. Das Buch wie auch die beigelegten Karten können auf www.agspak.de/wissenwuchernlassen umsonst heruntergeladen werden.

und Schwarzerde spielerische und erlebnisorientierte Elemente der urbanen Substratkunde präsentiert.

Als Kontrast zur klassischen Buchsbaumhecke im Vorgarten pflanzt der Bürgergarten Laskerwiese mit einer Wildobst-Hecke ein buntes Spektrum des gemeinsamen Lernens, von der Planung bis zur virtuellen Vernetzung im Bienenstock.

Wie urbane Gärtner*innen mit einer Tropfbewässerung auf die Gießkanne verzichten können oder sich sogar ihren Traum von einem sich selbstbewässernden Hochbeet erfüllen, zeigt die Peter-Lenné-Schule.

Die Humboldt-Universität zu Berlin stellt sich der Frage, wie sich Forschung im Umfeld der urbanen Gartenbewegung im praktischen Dialog gestalten lässt.

Abgerundet wird die Sammlung durch ein Gruppeninterview zum Thema Bildung und urbanes Gärtnern und einem Nachwort der Soziologin Christa Müller zu urbanen Gemeinschaftsgärten als Lernräume für eine zukunftsfähige Gesellschaft.

Dieses Handbuch will und kann kein klassisches Lehrbuch sein, das das Feld der Bildung in der urbanen Landwirtschaft in seiner ganzen Breite beackert. Es möchte vielmehr einen Einblick in den Alltag und die Möglichkeiten des Lernens in urbanen Gärten geben. So soll es weit über Berlin hinaus als Einladung verstanden werden, diese Lernorte aufzusuchen, mitzugestalten und wuchern zu lassen.

Das Projekt „Urban Gardening in Berlin"

Das Buch ist eingebettet in das Projekt „Urban Gardening in Berlin: Qualifizierung, Netzwerkbildung und modellhafte Umsetzung im Garten- und Landbau". Ausgangspunkt des Projekts war die Vielzahl an Gemeinschaftsgärten und anderer neuer Formen der urbanen Landwirtschaft, die im letzten Jahrzehnt in Berlin entstanden sind. Dass Berlin auch eine Vielzahl älterer Formen der städtischen Landwirtschaft, wie Gartenarbeitsschulen oder Kleingärten sowie landwirtschaftliche Forschungsinstitutionen beheimatet, war ebenfalls ausschlaggebend.

Ziel des Projektes war die Förderung der Vernetzung verschiedener Formen der urbanen Landwirtschaft. Diese Vernetzung geschah über eine experimentelle Zusammenarbeit von Gemeinschaftsgärten, Bildungsinitiativen, kleinen Unternehmen der urbanen Landwirtschaft sowie landwirtschaftlichen Betrieben, Berufsschulen und Ausbildungsbetrieben des Garten- und Landbaus. Dabei wurde deutlich, dass die Vernetzung für das Gedeihen der urbanen Gärten und die Konsolidierung der urbanen Gartenbewegung von großer Bedeutung ist. Insbesondere in Anbetracht der oftmals ähnlichen prekären Lage von Gemeinschaftsgärten, Gartenarbeitsschulen und Kleingärten, die zum Beispiel durch befristete Nutzungsverträge oder Räumungen gefährdet sind, erweisen sich Zusammenarbeit und Solidarität dieser „bedrohten Paradiese" über die Zäune der Gärten und deren Milieus hinweg als unentbehrlich. Denn wenn von einer Bildung für nachhaltige Entwicklung die Rede ist, dann müssen Gärten Wurzeln schlagen, damit Orte des Lernens wachsen können.

Im Laufe des Projektes wurden Bildungsaktivitäten entwickelt, umgesetzt und abschließend als Bildungsbausteine in diesem Buch gebündelt. Im Zuge dessen wurde die Annäherung zwischen den neuen Garteninitiativen mit ihrer informellen Lernpraxis und den traditionell formalisierten Ansätzen der urbanen Gartenbildung erleichtert. Man lernte die jeweiligen Stärken der

Das Projekt „Urban Gardening in Berlin" wurde als „Offizielles Projekt der UN Weltdekade der Bildung für nachhaltige Entwicklung" ausgezeichnet.

anderen, Gemeinsamkeiten und Unterschiede kennen und war durch die gegenseitige Wertschätzung und manchmal auch bewusste Abgrenzung in der Lage zu kooperieren. Der regelmäßig stattfindende „Runde Tisch Urban Gardening & Bildung" spielte durch die rege Teilnahme verschiedener Akteur*innen traditioneller wie moderner Formen urbaner Landwirtschaft bei der Netzwerkbildung eine zentrale Rolle. Durch seine inhaltliche und strukturelle Dynamik und aufgrund der Tatsache, dass er an verschiedenen Orten der urbanen Gartenbildung stattfand, wurde er zu einem wichtigen Werkzeug der Vernetzung für die Berliner Gartenbewegung. Das Buch „Wissen wuchern lassen" ist die Abschlusspublikation des Projektes und vereint die unterschiedlichen Erfahrungen und Ergebnisse, die die Beteiligten gesammelt haben.

Das Projekt wurde von September 2011 bis August 2014 realisiert. Beteiligt waren: die Gesellschaft für berufsbildende Maßnahmen (GFBM), das Lehr- und Forschungsgebiet Beratung und Kommunikation an der Landwirtschaftlich Gärtnerischen Fakultät der Humboldt-Universität zu Berlin, der Bauerngarten (Biolandbetrieb Hof Wendelin), das Allmende-Kontor (workstation ideenwerkstatt e.V.), der Prinzessinnengarten (Nomadisch grün gGmbH), der Bürgergarten Laskerwiese e.V. sowie die Peter-Lenné-Schule (Oberstufenzentrum Agrarwirtschaft). Finanziert wurde das Projekt von der Deutschen Bundesstiftung Umwelt. Nähere Informationen zu dem Projekt finden Sie im Kapitel VI und unter http://gfbm.de/angebote/ andere-projekte/urban-gardening-in-berlin/.

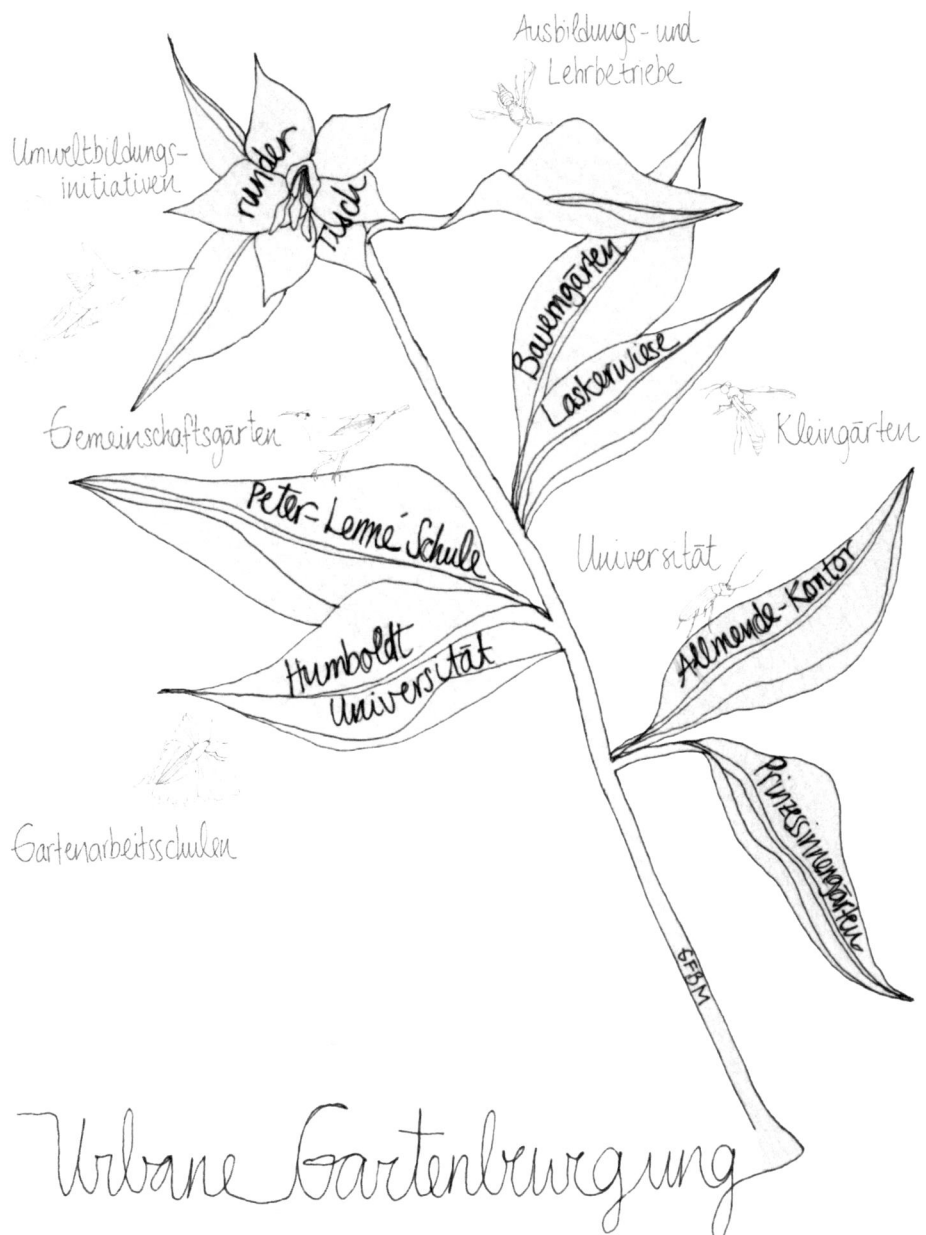

Ausbildungs- und
Lehrbetriebe

Umweltbildungs-
initiativen

runder Tisch

Bauerngarten

Laskerwiese

Gemeinschaftsgärten

Kleingärten

Peter-Lemmé-Schule

Universität

Allmende-Kontor

Humboldt Universität

Prinzessinnengarten

Gartenarbeitsschulen

SFBM

Urbane Gartenbewegung

Souverän des eigenen Kühlschranks

Von Max von Grafenstein, Theresa Lehr und Daisy Kratz

Im Vordergrund dieses Kapitels stehen die Vermittlung und der Austausch von Wissen aus dem Bereich Ökologischer Gemüsebau, welche
für die alltägliche Praxis von urbanen Garteninitiativen von Bedeutung
sind. Ausgangspunkt hierfür sind drei Workshops, die im Rahmen des
Projektes über mehrere Jahre hinweg und an verschiedenen Orten in
Berlin umgesetzt wurden. Veranstaltungsorte waren zum einen der auf
dem ehemaligen Tempelhofer Flugfeld gelegene Gemeinschaftsgarten
Allmende-Kontor (siehe Kapitel II), zum anderen der vom „Hof Wendelin" betriebene Bauerngarten Mette am südlichen Stadtrand Berlins.
Dabei waren die Veranstaltungen für die Beteiligten durchaus ein soziales Experiment, da zwischen den praktizierenden Landwirt*innen
als Dozent*innen und den bunten Berliner*innen als Teilnehmende
wahre Welten liegen können. Die starke Nachfrage nach den Workshops
machte einen ungeahnt hohen Bedarf an gärtnerisch-fachlicher Wissensvermittlung bei den Akteur*innen der urbanen Landwirtschaft deutlich.

Urbaner Ökologischer Gemüsebau

Souverän des eigenen Küchentrouts

In diesem Kapitel werden die Grundlagen des Ökologischen Gartenbaus wie Jungpflanzenanzucht, Erntetechniken sowie Düngung und Nährstoffversorgung behandelt.
Es richtet sich sowohl an Fachleute aus dem Bereich Landwirtschaft und Gartenbau als auch an Akteur*innen und Initiator*innen von urbanen Gartenprojekten. Das Ziel ist, sowohl eine Orientierung für die urbane Praxis des Gartenbaus zu liefern als auch Vorlagen oder Anregungen für Fachleute zu bieten, professionelles Wissen und Techniken für Fachfremde vermittelbar zu gestalten. Da die Frage nach der Beziehung zwischen den Autor*innen als Ökolandwirt*innen und lehrende „Fachleute" und den lernenden „Lai*innen" sehr wichtig für den Erfolg der Bildungsbausteine ist, wird diese einleitend beleuchtet.

Der Bauerngarten als Lernort

Der Bauerngarten Berlin nutzt das Konzept der Mietgärten und Gemüseselbsternten, ein neuartiges Anbau- und Vermarktungskonzept, das inzwischen von verschiedensten Akteur*innen umgesetzt wird.

In der modernen, arbeitsteiligen Konsumgesellschaft rückt die direkte Begegnung zwischen denjenigen, die unsere Lebensmittel erzeugen, und denen, die sie verzehren, weitgehend in den Hintergrund.

Deshalb ist einer der Grundgedanken der Berliner Bauerngärten die Entwicklung neuer sozialer Räume, in denen sich Erzeuger*in und Verbraucher*in auf Augenhöhe begegnen, um Verantwortung für eine gemeinschaftlich getragene Lebensmittelerzeugung zu übernehmen.

Unterricht auf dem Acker

Inzwischen gibt es etwa 70 Mietgärten in Deutschland. Etwas verwirrend sind die vielen Namen, mit denen diese Form des partizipativen Gemüseanbaus bezeichnet wird: Gemüseselbsternte, Selbsterntegarten, Selbsternte, Saisongarten oder Krautgärten sind übliche Namen. Einen guten Überblick über diese und andere Projekte in Deutschland bietet die Website www.stadtacker.net

Die Idee der Mietgärten, die Ende der 1980er Jahre in Wien entwickelt wurde, ist einfach und überzeugend: Ein*e Landwirt*in bestellt einen stadtnahen Acker und vergibt mit Gemüse bestellte Gartenparzellen an interessierte Kund*innen. Diese schlüpfen für die Dauer eines Jahres in die Rolle des Kleinstbauern oder der -bäuerin und können sich ohne fachliches Vorwissen mit saisonalem Ökogemüse selber versorgen. Die Einstiegsschwelle ist niedrig: Die Mitgliedschaft ist jährlich befristet, der Zeitaufwand auf wenige Stunden in der Woche begrenzt. Neben der Bereitstellung von Betriebsmitteln wie Bewässerungstechnik, Dünger, Jungpflanzen und Saatgut zum Nachpflanzen ist die Wissensvermittlung die wichtigste Aufgabe der betreibenden Landwirt*innen.

Urbane Landwirtschaft wird bisher häufig auf innerstädtischen Brachflächen als Zwischennutzung realisiert. Der Bauerngarten geht hier neue Wege: Er entstammt der Tradition der professionellen ökologischen Erwerbslandwirtschaft und bietet der jungen Urban Gardening Bewegung einen neuen Raum.

Die drei Bauerngärten in Berlin spiegeln die Vielzahl möglicher Kooperationsformen bei der Entwicklung der Gartenstandorte wider: Der Bauerngarten Mette am südlichen Stadtrand von Neukölln wird in Zusammenarbeit mit seinem Namensvater, dem traditionellen Vollerwerbslandwirt Werner Mette betrieben. Der Bauerngarten Havelmathen wurde in einem Landschaftsschutzgebiet im Bezirk Spandau, in räumlicher und geistiger Nachbarschaft zum Umwelt-Bildungszentrum Berlin realisiert. Der neueste Bauerngarten Pankow mit den meisten Kund*innen liegt auf dem Gelände des Botanischen Volksparks Pankow. Als Teil einer öffentlichen Grünfläche und denkmalgeschützten Gartenanlage wird der Garten in enger inhaltlicher Abstimmung mit der landeseigenen Grün Berlin GmbH sowie dem Bezirk Pankow entwickelt.

Der Bauerngarten ist eines der wenigen urbanen Gartenprojekte, die ökozertifiziert und Mitglied eines ökologischen Anbauverbandes sind. Das Verhältnis von Bauerngarten zu Ökolo-

Erntefest im Bauerngarten Mette

gischem Landbau ist somit nicht nur ein sympathisierendes, sondern Bauerngarten ist Teil eines verbindlichen, weitgehend institutionalisierten Netzwerks.

Als Ort der Bildung bietet der Bauerngarten gute Voraussetzungen, neu erlerntes Wissen im Bereich Gartenbau umzusetzen. Wichtig ist dabei für die Teilnehmenden die räumliche Nähe zu ihren Wohnungen. Die Entfernung zu den klassischen Gemüsebaubetrieben ist häufig ein Grund, warum deren Bildungsangebote nicht oder nur wenig nachgefragt werden. Die Standorte des Bauerngartens befinden sich in geringer Entfernung vom Zentrum Berlins, in das man etwa eine halbe Stunde Fahrtzeit benötigt. Die kleinteilig strukturierten Bauerngärten haben alle Standortvoraussetzungen, die als Grundlage für einen erfolgreichen Gemüsebau unerlässlich sind: Ausreichend Wasser, reichlich Sonne und ein gewachsener, unbelasteter Boden seien hier als Beispiele genannt.

Bioland e.V. wurde 1967 als „Verband für organisch-biologischen Landbau" gegründet und ist zurzeit der größte ökologische Anbauverband Deutschlands: www.bioland.de

Gemeinsames Essen
im Bauerngarten
Pankow

Die anfangs schon mit Jungpflanzen und Saatgut bestellten Parzellen sind der wichtigste Lernort für alle Bauerngärtner*innen. Workshops vertiefen insbesondere ökologische Aspekte und bieten Teilnehmer*innen die Möglichkeit, in wenigen Stunden einen tiefen Einblick in die Praxis des Ökologischen Gartenbaus zu gewinnen. Darüber hinaus können in der gepachteten Parzelle Auswirkungen des eigenen Handelns beobachtet werden, die aufgrund ihrer Langfristigkeit erst über einen Zeitraum von mehreren Wochen und Monaten sichtbar werden.

Für die Workshops wurden Demonstrationsparzellen angelegt, die, wie die anderen Parzellen auch, mit etwa 50 verschiedenen Kulturen und Sorten, von Basilikum bis Zucchini, eine hohe Vielfalt auf engem Raum aufweisen.

Als besonders fruchtbare „Bildungsmaßnahme" haben sich die Parzellen-Nachbarschaften der über 100 Garten-Nutzer*innen untereinander erwiesen. Die Gärtner*innen bringen unterschiedliche Pflegestile, -intensitäten und Anbautechniken, aber auch unterschiedlichstes Vorwissen ein. Vieles von dem spiegelt

sich in den Pflanzen und ihrem Wuchsverhalten wider, wodurch die Vielfältigkeit der Zieldimensionen und Lösungswege deutlich wird.

Insbesondere die Kombinationsmöglichkeit aus 50 Kulturen mit zum Teil sehr unterschiedlichen Entwicklungsstadien und einer Vielzahl an Umsetzungsvarianten der Kulturführung bietet einen schier unermesslichen Schatz an Anschauungsbeispielen, anhand derer sich anbautechnische Zusammenhänge verdeutlichen lassen.

Vielfältige Mischkultur im Bauerngarten Havelmathen

Empfehlungen für die Beratung von Lai*innen

An dieser Stelle stehen einige Erfahrungen, welche im Zuge der Beratung im Bauerngarten und während der Workshops gemacht wurden:

- Viele Städter*innen kommen mit Pflanzen und ihrer Pflege vor allem in Form von Zimmerpflanzen in Kontakt. Typisch sind dabei intensive, langjährige Mensch-Pflanze-Beziehungen, deren Resultate dann auf den Gartenbau mit Freilandgemüse übertragen werden.
  - Häufig wird nicht oder zu spät geerntet, da es wahren Pflanzenfreund*innen nach wochenlanger, liebevoller Pflege erfahrungsgemäß schwer fällt, Salate oder Kohlköpfe mit dem Erntemesser zu bearbeiten.
  - Ohne tägliches Gießen sind Zimmerpflanzen oft verloren. Dabei prägt die Beobachtung, dass in einem Blumentopf, sobald er oben ausgetrocknet ist, oder gar die ersten Blätter hängen, auch der restliche Wurzelraum ohne Wasser ist und dringend Hilfe nötig wird. Die Wurzeln von Freilandgemüse hingegen reichen ja teilweise sehr tief in den Boden und hängende Blätter sind am Hochsommermittag ein Stresssymptom, das nicht mit Wassermangel zusammenhängen muss.
- Fachwissen ist im Kontext der Zielsetzung zu bewerten. Unterschiede bei der Ertragserwartung, beim Qualitätsverständnis, bei der Frage von Arbeitsaufwand vs. Output etc. und die impliziten Zielsetzungen und Vorbildfunktionen von etabliertem Fachwissen sollten hinterfragt werden.
- Arbeit vs. Freizeit: Was für Profis Arbeitszeit ist, die es einzusparen gilt, kann für Lai*innen eine Tätigkeit sein, die bereits um ihrer selbst willen geschätzt wird. Während also Arbeit bei Profis auf der Kostenseite und der Ertrag auf der Nutzenseite verbucht wird, können Freizeitgärtner*innen Arbeit und Ertrag auf der Nutzenseite verbuchen. Effektivität wird somit vor allem bei

unbeliebten Arbeiten wichtig, wie bei der Beikrautregulie-
rung, aber auch bei Fleißarbeiten wie kleinteiligem Ernten.

- Im Vordergrund der Bildungsveranstaltungen sollten die
Grundvoraussetzungen stehen, die gesundes Wachstum
und somit autodidaktisches Lernen auf hohem Niveau
möglich machen. Dazu gehören der Bedarf der Pflanzen
an Nährstoffen, Wasser und Licht, die Prozesse im Wurzelraum und andere Dynamiken sowie die entsprechenden
Regulierungsmöglichkeiten mit ihren Auswirkungen.

- Durch die Beobachtungen der Auswirkungen verschiedener Arbeiten im Beet können Anreize zur Grundlagen-
aneignung geschaffen werden. Beispielsweise kann nach
dem Mulchen der Einfluss auf die Bodenfeuchte und
den Beikrautbewuchs beobachtet werden und es folgt die
Erfahrung, dass weniger Arbeitsaufwand für Beikrautregu-
lierung und Bewässerung nötig wird.

- Gärten sind Räume, in denen das Niveau einer Mensch-
Pflanze-Interaktion auch für Außenstehende ersichtlich
wird. Fehler können zum Teil kurzfristig nicht rückgängig
gemacht werden und sind für alle Beobachter*innen offensichtlich. Dies führt häufig zu Scham oder Neid gegenüber
Mitgärtner*innen und Wissensautoritäten. Diesem Leis-
tungsvergleich kann eine nicht wertende Betrachtung und
Diskussion der verschiedenen einflussnehmenden Methoden entgegenwirken. Dabei bieten gerade Gemeinschaftsgärten die Chance, durch die unterschiedlichen Voraussetzungen der Akteur*innen und die vielfältigen Ergebnisse,
die produziert werden, etwas über die Bedürfnisse der
verschiedenen Kulturen zu lernen.

Bildungsbausteine
für den urbanen Ökologischen Gemüsebau

Im Folgenden werden Leitfäden für die Durchführung von
drei Workshops vorgestellt. Neben Material und Methoden
wird Auskunft über die Lernziele und den Ablauf der Workshops gegeben. Ergänzende Anregungen zu den Inhalten der
Workshops können als Vorlagen für einleitende Vorträge oder
schriftliche Zusammenfassungen genutzt werden. Diese „Anregungen für Lehrende" sollen beispielhaft Wege aufzeigen, wie
es gelingt, komplexe Vorgänge anschaulich zu erläutern. Dabei
sind Bezüge zu den jeweiligen aktuellen Gegebenheiten im
Garten eine wichtige Voraussetzung für eine lebendige Lehre,
die sich hier in einem verallgemeinerten Kontext zum Teil nur
schwer wiedergeben lassen. Die Brücke zwischen Fachleuten
und Lai*innen zu schlagen, obliegt also letztendlich der Person,
die die Workshops durchführt.

Workshop
„Jungpflanzenanzucht auf der Fensterbank"

Themen: Sortenauswahl, Saattiefe und Keimzeit der Kulturen, Ansprüche der Keimlinge (Licht, Wasser, Erde, Temperatur)

Methode: Workshop, bestehend aus einem kurzen fachlichen Input und einem angeleiteten praktischen Teil, bei dem die Teilnehmenden die Samen in improvisierten Pflanztöpfen – zum Beispiel Eierkartons – aussäen und später mit nach Hause nehmen

Teilnehmer*innen: Ca. 30 Jugendliche und Erwachsene, die Interesse an eigener Jungpflanzenanzucht zu Hause haben

Einbeziehung der Teilnehmer*innen: Eierkartons mitbringen, Saatgut auswählen, zuhören, Erde und Samen in Eierkartons stecken. Nachbereitung: Auf die Fensterbank stellen, gießen, auspflanzen

Lernziele: Erlernen der Grundlagen der Jungpflanzenanzucht, kulturspezifische Unterschiede erkennen, selbst Jungpflanzen anziehen

Ort: Möglichst im Freien, zu empfehlen in einem (Gemeinschafts-)Garten

Dauer: Etwa 30 Minuten, je nach Bedarf mehrere Durchgänge

Kosten: Evtl. Transportkosten und/oder Leihgebühren für Tische und Bänke. Arbeitszeit der Vorbereitung und Durchführung. Saatgut und Erde werden vorfinanziert und zum Selbstkostenpreis an Teilnehmer*innen abgegeben

Material

- 3–5 Biertischgarnituren für die Teilnehmer*innen
- Pult oder Extratisch zum Vorführen
- Torffreie Anzuchterde und/oder normal gewachsener Boden
- Unterschiedliches Öko-Saatgut in kleinen Portionstütchen
- Eierkartons aller Größen als Pflanztöpfe (in der Einladung darum bitten, selbst Eierkartons mitzubringen)

Vorbereitung: Informationen zum Workshop ca. einen Monat vorher bekanntgeben. Helfer*innen für die Saatgutabgabe finden. Saatgut und Erde bestellen/kaufen, Saatgut abfüllen, Tische und Materialausgabebereich aufbauen.

Mögliche Probleme und Umgang damit

- Schlechtes Wetter: Unterstand organisieren, viele Regenschirme dabei haben.
- Zu viele Teilnehmer*innen: Die Teilnehmer*innenzahl pro Workshop zu erhöhen ist schwierig, da sich die Lehrenden bei einer zu großen Gruppe weniger Gehör verschaffen können. Besser ist es, mehrere Workshopeinheiten anzubieten und dies bei der zeitlichen Planung im vorhinein zu berücksichtigen.

Um ein konzentriertes Lernumfeld zu schaffen, empfiehlt es sich, die Abgabe von Samen und Erde räumlich vom eigenen Workshop zu trennen. Im Freiland kann das zum Beispiel durch einen mit Bändern oder Schnur abgesteckten Materialbereich geschehen. Dieser bietet auch eine Beschäftigung für die Wartenden bei möglicherweise mehreren Durchläufen.

Vorgehensweise

- Teilnehmer*innen an den Tischen Platz nehmen lassen (dadurch entsteht Ruhe)

- Begrüßung mit kurzer Vorstellung der Lehrenden und Informationen zu Inhalt, Ablauf und Ziel des Workshops
- Fachlicher Input zur Jungpflanzenanzucht. Dabei vom Allgemeinen ins Konkrete gehen (siehe „Impulsvortrag Jungpflanzenanzucht")
- Grundbegriffe erläutern: Aussaatstärke, -tiefe, Keimdauer
- Hintergrund und Vorstellung der einzelnen Arbeitsschritte
- Gemeinsame Durchführung der Arbeitsschritte
    - Eierkartons mit Erde befüllen und andrücken
    - Auswahl des gewünschten Saatguts
    - Aussäen und Andrücken des Saatguts
    - Ggf. mit Erde bedecken
    - Selbständiges weiteres Aussäen von Kulturen
    - Hinweise zur Pflege zu Hause und zum Auspflanzen ins Freie
    - Verabschiedung

Zum Material

Für die Jungpflanzenanzucht gibt es spezielle Anzuchterde. Diese hat den Vorteil, dass sie optimal an die Bedürfnisse der keimenden Pflanzen angepasst ist. Sie hält die Feuchtigkeit besser als gewachsener Boden aus dem Garten und ist keim- und sporenfrei.

Torffreie oder torfreduzierte **Anzuchterde** ist aus ökologischen Gründen zu empfehlen. Erhältlich in Naturkostläden, Biosupermärkten (am besten vorbestellen!), im Biogroßhandel und in gut sortierten Gartencentern.

Bei der Auswahl des **Saatguts** sollte bedacht werden, wo die Jungpflanzen später ausgepflanzt werden: Klimatische Verhältnisse, Bodentyp und Platzangebot sind zu berücksichtigen. Vorsicht: Nicht alle Kulturen eignen sich zur Voranzucht! Eierkartons eignen sich hervorragend als Behälter zum Vorziehen von Jungpflanzen. Dabei entspricht jede Eiermulde einem Töpfchen, das mit Erde befüllt wird. Der Deckel kann für den Heimweg wieder verschlossen werden. Zuhause kann

Eine kostengünstigere Alternative ist es, **Anzuchterde** mit Boden (z.B. aus Maulwurfshügeln) zu mischen. Die Qualität der gewachsenen Erde steht der gekaufter Substrate häufig in nichts nach, abgesehen von ein paar Beikräutern, die bei nicht sterilisierter Erde gejätet werden müssen.

Als Hersteller für ökologisches **Saatgut** empfehlen wir Bingenheimer Saatgut, Dreschflegel, Arche Noah sowie das im Biofachhandel erhältliche Saatgut.

Tipp

Saatgut vor dem Workshop in kleine Portionstütchen füllen und zum Selbstkostenpreis abgeben.

Jungpflanzenschale
aus altem Eierkarton

er abgetrennt und unter die Eiermulden gestellt werden, um das
überflüssige Gießwasser aufzunehmen.

Zum Impulsvortrag

Um die Aufmerksamkeit der Teilnehmer*innen zu wecken, ist
es gut, zu Beginn eine Frage in den Raum zu stellen, zum Beispiel: „Warum ziehen wir eigentlich Jungpflanzen vor?"
Während es im Frühjahr draußen oft noch knackig kalt ist,
kann man sich mit einer Jungpflanzenanzucht den Frühling
schon in die Wohnung holen. Es gibt zahlreiche Gründe,
warum in unseren Breitengraden eine Voranzucht bestimm-
ter Kulturen sinnvoll ist. Gerade Fruchtgemüse wie Gurke,
Paprika und Kürbis haben eine relativ hohe Keimtemperatur.
Kalte Nächte im Frühjahr führen zu einer sehr späten Keimung
dieser Kulturen. Die Ernte fiele dann wiederum in die ersten
Herbstfröste.
Durch die Voranzucht wird die Vegetationszeit, also die Le-
benszeit der Pflanze, verlängert und die Pflanze beginnt früher,
Früchte zu tragen. Im Gemüsebau vorgezogen werden daher
generell frostempfindliche Pflanzen mit langer Kulturdauer,

also Fruchtgemüse wie z.B. Tomaten, Zucchini, Kürbis.

Auch Pflanzen mit empfindlichem Saatgut, das unter Freiland-bedingungen häufig weggespült, verschüttet oder aufgefressen wird, werden vorgezogen. Wird das Beet vor dem Auspflanzen gut vorbereitet, haben die Kulturen zudem einen Wachstums-vorsprung gegenüber Beikräutern und können so leichter gepflegt werden.

Nicht alle Pflanzen eignen sich zur Jungpflanzenanzucht: Manche Kulturen vertragen zum Keimen kühlere Temperatu-ren recht gut, ein Umpflanzen dagegen eher schlecht. Dies gilt im Allgemeinen für Wurzel- und Hypokotylgemüse wie Karot-ten und Pastinaken, deshalb werden diese direkt gesät.

Zu den Arbeitsschritten

Die Arbeitsschritte zunächst zu beschreiben, zu begründen und vorzumachen, schafft für die Teilnehmer*innen einen guten Überblick und verhindert Fehler.

- Eierkartons mit Erde befüllen und andrücken: Da die An-zuchterde relativ locker ist, muss sie in den Anzuchtbehäl-tern zuerst kräftig angedrückt werden. Die Samen benötigen eine Verbindung zur Erde, um die Feuchtigkeit ausnutzen zu können, bei Hohlräumen ist das nicht gegeben.
- Auswahl des gewünschten Saatguts: Bei der Auswahl des Saatguts sollte bedacht werden, wo die Jungpflanzen später ausgepflanzt werden: klimatische Verhältnisse, Bodentyp und Platzangebot. Vorsicht: Nicht alle Kulturen eignen sich zur Voranzucht!
- Aussäen und Andrücken des Saatguts: Zum Säen drückt man eine der Saattiefe entsprechende Kuhle in die Erde, legt den Samen hinein, bedeckt ihn mit Erde und drückt diese fest. Wenn die Erde vorher schon verdichtet wurde, besteht auch keine Gefahr, dass der Samen dabei noch tiefer hineingedrückt wird. Soll der Samen sehr flach gesät werden, kann er auch einfach nur angedrückt werden, ohne noch einmal mit Erde bedeckt zu werden.

Tipps

Kohl und Salat sind beide typische Kulturen für die Jung-pflanzenanzucht. Hier spielt eine Rolle, dass die Samen klein und der Platzbedarf der Kulturen relativ groß ist, was sie für eine Direktsaat ungeeignet macht.

Lai*innen unterschät-zen häufig, wie wichtig das Verdichten von Erde ist und fassen Erde und Samen mit „Samthandschuhen" an.

Aussaattiefen im Milli-meterbereich werden häufig zu tief gewählt, also die Samen viel zu tief gelegt. Hilfreich ist es, die Millime-terangaben von den Teilnehmer*innen schätzen zu lassen oder sie nachmessen zu lassen.

Zu Verwirrungen
führt häufig die Frage
der Aussaatstärke
in den Samentöpfen.
Begründungen sind
hier wichtig wie z. B.
„Schnittlauch besteht
aus vielen einzelnen
Pflanzen, deswegen
brauchen wir viele
Samen" oder „Bei
geringer Keimfähig-
keit wie bei selber
vermehrtem Saatgut
lieber zwei Samen
aussäen und wenn
beide aufgehen wie-
der einen entfernen".

Die Aussaattiefe
sollte begründet
werden. Allgemein
gilt: Je tiefer der Sa-
men, desto besser ist
er vor Austrocknen
geschützt. Jedoch
muss der Samen die
„Durststrecke" zum
Sonnenlicht aus eige-
ner Kraft überwin-
den. Als Faustregel
gilt: Je größer der
Samen, desto tiefer
kann er liegen.

Nachdem gemeinsam einmal alle Schritte durchgeführt wurden
und die ersten Samen in die Anzuchtbehälter ausgesät sind,
können selbständig weitere Kulturen ausgesät werden.
Immer wieder gerne vergessen, wird die Beschriftung der
einzelnen Eiermulden. Diese sollte mit einem wasserfesten Stift
erfolgen, damit auch später noch klar ist, was da überhaupt
wächst. Vorsicht beim Transport, vor allem mit dem Fahrrad,
da beginnt auch mal die Erde zu hüpfen…
Nach diesem freien, selbständigen Teil für die Teilnehmer-
*innen sollte vor Ende des Workshops noch einmal auf das
weitere Vorgehen zu Hause, also auf die Pflege des Keimlings
eingegangen werden.

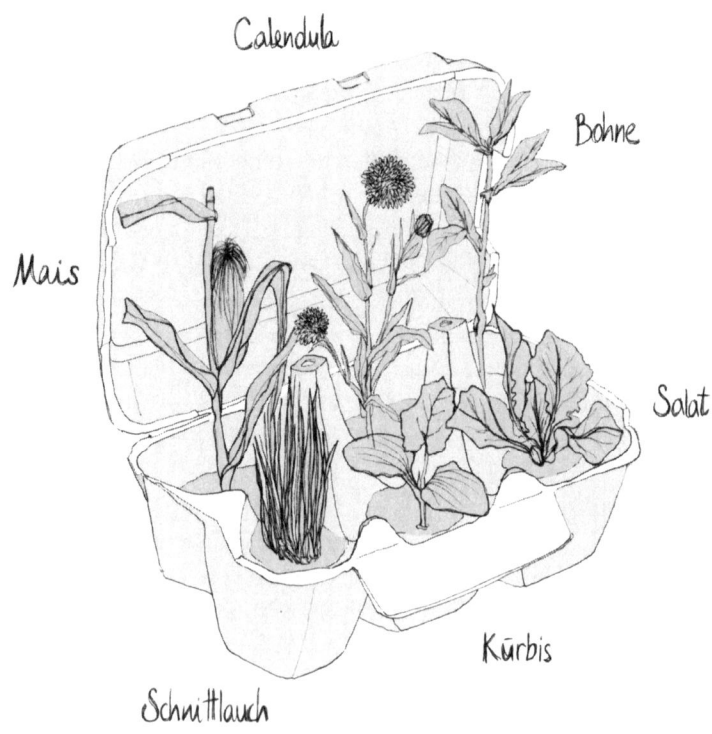

Botanischer Name	Deutscher Name	Saattiefe	Saatstärke pro Topf	Pflanzabstand im Freiland
Ocimum basilicum	Basilikum	(Lichtkeimer)	10*	25 cm
Borago officinalis	Borretsch	0,5 cm	5	30 cm
Phaseolus vulgaris	Gartenbohnen	1 cm	2	10 cm
Anethum graveolens	Dill	0,5 cm	15	15 cm
Petroselinum crispum	Glatte Petersilie	0,5 cm	10 *	15 cm
Tropaeolum majus	Kapuzinerkresse	1 cm	1	30 cm
Brassica oleracea var. gongylodes	Kohlrabi	0,3 cm	2	50 cm
Lactuca sativa var. capitata	Kopfsalat	(Lichtkeimer)	1	35 cm
Petroselinum crispum	Krause Petersilie	0,5 cm	10 *	15cm
Calendula officinalis	Ringelblume	1 cm	5	25 cm
Allium schoenoprasum	Schnittlauch	0,5 cm	7 *	20 cm
Ocimum americanum	Limonenbasilikum	(Lichtkeimer)	10 *	25 cm
Melissa officinalis	Zitronenmelisse	(Lichtkeimer)	7	30 cm
Zea mays	Zuckermais	1 cm	2	40 cm

* nicht vereinzeln

Saatgut für die
Jungpflanzenanzucht

Weitere Pflege zu Hause

Die besäten Behälter auf der Fensterbank müssen jeden Tag gegossen werden. Dabei ist es besonders wichtig, dass die Erde immer feucht ist, sich aber keine Staunässe bildet, da die Samen ansonsten von Pilzen zersetzt werden oder durch den Sauerstoffmangel nicht keimen. Um zu verhindern, dass flach gesäte Samen weggeschwemmt oder die kleinen Keimlinge aus der Erde gespült werden, sollte das Gießen sehr vorsichtig mit einem dünnen Strahl am Rand der Pflanzschale erfolgen. Es ist auch möglich, das Wasser in die Unterlage (Tablett oder großer Teller), auf der der Eierkarton steht, zu gießen. Nach 20 Minuten hat die Erde das Wasser aufgesaugt, überschüssiges Wasser kann weggegossen werden.

Bei manchen Pflanzen werden nach wenigen Tagen schon die Keimblätter sichtbar, bei anderen kann das vier Wochen dauern. Also vorerst kein Grund zur Beunruhigung. Nach der Keimdauer, die oft auf den Samentütchen angegebenen ist, sollten die Samen allerdings aufgegangen sein, ansonsten war das Saatgut zu alt oder die Keimbedingungen nicht optimal. Sind mehrere Samen pro Pflanzbehälter aufgegangen, müssen die Pflanzen vereinzelt werden. Dazu sollte die robusteste oder größte Pflanze stehen gelassen und alle anderen herausgezogen werden. Mit etwas Glück wachsen sie in einem eigenen Töpfchen wieder an. Die Pflänzchen brauchen viel Sonnenlicht; reicht ihnen das Licht nicht aus, reagieren sie mit Geilwuchs, d.h. sie werden immer länger, bis sie umfallen.

Wenn die Jungpflanzen kräftig gewachsen sind und draußen keine Gefahr von Spätfrösten mehr besteht, können sie ausgepflanzt werden. Entweder die Pflanze mit komplettem Wurzelballen aus dem Eierkarton drücken oder die Eiermulden auseinander schneiden und mit einpflanzen. Die Pappe verrottet in der Erde bald und die Wurzeln können durch sie hindurchwachsen.

Workshop „Frisch auf den Teller – Ernte und Pflege von Kräutern und Blattgemüse"

Themen: Erntetechniken, Ernte als Pflegemaßnahme

Methode: Workshop mit fachlichem Input direkt am Gemüsebeet

Teilnehmer*innen: Jugendliche und Erwachsene, die Interesse am Gärtnern und Zugang zu einem Garten haben

Einbeziehung der Teilnehmer*innen: aktives Zuhören, Fragen stellen, Gelerntes (direkt) umsetzen

Lernziele: Richtiges, kulturerhaltendes Ernten lernen, Einflüsse von Erntetechnik auf Qualität verstehen, Zusammenhänge von Erntefrequenz und Pflanzengesundheit/Erntemenge, systematisierende Fachbegriffe rund ums Ernten verstehen

Ort: Im Gemüsegarten

Dauer: Ca. eine Stunde

Kosten: Evtl. Kosten für Materialbeschaffung (s.u.) und Erntegut, das zur Demonstration an Teilnehmende abgegeben wird, Druck-/Kopierkosten für Werbung und Merkblätter, Arbeitszeit zur Vorbereitung und Durchführung

Material: Messer, mit Wasser befüllte Eimer, Gummibänder, Erntekorb, Merkblatt

Vorbereitung: Terminankündigung, Merkblatt erstellen

Mögliche Probleme und Umgang damit: Wetterbedingte Verschiebung der Erntefenster: Bei langfristiger Terminplanung und Ankündigung besser am Vortrag schon einmal die Fläche begutachten und evtl. Demonstrationspflanzen auswählen. So kann auch der Inhalt der Veranstaltung besser auf die aktuelle Situation abgestimmt werden.

Vorgehensweise

- Begrüßung und Vorstellung der Lehrenden sowie Erläuterungen zu Zeit, Ablauf und Inhalten des Moduls
- Inputvortrag zu Ernte, warum ist Ernte bei Blattgemüse und Kräutern ein besonderes Thema?
- Grundbegriffe erläutern: Erntetechnik, Erntefenster, Reifesignale
- Beet für Beet, Kultur für Kultur durchgehen, aktiv Beispiele durchführen, ernten
- Verabschiedung

Zum Impulsvortrag

Warum ist Ernte von Blattgemüse ein Thema, über das man sich Gedanken machen sollte?

- Blattgemüse und Kräuter sind sensibel. Das Gewebe ist wesentlich empfindlicher gegen äußere Einflüsse wie Druck, Wärme oder Trockenheit als bei anderen Kulturen.
- Ohne das nötige Wissen um die Erntetechnik kann der Qualitätsverlust vom Erntegut bei Blattgemüse auf dem Weg vom Garten zum Teller enorm sein. Dabei ist die Auf- und Nachbereitung der Ernte ein häufig unterschätzter Aspekt, der sich auf die Qualität niederschlägt. Drei wichtige Tipps, die Lai*innen unbedingt auf den Weg gegeben werden sollten:
  - Es ist wichtig zu veranschaulichen, dass das Erntegut nach der Ernte weiterlebt. Dabei ist es gerade die große Oberfläche des relativ weichen Blattgemüses, welche es so empfindlich macht.
  - Salate und andere Blattgemüse sollte man unbedingt nach dem Ernten kurz in kaltes Wasser tauchen. Die

Ein Salat, der richtig geerntet wurde, hält sich im Kühlschrank etwa eine Woche ohne sichtbare Qualitätseinbußen.

Feuchtigkeit schützt vor dem Austrocknen und besonders im Sommer wird durch das Wasser das Pflanzengewebe herunterruntergekühlt und der Stoffwechsel (Atmung, Transpiration, allgemeine Zellaktivität) verlangsamt, wodurch sich die Haltbarkeit erhöht.

- Viele Kulturen lassen sich mit der richtigen Technik über die gesamte Saison beernten, wie zum Beispiel Mangold, Petersilie oder Schnittlauch. Dabei wird die Erntetechnik auch zur Pflegemaßnahme, die Einfluss auf die Menge und Qualität der folgenden Ernten hat.

Im Anschluss können vier Begriffe eingeführt werden, anhand derer sich die verschiedenen Aspekte der einzelnen Ernteverfahren gut erschließen und sich ihre Relevanz für Qualität und Ertrag verdeutlichen lässt.

Erntetechniken (siehe Tabelle S. 39)

Mit dem Messer:

Nicht jedes Gemüse wird mit der Hand geerntet. Manchmal ist der Einsatz eines Erntemessers von Vorteil, meistens dann, wenn die Kultur komplett zurückgeschnitten wird. Bei Schnittlauch und Rucola werden immer die ganzen

Blätter knapp über dem Boden abgeschnitten, um ein gleichmäßiges Nachwachsen zu ermöglichen. Altert die Blattmasse, sind Qualitätsverluste durch die Blüte zu erwarten.

Mit der Hand:

In manchen Fällen ist auch das Abbrechen der äußersten Blattstiele am Blattansatz wünschenswert. So können aus der Pflanzenmitte immer junge Blätter nachwachsen, wie zum Beispiel bei Mangold, Pflücksalat oder Petersilie.

Der frische, knackige Öko-Salat, der am Sommernachmittag auf dem Heimweg vom Garten ohne Schutz im Fahrradkorb transportiert wird, ist auf dem Küchentisch meist bereits welk. Ein feuchtes Tuch, in das der Salat eingeschlagen wird, verhindert die Welke.

Bei Kulturen wie Rucola, die komplett geschnitten werden, ist es wichtig, alle Blätter und Triebe wenige Zentimeter über dem Boden abzuschneiden. Bleiben einige wenige stehen, setzt die Pflanze alle Kraft in die verbliebenen alten Blätter, statt neue zu bilden.

Das Abknipsen von Triebspitzen regt die Pflanze an, neue Triebe zu bilden. Dies geht mit zwei Fingern oft besser, da mit dem Messer andere Pflanzenteile verletzt werden können. Beispiele hierfür sind Basilikum, Minze oder Melisse.

Außerhalb der Blattgemüse werden noch weitere Erntetechniken verwendet:
Bei Kartoffeln, Möhren und teilweise auch bei Porree wird mit der Grabgabel die umliegende Erde gelockert und die Pflanze ausgegraben oder herausgezogen. Radieschen oder Zwiebeln können im ganzen von Hand aus der Erde gezogen werden.

Erntefenster

Das Erntefenster beschreibt den Zeitraum, in dem das Ernten möglich ist. Manche Kulturen haben ein sehr weites Erntefenster, da ist also die Zeitspanne sehr lang, in der das Gemüse reif, aber noch nicht überreif ist. Bei anderen Kulturen ist das Erntefenster so eng, dass ein kurzer Urlaub schon zu einem Ernteausfall führt. Bei Kulturen mit einem engen Erntefenster ist es deswegen sinnvoll, nicht alles Saatgut in einer Woche auszusäen und schon bei der Aussaat oder Pflanzung zu berücksichtigen, wie lange die Kulturdauer sein wird.
Beispiele:
Langes Erntefenster bei richtiger Erntetechnik: Mangold, Petersilie, Schnittlauch, Rucola, Minze, Melisse
Kurzes Erntefenster: Kopfsalat, Pak Choi

Erntezeitpunkt oder Reifesignale

Generell ist der Erntezeitpunkt bei Blattgemüse relativ einfach zu bestimmen, da er zwischen dem Moment, in dem genug Blattmasse vorhanden ist, und dem Blühbeginn liegt. Bei den meisten Blattgemüsekulturen leiden die Qualität und der Geschmack, wenn die Pflanze zu blühen beginnt. Die Versorgung und Neubildung der Blätter lässt nach, sie werden oft welk.

Wann der Zeitpunkt für die Ernte gekommen ist, ist manchmal nicht so leicht zu bestimmen. Im Zweifelsfall gilt: Ernten, wenn alles so aussieht wie im Ladentresen. Und lieber zu früh als zu spät ernten, denn klein ist meist lecker und groß manchmal überreif.

Manchmal ist die Größe auch ein schlechter Ratgeber für die Bestimmung des Erntezeitpunktes. Gerade im Hobby- und Ökobereich, wo die Nährstoffversorgung nicht immer ganz unproblematisch ist, können Kulturen auch relativ klein und trotzdem ausgewachsen sein.

Kultur	Abbrechen	Ab-schneiden	Ganze Pflanze	Pflanzen-teile	Erneuter Austrieb
Kopfsalat		x	x		
Mangold	x			x	x
Petersilie	x			x	x
Pflücksalat	x			x	x
Rucola		x	x		x
Sauerampfer		x	x		x
Schnittlauch		x	x	x	x
Strauchkräuter	x	x		x	x

Bei Fruchtgemüse hingegen ist die Blüte Voraussetzung für die Bildung einer Frucht und somit für die Ernte.
Beispiele:
Salat: Großer Kopf, fest in der Mitte
Mangold: Größere Blätter außen, noch nicht herabfallend welk
Andere Beispiele:
Zucchini: Für Pfannengemüse 10 cm, zum Backen 15 cm
Kartoffeln: Zum sofort Essen müssen sie noch keine feste Schale gebildet haben. Einlagern nur mit fester Schale möglich.

Erntefrequenz

Viele Pflanzen können mehrfach abgeerntet werden. Hier spielt die richtige Erntetechnik eine große Rolle, damit sich die Erntefrequenz erhöht.
Beispiel:
Mangold und Petersilie mindestens einmal die Woche (Erntefrequenz) mit der richtigen Erntetechnik ernten, das erweitert auch das Erntefenster.

Die Gesetzmäßigkeiten bei der Ernte von Mangold gestalten sich auffällig antiintuitiv. Je weniger die Pflanze beerntet wird, desto mehr Blattmasse besitzt sie. Je mehr Blattmasse sie besitzt, desto kräftiger wird sie und kann schneller nachwachsen. Das führt dazu, dass Menschen, die gerne Mangold essen und frühzeitig große Mengen ernten, langfristig weniger Erntegut haben.

Workshop
„So ein Mist – Düngung im Gemüsebau"

Themen: Pflanzenernährung, verschiedene Düngemittel

Methode: Workshop mit fachlichem Input, gefolgt von selbstständigem Düngen

Teilnehmer*innen: Jugendliche und Erwachsene, die gerne gärtnern und Zugang zu einem Garten haben.

Einbeziehung der Teilnehmer*innen: Zuhören, Fragen stellen, nachmachen

Lernziele
Zusammenhänge zwischen Boden, Pflanze und Ernte kennenlernen; Verschiedene Dünger und ihre Wirkungsweise unterscheiden können

Ort: Im Gemüsegarten

Dauer: Etwa eine Stunde

Kosten: Druck-/Kopierkosten für Werbung und Merkblätter, Dünger zur Verwendung sowie evtl. verschiedene Düngerproben zur Anschauung. Arbeitszeit für Vorbereitung und Durchführung.

Material: Merkblätter, Dünger, Messbecher

Vorbereitung: Infoflyer, Merkblatt erstellen

Mögliche Probleme und Umgang: Der Nährstoffbedarf der Pflanze ist variable, für die Teilnehmenden sind aber genaue Angaben über die zu verwendenden Düngermengen hilfreich.

Mengenangaben so konkret wie möglich gestalten: z.B. Handelsdünger in Tassen und Kompost in Schaufeln pro Pflanze oder Beet angeben.

Allerdings sind pauschale Angaben zur Düngermenge schwierig, da der tatsächliche Nährstoffbedarf der Pflanzen, die Aktivität der Bodenlebewesen und der Gehalt des Bodens an Nährstoffen die Düngung beeinflussen. Dieses Problem sollte angesprochen werden.

Vorgehensweise

- Begrüßung mit kurzer Vorstellung der Lehrenden, Inhalt, Ablauf und Ziel des Workshops.
- Fachlicher Input zur Düngung. Dabei vom Allgemeinen ins Konkrete gehen.
- Erläuterung der einzelnen Arbeitsschritte, Vorführung
- Evtl. selbständiges Düngen der Teilnehmer*innen
- Verabschiedung

Problematik der spezifischen Nährstoffbedarfe

Auch Wissenschaftler*innen, Landwirt*innen und Gärtner*innen proben, erstellen und wälzen eine Menge Düngertabellen und zerbrechen sich die Köpfe über die perfekten Formeln. Düngetabellen richten sich zunächst nach dem Stickstoffbedarf der Kulturen. Dieser ist z.B. bei Radieschen wesentlich geringer als bei Weißkohl, bei Möhren liegt er irgendwo dazwischen. Auch der Boden bietet unterschiedliche Voraussetzungen, weshalb er bei der Düngung ebenfalls berücksichtigt werden muss. Hat man über die Entnahme und Auswertung von Bodenproben herausgefunden, wie viel Nährstoffvorräte im Boden vorhanden sind, kann unter Berücksichtigung der vorher dort gewachsenen Pflanzen, also der Vorkultur, eine zumindest rechnerisch genaue Düngerkalkulation erstellt werden. Dabei beziehen sich all diese Berechnungen nur auf Stickstoff und lassen manchmal vergessen, dass Nährstoffe wie Kalium, Phosphor, Magnesium, Calcium und viele mehr auch sehr wichtig für das Pflanzenwachstum sind. Handelsdünger bieten nun die Möglichkeit, gezielt Nährstoffmängel zu beheben. Diese vielfältigen Faktoren machen es aber verständlicherweise schwer,

Bei der Verwendung von Düngertabellen aus dem Erwerbsgartenbau sind die doch sehr abweichenden Rahmenbedingungen vom subsistenzorientierten Gemüsebau zu beachten. Stickstoffgaben von 100 kg/ha und mehr können von den Pflanzen nur aufgenommen werden, wenn alle anderen Faktoren wie Bodendurchlüftung, Temperatur, Wasser und Licht optimal gegeben sind.

41

Nachdüngung mit
ökologischem
Handelsdünger

allgemeingültige Düngeempfehlungen
zu geben.

Durch Beobachten und Ausprobieren
können Mengen und Bedarf abgeleitet
werden: Wenn die Pflanze gelbe Blätter
bekommt, klein und schwach wächst,
deutet dies auf eine zu geringe Nährstoffversorgung hin. Sehr kräftiges
Wachstum, ein sattes Grün, das ins bläu-
liche tendiert und schwammig werdende
Blätter können hingegen Anzeiger für
Überdüngung durch Stickstoff sein.

Als Einstieg empfehlen sich langsam
wirkende Wirtschaftsdünger gegenüber
schnell wirkenden Handelsdüngern.
Falsche Düngung durch Kompost und/
oder Mulchen ist selten der Fall.

Bei Handelsdüngern im Zweifel erst einmal die Hälfte der empfohlenen Menge
Dünger verteilen und ggf. später nachdüngen. Oft lassen sich
bereits nach zwei Wochen erste Effekte erkennen.

Trotz der Komplexität des Themas finden wir es wichtig, die
Teilnehmer*innen zu ermutigen, sich als Gärtner*in mit dem
Thema Düngung auch praktisch auseinanderzusetzen. Düngung
ist gewissermaßen der Schlüssel zu einem zufriedenstellenden
Gärtnern. Letztendlich ernährt sich auch der Mensch nicht nach
Nährstofftabellen, sondern bestenfalls nach Erfahrungswerten.

Zum Impulsvortrag

Warum müssen wir auch in der Ökolandwirtschaft unsere Kulturen Düngen?

Pflanzen entziehen dem Boden die für ihr Wachstum und
Leben benötigten Nährstoffe. Ohne menschliches Eingreifen
werden die meisten Nährstoffe nach dem Absterben der Pflanze aus dem verrottenden Pflanzenmaterial wieder in den Boden

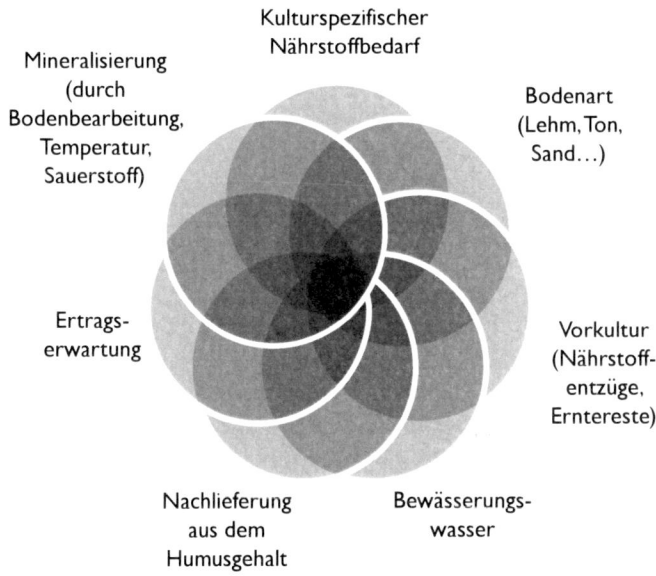

Mineralisierung (durch Bodenbearbeitung, Temperatur, Sauerstoff)

Kulturspezifischer Nährstoffbedarf

Bodenart (Lehm, Ton, Sand…)

Ertragserwartung

Vorkultur (Nährstoffentzüge, Erntereste)

Nachlieferung aus dem Humusgehalt

Bewässerungswasser

zurückgeführt. Werden die Pflanzen aber geerntet, entzieht man mit dem vom Feld abgefahrenen Erntegut diese zuvor aufgenommenen Nährstoffe dem Kreislauf. Der Nährstoffspeicher des Bodens wird mit der Zeit immer kleiner und für die nächsten Pflanzen stehen nicht mehr genügend Nährstoffe zur Verfügung. Da gerade im Gemüsebau der Nährstoffbedarf sehr hoch ist, sind gezielte Düngergaben unter Verwendung von zugelassenen Handelsdüngern oft notwendig, um den Ertrag und die Qualität der Kulturen sicherzustellen.

Die Kulturpflanzen der Menschen wurden zu besonderen Zwecken gezüchtet, sie sind meist größer und anspruchsvoller als ihre wilden Verwandten und bedürfen demnach einer besseren Nährstoffversorgung und besonderer Pflege. Überließe man sie der freien Natur, kämen die Gesetze der Wildnis zum Ausdruck: Lebensstarke Pflanzen, die schnell und anspruchslos wachsen, würden alle Spuren von anspruchsvollen, empfindlichen Kulturen verschwinden lassen.

Im ökologischen Landbau dient der natürliche Nährstoff-
kreislauf des Bodens der Grundversorgung der Pflanzen.
Dabei spielt die Fruchtfolgegestaltung neben der Zufuhr von
Kompost und Wirtschaftsdüngern eine wesentliche Rolle. In
die Fruchtfolge werden Pflanzen, die Stickstoff aus der Luft
aufnehmen können (Leguminosen wie Klee oder Bohnen) oder
nährstoffhaltende Zwischenfrüchte eingebunden, die für die
eigentlichen Erntekulturen Nährstoffe in den Boden bringen
oder konservieren.

Die zusätzlichen Dünger können verschieden kategorisiert
werden. In der Landwirtschaft wird zwischen betriebseigenen
Wirtschaftsdüngern und Handelsdüngern unterschieden. Be-
triebseigene Dünger sind Jauche, Gülle, Mist, selbst angebaute
pflanzliche Dünger und Kompost. Handelsdünger sind zuge-
kaufte Düngemittel, die wiederum in organische oder synthetische Dünger unterteilt werden.

Synthetische Dünger sind leicht löslich und können von den
Wurzeln schnell aufgenommen werden. Durch die Form der
dargebotenen Nährstoffe und deren schnelle Verfügbarkeit haben die Pflanzen keine Auswahlmöglichkeiten: Sie saugen alles
auf, was ihnen gegeben wird. Das Wurzelsystem verarmt, da
es sich im Boden nicht mehr ausbreiten muss, um Nährstoffe
zu suchen und zu finden. Bei Überdüngung werden die Zellen
weich und die Abwehrkräfte der Pflanzen geschwächt. Auch die
Knöllchenbakterien der Leguminosen reduzieren ihre stick-
stoffreduzierende Tätigkeit, da ihre Arbeit nicht mehr gefragt
ist. Durch die leicht löslichen Salze verarmt zudem das Bodenleben und der Humus kann sich durch chemischen Dünger
alleine nicht wieder neu bilden. Vor allem auf Sandböden, sogenannten leichten Böden, kommt hinzu, dass die leicht löslichen
Nährstoffe durch die mangelnde Bodenstruktur nicht gehalten
werden und sich die Salze folglich in tieferen Bodenschichten
ansammeln oder ins Grundwasser geschwemmt werden.
Chemisch-synthetische Stickstoffdüngemittel und leicht lösliche
Phosphate sind im ökologischen Landbau verboten.

Organischer Dünger arbeitet im Gegensatz dazu mit dem Bodenleben zusammen. Je nach Bedarf werden seine Nährstoffe langsam gelöst und den Pflanzen angeboten. So können sie starke, widerstandsfähige Zellen ausbilden. Die unterschiedliche Strukturierung des dargebotenen organischen Düngers regt die Bodenlebewesen zur Arbeit an: Rasenschnitt, Beikräuter, Stroh und Mist müssen zerkleinert und verdaut werden. Daraus entsteht dann idealerweise ein optimaler Humus im Boden. Humus ist der unbelebte Teil der organischen Substanz. Er besteht aus abgestorbenen Pflanzen und Bodenlebewesen, die von den lebenden Bodenorganismen (Edaphon) sowie durch verschiedene chemische und physikalische Prozesse umgewandelt wurden.

Ein humoser Boden ist für Pflanzen, die auf ihm wachsen, aus verschiedenen Gründen vorteilhaft: In Bezug auf die Pflanzenernährung kann Humus viel mehr Nährstoffe speichern und mobilisieren als der mineralische Teil des Bodens. Humus bietet den für die Mineralisierung der Nährstoffe wichtigen Organismen optimale Bedingungen, hält Feuchtigkeit besser und wirkt als Puffer gegenüber klimatischen Veränderungen, aber auch als Puffer für natürlich im Boden ablaufende chemische Prozesse wie z.B. die Säureregulierung. Kompost und Mist, also optimalerweise die betriebseigenen Wirtschaftsdünger, sind gute Humusdünger.

Gezielt eingesetzte Düngung unterstützt all diese Vorgänge und ermöglicht den Pflanzen ein gesundes Wachstum. Dass die „richtige" Menge dabei ein schmaler Weg zwischen zu viel und zu wenig ist, ist mit Sicht auf diese Komplexität nicht verwunderlich.

Literaturverzeichnis

Blume, H. P.; Brümmer, G. W.; Horn, R.; Kandeler E.; Kögel-Knabner, I.; Kretschmar R.; Stahr, K.; Wilke, B-M. (2010): Scheffer/Schachtschabel Lehrbuch der Bodenkunde. Heidelberg: Spektrum Akademischer Verlag.

George, E.; Eghbal, R. (Hrsg.) (2003): Ökologischer Gemüseanbau Handbuch für Beratung und Praxis. Mainz: Bioland Verlags GmbH.

Heistinger, A. (Hrsg.) (2010): Handbuch Biogemüse. Innsbruck: Verlag Loewenzahn.

Kreuter, M.-L. (1995): Der Biogarten. München: BLV Verlagsgesellschaft mbH.

Storl, W.-D.; Pfyl, P. S. (2013): Bekannte und vergessene Gemüse. München: Piper Verlag.

Wonneberg, C.; Keller, F. (2004): Gemüsebau. Stuttgart: Eugen Ulmer GmbH & Co.

Abbildungsverzeichnis

Gemeinschaftsgärten ?
Ja, bitte – aber wie ?

Von Dörte Martens, Malte Zacharias und Frauke Hehl

In diesem Kapitel stellen wir sechs Schritte zum Aufbau eines urbanen Gemeinschaftsgartens dar.

Als Beispiele werden konkrete Projekte in ihrem Entstehungsprozess aus der Beratungs- und Vernetzungstätigkeit des Allmende-Kontors aufgegriffen. Aus eigenen Erfahrungen und der Auswertung von Erfahrungen anderer Gemeinschaftsgärten haben wir Bildungseinheiten zur schrittweisen Gründung urbaner Gemeinschaftsgärten entwickelt. Checklisten verwenden wir bewusst nicht, denn es gibt kein einheitliches Rezept, um einen Gemeinschaftsgarten aufzubauen. Die Schritte, die wir beschreiben, bieten eine Grundlage für unterschiedlichste Situationen und können in ihrer Reihenfolge variieren oder gleichzeitig ablaufen:

1. Gemeinschaftsgärten kennenlernen
2. Kontaktaufbau zu Nachbarschaft, lokalen Strukturen und Verwaltung
3. Gartenfläche finden und zur Nutzung erhalten
4. Gruppenarbeit
5. Ressourcen kennen, (be-)schaffen, erhalten
6. Vernetzung und Kooperation

Ein Leitfaden

Gemeinschaftsgärten ?

Ja, bitte - aber wie ?

Das Allmende-Kontor ist Kontakt- und Vernetzungsstelle für Gemeinschaftsgärten in Berlin. Es unterstützt die Zusammenarbeit von Gartenprojekten, mit dem Ziel einer partizipativen Stadtentwicklung, der Vision einer „Stadt für alle".
Die Beratung von Gartenprojekten durch das Allmende-Kontor geht vom Konzept (z.B. Verträge, Zielsetzung der Gartengruppe), über den Aufbau (z.B. Kontakte zu Verwaltung, zu anderen Gärten, Gemeinschaftsaufbau), bis hin zur Verstetigung (Beirat, Öffentlichkeitsarbeit usw.) des Projekts.
Der vom Allmende-Kontor initiierte Garten auf dem Tempelhofer Feld dient als Lernort für die Selbstverwaltung von Gemeingut: Alle sind aufgerufen beizutragen, sei es Geld, Zeit, Wissen, Kraft, Ressourcen oder Soziales. Durch die aktive Auseinandersetzung mit Eigentumsverhältnissen möchten wir die Wiederentdeckung der Gemeingüter (Allmenden) fördern. Die Praxis der Selbstversorgung wirft die Ernährungsfrage auf, und die konventionelle Agrarpolitik erscheint in einem anderen Licht.
Das Allmende-Kontor bietet so einen Raum für Alternativen zur Konsum-, Wachstums- und Wegwerfgesellschaft, für biologische und soziale Diversität.

HIER HABEN WIR
VON 2004 BIS 2009
EINEN FREI— RAUM BELEBT

ROSA ROSE GARTEN
EINE ANDERE WELT IST PFLANZBAR!

Gedenken an einen geräumten Freiraum. Der Rosa-Rose-Garten entstand zunächst in der Kinzigstraße, wo er nach etwa vier Jahren geräumt wurde. Im Gehweg vor der erneuten Brache erinnert eine Gedenkplatte an den Gemeinschaftsgarten.

Gemeinschaftsgärten und Stadtpolitik

Eine wichtige Bemerkung vorab: Urbane Gemeinschaftsgärten haben in den letzten Jahren die Stadtgestaltung beeinflusst. Die stadtpolitische Dimension sollte daher aus unserer Sicht immer mitgedacht und aktiv gestaltet werden! Bereits bei den ersten Überlegungen zur Initiierung eines Gartens gilt es daher, die Außenwirkung zu bedenken und zu reflektieren.

Gerade weil Gemeinschaftsgärten einen ungemein positiven Einfluss auf die lokale Nachbarschaft wie soziale Netzwerke, Bildung und alternative Konsummuster haben (siehe Bütikofer, 2012; Bendt et al., 2012), können sie eine ungewollte Entwicklung befördern, die kein Gemeinschaftsgarten alleine kontrollieren oder stoppen kann: Die Aufwertung des Stadtteils durch einen Garten kann dazu führen, dass das Interesse von Investoren an diesem Bezirk steigt. In Folge dessen wird investiert, gebaut und die Mieten werden drastisch erhöht, was zur Verdrängung der Nachbarschaft sowie des Gartens selbst führen kann. Gerade Zwischennutzungen bergen hier eine Gefahr, da sie nicht auf Verankerung der Gärten im Stadtraum angelegt sind.

Schritt 1: Gemeinschaftsgärten kennenlernen

Warum?

… **weil** die Vielfalt inspiriert und am direkten Beispiel oft gut deutlich wird, was man selbst will und was nicht.

… **weil** bestehende Gärten oft bereits Lösungen zu (Anfangs-) Schwierigkeiten gefunden haben.

… **weil** es der erste Schritt zu Vernetzung und Kooperation mit anderen Gartenaktivist*innen ist.

Grabeland ist parzellierte Anbaufläche, die nur mit einjährigen Pflanzen bestellt werden darf und daher nicht als Kleingarten zählt, obwohl es von außen keinen sichtbaren Unterschied gibt.

Mietergärten sind kleine Flächen, die von Eigentümer*innen gemietet werden. Angebaut und gepflanzt wird nach den Wünschen der Mietenden korrespondierend mit den lokalen Gegebenheiten.

Selbsternte-Projekte sind betreute Anbauflächen, gut bekannt sind Erdbeerfelder. Heutzutage gern genutzt sind kleinteiligere und stark individualisierte Felder oder Beete (siehe Kapitel 1).

Der ganz allgemeine Wunsch nach mehr Grün in der Stadt hat in Form von Gemeinschaftsgärten in den letzten Jahren eine Konkretisierung erfahren: Menschen nehmen die Gestaltung ihrer Nachbarschaft und ihres Naherholungsraums selbst in die Hand. Gemeinschaftsgärten werden unentgeltlich gepflegt und sind öffentlich zugänglich (Rosol, 2006). Es lassen sich unterscheiden: 1. Nachbarschaftsgärten, die Bewohner*innen aus der unmittelbaren Wohnumgebung ansprechen, 2. Thematische Gärten, die sich einem ganz bestimmten Thema oder einer Zielgruppe widmen, und schließlich 3. Thematische Nachbarschaftsgärten, die sowohl die unmittelbare Nachbarschaft als auch ein Thema fokussieren, wie beispielsweise der interkulturelle Nachbarschaftsgarten. Inzwischen gibt es verschiedenste Formen der urbanen Gemeinschaftsgärten. Neben pädagogischen, therapeutischen, Krautgärten, Schulgärten, Kiez-, Frauen- und Stadtteilgärten können teilweise auch Kinderbauernhöfe, **Grabeland**, **Mietergärten** und **Selbsternte-Projekte** zu den Gemeinschaftsgärten gezählt werden. Diese Vielfalt bietet einen Überblick darüber, was alles möglich ist.

Garten	Größe Garten (m²)	Größe Beete (m²)	Anzahl Beete	Anzahl Teilnehmende	Rahmen-bedingungen
Allmende-Kontor	5.000	0,25-8	285	800 12 Gründer*innen	1-Jahres Nutzungsvertrag mit Grün Berlin GmbH Öffentlicher Park Nutzungsgebühr 5.000 € pro Jahr
Prinzessinnen-garten	6.000	3	1.500	37 1000 Freiwillige	Zwischennutzungs-Pachtvertrag mit Liegenschaftsfonds Berlin (Vorbereitung von 5-Jahres-Vertrag mit Bezirk) Monatliche Pacht
Bauerngarten	6.240	24	240	700 12 Helfer*innen	Vertrag für kommerzielle Agrarwirtschaft Jährliche Pacht
Bürgergarten Laskerwise	500	12-15	35	46	5-Jahres Kooperations-vertrag zwischen dem Land Berlin und Verein öffentliche Grünfläche keine Nutzungsgebühr

Die Diversität der Gemeinschaftsgärten wird anhand der Gartenkarte (liegt dem Buch bei) am Beispiel Berlin bereits deutlich. Die Tabelle auf dieser Seite gibt einen Überblick über die vielfältigen Möglichkeiten, Gärten mit unterschiedlichen Rahmenbedingungen, inhaltlichen Ausrichtungen, Zielpublikum und Gartenkonzepten zu initiieren. Zu Beginn sollte überlegt werden: Welche Zielsetzung soll der Garten haben?

Beispiel-Gärten in Berlin und ihre Merkmale

Allmende-Kontor-Garten

Der Garten des Allmende-Kontors auf dem Tempelhofer Feld startete 2011 und ist ein thematischer Garten, der sich der partizipativen Stadtentwicklung verschrieben hat. Nachbar*innen wie Interessierte aus ganz Berlin werden eingeladen, durch das Gärtnern in Kontakt zu kommen und aktiv an der Stadtentwicklung mitzuwirken. Darüber hinaus gibt es auch andere thematische Bereiche, die gezielt fokussiert werden, wie interkulturelle Interaktionen und ökologische Landwirtschaft. Der Garten spricht insbesondere die umliegende Nachbarschaft an, die sich durch geringes Durchschnittseinkommen und hohen Anteil an Personen mit Bezug staatlicher Ersatzleistungen auszeichnet, aber auch andere Aktive.

Gemeinschaftsgarten G13 „Familienurwald"

Der Gemeinschaftsgarten Glogauer Straße G13, den das Allmende-Kontor in der Gründung ausführlich beraten hat, zeigt deutliche Charakteristika eines Nachbarschaftsgartens: Die Nachbarschaft wird seit 2013 in verschiedenen Sprachen angesprochen, um auf einem brachliegenden ehemaligen Sportplatz aktiv zu werden und eine Gartengemeinschaft aufzubauen. Kontakte zu Kindertagesstätten, Schulen, Auszubildenden und der offenen Jugendarbeit werden aufgebaut und eine Kooperation angestrebt. Darüber hinaus wird politische Lobbyarbeit auf Parteien- und Bezirksebene gemacht, um die Ressorts Umwelt und Stadtentwicklung sowie Jugend und Bildung zu integrieren. Eine Auszeichnung als Modellprojekt der Deutschen Umwelthilfe trägt zur öffentlichen Anerkennung durch den Bezirk bei.

SpielFeld Marzahn

Das SpielFeld Marzahn ist ein thematischer Gemeinschaftsgarten auf kommunalem Land, ein Gemeinschaftsgarten, der sich der ökologischen urbanen Landwirtschaft im Sinne produktiver Stadtlandschaften widmet. Er startete im Herbst 2011. In Kooperation mit der Technischen Universität Berlin werden hier verschiedene Zielgruppen, nachhaltige Stadtentwicklung und Umweltgerechtigkeit thematisiert. Top-down- und Bottom-up-Initiativen werden einbezogen: Während Masterstudierende der

Landschaftsarchitektur an Konzepten für partizipative urbane Landwirtschaft arbeiten und vom Natur- und Umweltamt sowie dem Stadtplanungsamt unterstützt werden, werden vor Ort eine benachbarte Grundschule und lokale Initiativen mit eingebunden.

Spreegarten

Der Spreegarten ist eine besondere Form eines Nachbarschaftsgartens, da es bisher noch keine direkte Nachbarschaft zum Garten gibt. Zunächst nahm die genossenschaftliche Baugruppe an einem Ideenwettbewerb für eine öffentlich zugängliche Fläche teil. Anwohner*innen im weiteren Sinne, insbesondere künftige Bewohner*innen des genossenschaftlichen Neubauprojekts, arbeiten seit 2012 in der Gartengruppe mit. Aber auch weitere Nachbarschaft soll eingebunden werden, um die Wahrnehmung zu vermeiden, die attraktive Fläche direkt an der Spree solle privatisiert werden. Die Gartengruppe mit 15 Beeten besteht vor allem aus deutschen Akademiker*innen unter 40 Jahren, zwei türkischstämmigen Familien und einem Brasilianer; sie ist also relativ klein und homogen, wodurch Bekanntschaft und Kommunikation innerhalb der Gruppe leicht fällt.

Rosa Rose

Der nachbarschaftliche Gemeinschaftsgarten Rosa Rose ist 2004 auf einer städtischen Brachfläche in Friedrichshain entstanden: Eine Initiativgruppe lud im direkten Wohnumfeld dazu ein, sich an der Nutzung der vermüllten Brachfläche zu beteiligen. Es entstanden zwei Bereiche, einer hundefrei und einer mit Hunden. Alles Weitere ergab sich aus den Aktivitäten derer, die tätig und präsent waren und sind. Der Garten musste zweimal umziehen, hat dabei jeweils seinen Charakter etwas verändert, aber vor allem seine stadtpolitische Positionierung nie verloren. So beteiligt sich die Gruppe bis heute u.a. an Demonstrationen und Kampagnen für alternative Gesellschaftsformen. Gelungen ist vor allem, als informelle Gruppe in der lokalen Politik Gehör und Anerkennung zu erhalten.

Zielsetzung

Wir gründen einen Gemeinschaftsgarten in der Stadt! Warum eigentlich? Die Frage sollte sich jede Initiative zu Beginn mal stellen. Schaut Euch Gärten an und lernt, was sie ausprobiert haben, was funktioniert hat und was nicht. Die Beispiele in den Kästen veranschaulichen bereits eine Vielfalt bestehender Gemeinschaftsgärten. Eine empirische Erhebung in Berliner Gemeinschaftsgärten im Sommer 2013 (Martens & Frick, eingereicht) zeigt, dass sich die urbanen Gemeinschaftsgärten stark und vielfältig entwickelt haben. Die vereinfachende Darstellung nach Thema und Nachbarschaft (s.o.), wird dieser Vielfalt urbaner Gemeinschaftsgärten nicht mehr gerecht. Weitere Klassifikationskriterien erleichtern nicht nur eine Einordnung der Gärten, sondern auch die Auslotung der eigenen Ziele bei Gründung eines neuen Gartens. Die Grafik auf der nächsten Seite zeigt zehn Unterscheidungsmerkmale von Gemeinschaftsgärten, wobei die rechts und links dargestellten Merkmale Extreme darstellen und die Gärten in der Regel irgendwo dazwischen liegen. Je nach Positionierung des jeweiligen Gartens sind seine Schwerpunkte unterschiedlich. Diese Merkmale dienen als Hilfsmittel, sich der eigenen Ziele bewusst zu werden, sie zu reflektieren und zu schärfen, um sie dann auch entsprechend umsetzen zu können.

Die Aufzählung in der folgenden Grafik ist nicht erschöpfend, bietet jedoch vor dem Aufbau eines Gartens eine wichtige Orientierung über die mögliche Ausrichtung eines urbanen Gemeinschaftsgartens. Diese Strukturierung bietet eine Möglichkeit, bestehende Gärten mit Vorbildcharakter zu kontaktieren und zu besuchen. In dieser Phase sind vielfältige Erfahrungen bereits initiierter und laufender wie auch gescheiterter Gärten von entscheidender Bedeutung. Ein Beispiel zur räumlichen Flexibilität: Da Nachbarschaften – insbesondere sozial benachteiligte Nachbarschaften – nicht mobil sind, kann ein mobiler Gemeinschaftsgarten, der immer wieder an einen neuen Ort umzieht, kein nachhaltiger, d.h. langfristig bestehender Nachbarschaftsgarten sein.

Umweltgerechtigkeit bedeutet, dass Menschen unabhängig von Bildung und Einkommen den gleichen Zugang zu natürlicher Umwelt haben. Dies ist in der Bundesrepublik nicht der Fall: Menschen mit geringem Einkommen haben nicht nur eine höhere Umweltbelastung in ihrer Wohnumgebung z.B. durch Lärm und Luftverschmutzung, sie haben außerdem weniger Zugang zu erholungsförderndem Grünraum, d.h. sie sind einer doppelten Belastung ausgesetzt im Vergleich zu Menschen mit höherem Einkommen (Claßen, Heiler & Brei, 2012).

57

Zielpublikum	Exklusiv	Inklusiv (für alle)
Zugänglichkeit	Privat	Öffentlich
Wirtschaftlichkeit	Einnahme-Orientierung	Nicht-kommerziell
Organisator*innen	Ehrenamt	Hauptamt/bezahlt
Gärtner*innen	Ehrenamt	Hauptamt/bezahlt
Beet-bewirtschaftung	Gemeinsam	Individuell
Ernteertrag	Gärtner*innen	Organisator*innen
Prozess-orientierung	Hoch (Selbstorganisation)	Gering (vorgegebene Struktur)
Räumliche Flexibilität	Mobil	An festen Ort gebunden

Prinzessinnengarten

Allmende-Kontor-Garten

Alle Gärten können beliebige Mischformen darstellen, als Beispiel hier der Prinzessinnengarten und der Allmende-Kontor-Garten. Die Angaben sind Schätzwerte und dienen lediglich der Veranschaulichung, wie unterschiedlich urbane Gemeinschaftsgärten ausgerichtet sein können.

Aspekte zur Unterscheidung unterschiedlicher urbaner Gemeinschaftsgärten

Plattformen zur Vernetzung sind eine erste Informationsquelle, um sich einen Überblick über die Vielfalt urbaner Gemeinschaftsgärten zu verschaffen. Im Internet stellen sich viele Gartenprojekte wie auch Vernetzungsstellen vor, beispielsweise auf den folgenden Seiten:

www.anstiftung-ertomis.de

Urbane Landwirtschaft ist ein wichtiges Handlungsfeld, um Beiträge für eine ökologisch und sozial verträgliche Ökonomie und Gesellschaft zu leisten. Deshalb vernetzt, fördert und erforscht die **Stiftungsgemeinschaft anstiftung & ertomis** die vielfältigen Formen des gemeinschaftlichen Gärtnerns und andere Praxen des Selbermachens.

Stadtacker.net ist eine interaktive Internetplattform, auf der Wissen, Erfahrungen, Aktivitäten und Projekte aus dem Bereich der Urbanen Landwirtschaft gesammelt und ausgetauscht werden – für alle und mit allen, die sich für das „Ackern" in der Stadt interessieren und engagieren.

www.stadtacker.net

Auf der **Gartenkarte** sind alle Gemeinschaftsgärten, die es zum Zeitpunkt März 2013 in Berlin gab, verzeichnet.

www.gartenkarte.de

Der **Gartenpolylog** ist eine offene Gruppe von Menschen unterschiedlicher Herkunft mit unterschiedlichen fachlichen Hintergründen in Österreich, die durch das Thema „Interkulturelle Gemeinschaftsgärten" zusammengekommen sind.

www.gartenpolylog. org

Grünanteil ist eine interaktive Plattform, die Grün- und Schutzflächen, Freiräume und grüne Aktivitäten sichtbar macht. Interessierte Bürger*innen, Naturschützer*innen, urbane Gärtner*innen, grüne Aktivist*innen und Grünflächenverwalter*innen finden bei Grünanteil einen Ort für gegenseitigen Austausch, Beratung und Unterstützung. Grünanteil unterstützt grüne Aktionen und Projekte sowie die Gestaltung des urbanen Lebensraums im Sinne einer biologischen Vielfalt.

www.gruenanteil.net

Die Wissensallmende
Auch wissenschaftliche Arbeiten bieten einen Einblick in das Gartenpanorama. Vorhandene Arbeiten zum Thema stellen nicht nur eine gute Arbeitsgrundlage für künftige Forschung dar, sondern bieten auch spannende Informationen über bestehende Gemeinschaftsgärten. In diesem Sinne erweitert die Arbeitsgemeinschaft Forschung des Allmende-Kontors in Berlin die Wissensallmende, indem sie Arbeiten Interessierten zur Verfügung stellt.

www.stadtacker. net, www.anstiftung-ertomis.de und www. allmende-kontor.de bieten eine Zusammenstellung von Forschungsarbeiten sowie ganze Arbeiten im Bereich urbaner Gemeinschaftsgärten.

Schritt 2: Kontaktaufbau zu Nachbarschaft, lokalen Strukturen und Verwaltung

Warum?

… **weil** die wichtigste Ressource in einem Gemeinschaftsgarten die Menschen und Kooperationen sind.

… **weil** Rückendeckung aus Nachbarschaft und Verwaltung nicht nur sinnvoll, sondern nötig ist, wenn das Projekt nachhaltig wirken soll.

… **weil** Einbindung in lokale Strukturen vor Instrumentalisierung, z.B. durch private Investoren, und letztlich Verdrängung schützen kann.

Urbanes Gärtnern in ganz Deutschland wird als neue soziale Bewegung beschrieben (Müller, 2011), in der unterschiedlichste Menschen aktiv werden und an der Stadtentwicklung teilnehmen. Es gibt enge Beziehungen innerhalb der Gartenszene, die sich durch Erfahrungsaustausch gegenseitig unterstützt. Wenn ein neuer Garten gegründet werden soll, muss man sich über die unterschiedlichen Austauschformen bewusst sein, um die entsprechende Zielgruppe auch ansprechen zu können. Je nach Art der Kommunikation, etwa persönlicher Kontakt, digitale Information, Treffen, Leitfäden und Videos, werden unterschiedliche Gruppen erreicht. Kontaktaufbau und Mitwirkung von Nachbarschaft, lokalen Strukturen und Verwaltung sind ganz wesentlich für den Aufbau eines Gartens. Unter Mitwirkung verstehen wir die Aktivität vieler Beteiligter mit unterschiedlichen Hintergründen: gemeinsam wird die Gestaltung des Gartens geplant und umgesetzt, wobei jede Person ihre spezifischen Ideen und Bedürfnisse mit einbringt. Sie beruht auf Kommunikation, ohne die kein Gemeinschaftsgarten gedeiht. Sie sollte bewusst gestaltet werden, um zu gelingen. Es gilt also, Kontakte auf unterschiedlichen Ebenen mit dem Umfeld aufzubauen und zu pflegen, Zielgruppen zu klären und dabei unterschiedliche soziale, aber auch (organisations-)kulturelle

Milieus zu beachten. Wegen der unterschiedlichen Bedürfnisse und Motivationen der entsprechenden Personen sollten unterschiedliche Kommunikationsebenen genutzt werden:
1. direkte Kommunikation in Garten und Nachbarschaft
2. Einbindung lokaler Strukturen
3. Kommunikation mit Politik und Verwaltung

Im Folgenden gehen wir auf diese Ebenen der Kommunikation ein, die sich hinsichtlich ihrer Schwelle, mitzumachen, unterscheiden.

1. Direkte Kommunikation in Garten und Nachbarschaft

Die wichtigste Zielgruppe ist die Nachbarschaft, zu der es Kontakt aufzubauen gilt. Selbst wenn der Garten nicht explizit die Nachbarschaft anspricht, sind die Nachbar*innen wichtige Personen für die Befürwortung und soziale Pflege des Projekts. Optimal ist es, wenn sich der Kontakt zu den Nachbarn durch die Gärtner*innen von selber aufbaut. Dann müssen Formen gefunden werden, diesen Kontakt zu fördern und zu unterstützen.

Besonders wichtig ist der direkte Kontakt zwischen den Menschen: Gärtner*innen tauschen Erfahrungen und Wissen aus, zunächst bezogen auf spezifische Fragen des Pflanzens, zunehmend dann auch über persönlichere Themen. Dieser direkte Kontakt in einem Garten, der offen ist für alle, ist das wichtigste und grundlegendste „Instrument", das durch keine virtuelle Plattform ersetzt werden kann. Insbesondere wenn eine besonders durchmischte Gruppe angesprochen werden soll, sind die persönliche Anwesenheit in Präsenzzeiten und der direkte Kontakt von maßgeblicher Bedeutung. Er kann ergänzt werden durch ein „Schwarzes Brett" für Informationen für und von den Gärtner*innen. Hilfreich sind auch nonverbale Informationen, weil nicht davon ausgegangen werden kann, dass alle fließend in der jeweiligen Sprache und Schrift kommunizieren können. Comiczeichnungen und Illustrationen dienen dazu, nonverbal die Regeln im Garten zu veranschaulichen (siehe gegenüberliegende Seite).

Über die bereits im Nachbarschaftsgarten Aktiven hinaus ist es für die Verankerung hilfreich, weitere nachbarschaftliche Aktionsgruppen aller o.g. Ebenen kennenzulernen. Kontakte zu Schulen, Auszubildenden, lokalen Initiativen und Forschenden aufzubauen, ist sinnvoll, da sie als Multiplikator*innen für die Projektziele wirken können.

Um Notwendiges allen Beteiligten mitzuteilen, eignen sich mehrsprachige Anschläge an einer Info-Wand und Informationen über Onlinetools wie Mailinglisten, Websites und Social-Media-Plattformen. Workshops zu gärtnerischer Praxis (siehe Kapitel I, III), zum Beetbau (siehe Kapitel V) oder ökologischer Schädlingsbekämpfung werden organisiert. Das Angebot richtet sich nach dem Bedarf der Beteiligten, die gleichzeitig ihre Ressourcen einbringen können: Moderation der Gartentreffen, Kompostierung, Bau eines Dorfplatzes als Gemeinschaftsort sind nur einige Beispiele, die selbstorganisiert im Allmende-Kontor-Garten stattfinden.

Alltägliches im Garten fällt leicht, wenn Kontakt zu lokalen Gruppen, Geschäften und Unternehmen besteht: Die Kneipe im Nachbarhaus bietet den Menschen vom Gemeinschaftsgarten die Toilettennutzung an, gleichzeitig können Kneipenbesucher*innen sich auch in den Garten setzen. Ein Garten ohne direkten Wasserzugang kann den Wasseranschluss im Nachbarhaus nutzen, Nachbarschaftsfeste des Hausprojekts finden dafür im Garten statt und verankern den Garten zugleich im Bewusstsein dieser Menschen und in deren sozialem Umfeld. So etwas fördert das gute Klima in der Nachbarschaft. Oder eine Schule kooperiert mit einer Gartengruppe, die den einen Bereich des Schulhofs zum Gärtnern nutzt, hier aber auch für Sauberkeit und Belebung sowie Umweltbildung und damit soziale Strukturen sorgt: Ein Raum, in den sich viele Menschen zuvor nicht hineintrauten, wird so sicherer und damit wieder für alle nutzbar. Oder im Gartenbaubetrieb fällt

EKİM ALANI KURMAK VE GENİŞLETMEK YALNIZCA...

... ASLINDA EKİM ALANI OLAN YERİN YÜZEYİ, İKİ EURO-PALETİNDEN KÜÇÜK İSE!

BAUMATERIAL BITTE NICHT LANGE LAGERN, SONDERN KURZFRISTIG VERBAUEN !

BEETANBAUTEN UND –ERWEITERUNGEN NUR...

...WENN SIE MIT ALLEN DIREKTEN NACHBARN ABGESPROCHEN WERDEN UND KEINER VON IHNEN EINWÄNDE HAT !

AUSNAHMEN: REPARATUREN, VERBESSERUNGEN, KLEINSTANBAUTEN (Z.B. BLUMENKÄSTEN)

EKİM ALANI KURMAK VE GENİŞLETMEK YALNIZCA...

... EKİLİ ALANLAR ARASINDAKİ YOL EL ARABASININ GEÇEBİLECEĞİ KADAR GENİŞSE!

Grün- und Baumschnitt an, den dieser kostenpflichtig entsorgen müsste, während in den Hochbeeten eines Gartens dieses Material zur Beetanlage benötigt wird. Wenn der Gartenbaubetrieb die Entsorgungskosten einspart, so rechnet es sich immer noch, den Grün- und Baumschnitt zum Garten zu fahren.

Was tun gegen Fremdernte, Ernteklau und Vandalismus?

Gemeinschaftsgärten, die auf öffentlichen Grünflächen angesiedelt sind, oder auch jene, die einfach und jederzeit zugänglich sind, bieten Gelegenheit zur Ernte durch andere als diejenigen, die anpflanzen. Dabei reicht die Bandbreite vom Probieren bis zum zielgerichteten Klau der Ernte. Entsprechend sollten auch die Maßnahmen dagegen differenziert sein: Sie reichen beispielsweise von aufklärenden Schildern bis hin zu unangenehm färbenden Pflanzen.

„Naschgärten" laden zum Ernten ein und halten gleichzeitig von der Ernte in anderen Bereichen des Gemeinschaftsgartens ab.

Die gepflegte Ausstrahlung eines Ortes wirkt oft inspirierend und schützend. Während wenig belebte Gärten eher Ziel von mutwilliger Zerstörung und Vandalismus sind, bieten belebte Orte am wenigsten Gelegenheit zu Missbrauch und unsachgemäßer Nutzung.

---

2. Einbindung lokaler Strukturen

Gemeinsame Veranstaltungen stellen eine stärker formalisierte Interaktion dar als der direkte Kontakt, da sie Vorbereitung und Planung erfordern. Veranstaltungen bieten die Möglichkeit zur Kommunikation und können gleichzeitig eine große Außenwirkung entfalten und der Öffentlichkeitsarbeit dienen. Verschiedene Gartenaktivitäten sind hier denkbar, von gemeinschaftlichen Workshops über Netzwerktreffen bis hin zu Festen. Solche Veranstaltungen sollten durch verschiedene Gruppen innerhalb des Gartenprojekts selbst initiiert werden. Dadurch lernen die Gärtner*innen beiläufig, eine Veranstaltung zu organisieren und sich gegenseitig zu unterstützen. Die

Kombination kleinster interner Gartenveranstaltungen und
stadt- oder bundesweiter Treffen stellt eine Grundlage für einen
kontinuierlichen Austausch dar. Einige Beispiele sind

- Buchlesungen
- Filmpräsentationen
- Workshops: ökologische Jungpflanzenanzucht, Schädlings-
  bekämpfung, Hochbeetbau, Wassermanagement
- Podiumsdiskussionen
- Fußballturniere
- Konzerte im Garten
- Saatgut-Tauschbörsen
- Bundesweite Urban Gardening-Sommercamps

Auch regelmäßige Veranstaltungen wie gemeinsames Angärt-
nern, Beetvergabe oder ein regelmäßiger Gartenstammtisch
zum informellen Austausch der Gärtner*innen dienen der
Hinführung zur Selbstorganisation. Eine gemeinsame Saison-
evaluation wirkt wertschätzend und motivierend, gleichermaßen
für Gärtner*innen wie Initiator*innen.
Auch kleine Veranstaltungen mit eher privatem Charakter
sind wichtig für den Zusammenhalt. Geburtstage, Hochzeiten und Sommerfeste adressieren zwar vornehmlich den
Kreis der Freund*innen, sind aber meist auch offen für alle
Gärtner*innen und bieten damit Raum zur Begegnung.

3. Kommunikation mit Politik und Verwaltung

Politik und Verwaltung sind wichtige Partner*innen beim Starten eines Gemeinschaftsgartens. Austausch und Kontaktpflege
mit lokaler Verwaltung und Politik ist nicht nur besonders
sinnvoll, sondern in den meisten Fällen zwingend notwendig.
Solche Begegnungen sind wichtig, um ein Bewusstsein für
die Gartenbewegung in Politik und Verwaltung zu schaffen.
Zunächst einmal geht es gerade zwischen Initiativen und Verwaltung darum, „die anderen verstehen zu lernen" und mögliche Bedürfnisse auf jeder Seite aufzugreifen. Erst auf dieser

In Hamburg hat sich in den Jahren 2012–14 eine Menge im Bereich Urban Gardening getan: Die verschiedenen Garteninitiativen, die hier wie in anderen Städten aus dem Boden sprießen, haben sich zum Netzwerk **Solidarisches Gemüse** zusammengeschlossen, die Kommunikation läuft über eine Mailingliste. Das Solidarische Gemüse hat eine vertrauensvolle innere Struktur, um sich auch politisch abzustimmen. Parallel zu den Bemühungen einzelner Gruppen begann in Hamburg nämlich die Behörde für Stadtentwicklung und Umwelt, in Person des Staatsrats im Bereich Stadtentwicklung (nicht Umwelt!), sich für das Phänomen Urban Gardening zu interessieren. Es wurde eine Stelle in der Behörde eingerichtet, die sich seither darum kümmert, Fachämter und Initiativen zusammenzubringen. Konkret gibt es halbjährlich stattfindende Runde Tische aller Beteiligten, sowie Arbeitsgruppen, in denen ebenfalls Verwaltung und Nachbar*innen/Nutzer*innen/Macher*innen zusammenkommen.

Ein solcher institutioneller Türöffner von Seiten der Behörden ist sehr hilfreich, da die bezirklichen Fachämter sonst wenig Spielraum haben, um Anfragen von Stadtgarten-Interessierten zu bearbeiten. Durch die Koordinierungsstelle Urban Gardening in Hamburg können Garteninitiativen zum Beispiel direkt mit einer Ansprechperson aus dem Fachamt über praktische Fragen verhandeln, wie zum Beispiel:

- Zugang zu einem öffentlichen Wasseranschluss, womöglich Nutzung eines Standrohrs, um eine Anschlussstelle unter dem Bürgersteig anzuzapfen.
- Vertragsfragen: Was ist auf der Fläche erlaubt, wozu verpflichten sich die Gärtner*innen, darf man zum Beispiel Bäume pflanzen, wie frei ist das Erscheinungsbild?
- Sind kleine Hilfestellungen durch das Gartenbauamt möglich, wie zum Beispiel Anlieferung von Komposterde, von Gartengeräten, Baumaterial o.ä.?

Auf der politischen Ebene gibt es unter anderem folgende Fragen zu beantworten, die beide Seiten interessieren:

- Wie können die sozialen Aspekte des gemeinschaftlichen Gärtnerns in der Stadt eine Wertschätzung erfahren? Es gibt zahlreiche Vorteile für Gesundheit und Umwelt, nicht selten spielen Bildungsaspekte und Jugendarbeit im Zusammenhang mit Gärten eine Rolle. Da alle diese Aspekte in unterschiedlichen politischen Ressorts behandelt werden, im Gemeinschaftsgarten aber zusammenkommen und sich durchmischen, ist eine überschauende Betrachtung nötig.
- Wie kann eine lange Lebensdauer einer Initiative erreicht werden, wenn gleichzeitig Freiwilligkeit und Niedrigschwelligkeit gewahrt bleiben sollen?
- Kann die öffentliche Hand sich zu einer veränderten Flächenpolitik durchringen, bei der außer finanzieller Verwertung auch das inhaltliche Konzept für eine Flächennutzung mit erwogen wird? Gerade diese letzte Frage wird derzeit in Berlin vielschichtig diskutiert.

Selbstgemachtes beim
Werkstattgespräch in
der Kleingartenkolo-
nie POG

Grundlage ist es möglich, Kooperationen aufzubauen oder die
Umsetzung der Gartenkonzepte in politischen Planungsprozes-
sen voranzubringen. Diese können einen lokalen, regionalen,
bundesweiten oder internationalen Fokus haben.
In Berlin gibt es dreimal jährlich einen Austausch mit Politik und
Verwaltung auf stadtweiter Ebene: Das Allmende-Kontor organisiert gemeinsam mit der Senatsverwaltung für Stadtentwicklung
und Umwelt regelmäßige Werkstattgespräche, bei denen sich
Mitarbeiter*innen der Verwaltung sowie Gartenaktivist*innen zu
zuvor vereinbarten Themen austauschen.
Alle zwei Jahre wird ein berlinweites Gartenaktivist*innen-Treffen organisiert, dazwischen liegen Seminare und Tagungen, auf
denen auch Vertreter*innen der Verwaltung dabei sind.

Schritt 3: Gartenfläche finden und zur Nutzung erhalten

Warum?
… **weil** ein Garten Platz haben muss zum Wachsen.
… **weil** es viele ungenutzte Brachen in der Stadt gibt.
… **weil** es Potenzial bietet, die Nachbarschaft zu beleben und
mit Menschen in Kontakt zu kommen.

Wie kommt man eigentlich an eine innerstädtische Gartenfläche heran, um dort einen Gemeinschaftsgarten zu gründen? Viele Initiativen stehen zu Anfang an diesem Punkt – vielleicht gibt es bereits ein Areal, klassischerweise eine Brachfläche, die eine kleine Gruppe von Leuten „ins Auge gefasst" hat. Auch ist ein spontanes, „guerillamäßiges" Losgärtnern jederzeit möglich, doch lieber hätte man eine Garantie, dass man das darf. An dieser Stelle möchten wir beschreiben, worauf angehende Stadt-Gärtner*innen bei der Flächensuche achten sollten:

- Beim **Standort** spielt die Nähe zum Wohnort die herausragende Rolle – anders als bei der Kleingartenparzelle, wo man normalerweise für sich ist, ist der Gemeinschaftsgarten oft Teil des Kiezes, des persönlichen Stadtraums, den man zu Fuß, mit dem Fahrrad oder mit den Kindern tagtäglich durchquert.

- **Licht und Boden** sind Merkmale, die jede gegebene Fläche mit sich bringt und die wir nur teilweise beeinflussen können. Oft ist in der Stadt kein direkter Anbau im Boden möglich bzw. zu empfehlen, etwa wenn die Fläche durch industrielle Nutzung oder durch Überreste aus dem Zweiten Weltkrieg belastet ist. Das bedeutet, nicht zu tief in die Erde graben und stattdessen fruchtbare Erde aufzubringen. Eine Möglichkeit bieten hier Hochbeete.

- Der **Zugang zu Wasser** ist ein weiterer springender Punkt, die Versorgungsleitung ist lebenswichtig für einen Garten. Wenn ein bestehender Trink- oder Brauchwasser-Anschluss genutzt werden kann, können über einen Schlauch große Regentonnen oder Kubikmeter-Container befüllt werden.

- **Zugang zur Fläche** ist unterschiedlich je nachdem, ob ein Zaun, eine natürliche Abgrenzung mit Hecken, Büschen oder z.B. ein Gartentor vorhanden sind. Ein Tor kann verschlossen, zugehakt oder gänzlich offen sein.
- **Nutzungsrelation** (relevant für Versicherung: z.B. besteht eine Versicherungspflicht?)
  - Vereinbart: Verpachtung, Vermietung, Überlassung, (Zwischen-)Nutzungsvertrag, Kooperationsvertrag, Vereinbarung mit Eigentümer*in, Kooperation mit Kitas oder Schulen
  - Nicht vereinbart: Besetzung, Duldung
- **Juristischer Rahmen:** (Förder-)Verein, gemeinnützige GmbH, Interessengemeinschaft, Initiative ohne Rechtsform oder juristische Person
- **Eigentums-Typen:** Wohnungsbaugesellschaften, öffentliche und private Besitzverhältnisse, zum Verkauf bestimmtes Bauland, Vorhalteflächen (eher zur Zwischennutzung angeboten.) Zu bedenken ist: Zwischennutzung kann ein Anfang sein, bleibt aber immer ein Kompromiss, denn sie steht im Konflikt mit längerfristigen Projekten und damit der immer wieder geforderten Nachhaltigkeit!

Auch hier ist es sinnvoll, Gärten aus dem gleichen Bezirk zu ihren Erfahrungen mit derselben Verwaltungsstelle oder dem Bezirksamt zu fragen. Eine Nutzungsvereinbarung für die Fläche ist bereits hilfreich, wenn die Nachbar*innen dem Garten Wasser zur Verfügung stellen möchten. Sie ist ein – in der Regel – schriftlicher Vertrag zwischen den Menschen bzw. deren Verein und jenen, denen die genutzte Fläche gehört. Oft sind das Flächen von der Stadt, der Region, es können aber auch private oder kirchliche Grundstücke sein.

Wenn es sich um ein Stück öffentlichen Landes handelt, ist der Eigentümer in der Regel der Bezirk, dort wiederum eines der Fachämter. Die Fachämter, also die Unterabteilungen der Bezirksverwaltung, sind meist zuständig für das Verfassen von Nutzungsvereinbarungen. Nun kann es erfahrungsgemäß länger dauern, bis man an den entsprechenden Stellen etwas in Bewegung setzen kann. Manchmal ist es hilfreich, einen Beschluss der politischen Stadtregierung zu erwirken, in Berlin z.B. über die Bezirksverordnetenversammlung, in der Vertreter*innen aller Parteien sitzen. Hier kann eine Interessengemeinschaft entstehen, da die Politiker*innen immer auf der Suche nach Praxisprojekten sind, mit denen sie sich und ihre Politik profilieren können. Also ist zu diesem Zeitpunkt neben Offenheit auch bereits Vorsicht vor Vereinnahmung geboten bzw. dass man darauf achtet, sich nicht „zu verbiegen". Klarheit in der Darstellung des eigenen Interesses, gemischt mit einer guten Kenntnis des Stadtviertels und der Bedürfnisse seiner Bewohner*innen sind nun gefragt. Jetzt kann auch eine Berichterstattung in der Presse hilfreich sein. Viele Gruppen haben im Nachhinein diese kämpferische Zeit ohne Fläche als äußerst hilfreich für ein späteres gutes Zusammenhalten beschrieben.

Wenn alles gut geht, steuert die Gartengruppe auf eine unterschriftsreife Nutzungsvereinbarung zu, und damit kommen wir zum Thema Verantwortung, Haftung und juristischen Personen: In den meisten Fällen muss eine Garteninitiative sich einen Trägerverein suchen oder einen Verein gründen, um Vertragspartner werden zu können. Über einen Trägerverein können auch Versicherungen organisiert werden, etwa eine Vereinshaftpflichtversicherung. In Einzelfällen kann auch eine Privatperson die Verantwortung per Unterschrift übernehmen oder eine Initiative die Fläche ohne Vereinbarung erhalten.
Große Projekte mit landwirtschaftlicher Nutzung oder Publikumsverkehr mit öffentlich zugänglichen Angeboten haben oft eine Unternehmensstruktur und benötigen entsprechende Versicherungen. In diesen Fällen sind mit der Anmietung einer Fläche auch Pachtkosten verbunden. Dieser Faktor wird in

letzter Zeit auch von der öffentlichen Hand ins Spiel gebracht: In Zeiten leerer Kassen zahlen Gartenprojekte also oft noch für ihr bürgerschaftliches Engagement mit Pacht oder Nutzungsentgelt. Oft wird ein pauschales Nutzungsentgelt veranschlagt, in der Regel sollten sich Gebühren wie für die Straßenreinigung oder Schneeräumung aber abwenden lassen. Gerade in der Startphase übt eine finanzielle Forderung enormen Druck auf die Gruppe aus, was viele Menschen bereits davon abschrecken kann, sich zu engagieren.

Die Langfristigkeit spielt bei vielen Gemeinschaftsgärten eine wichtige Rolle: Langfristige Nutzungsverträge werden angestrebt, von den Grundstückseigentümer*innen aber meist nur ein- bis dreijährige Laufzeiten mit Möglichkeit zur Verlängerung angeboten.

Vereinsgründung

Links zu Vertragsbeispielen für Vereine sind auf der Homepage der Stiftungsgemeinschaft anstiftung & ertomis (In der Rubrik urbane Gärten bei Praxistipps und Praxisblätter) und bei www.stadtacker.net zu finden. Die Bestimmungen zur Gemeinnützigkeit eines Vereins sind je nach Bundesland unterschiedlich. Das Bundesministerium für Inneres sowie das Bundesministerium für Finanzen und deren Unterabteilungen geben gute Hinweise zu allen Aspekten der Vereinsgründung: www.bmi.bund.de und www.bundesfinanzministerium.de

Schritt 4: Gruppenarbeit

Warum?

… **weil** der Zusammenhalt der Gartengruppe maßgeblich für
   den Erfolg des Projekts ist.

… **weil** immer wieder Konflikte auftauchen, die gelöst werden
   können.

… **weil** es am meisten Spaß macht, wenn sich alle einbringen
   und etwas zum Gelingen des Gartens beitragen.

Nicht wenige der langjährigen Gartenaktivist*innen nennen
das Erfahrungsfeld der Selbstorganisation und des Miteinanders als das Wertvollste am Gemeinschaftsgärtnern. Keine
Gemeinschaft kommt ohne Miteinander aus. Aber die Form
des gemeinsamen Handelns bestimmt oft auch, wer sich wo
beteiligt. Wenn zum Beispiel eine ausgewogene Gartengruppe
das Ziel ist, in der sich die Durchmischung der Nachbarschaft
widerspiegelt, dann werden die Garten-Gründer*innen entsprechend auf die Leute zugehen – und in einem zweiten Schritt
dann auch wieder Initiative und Kontrolle anderen überlassen
müssen.

Es gibt Gärten, die für Mitmacher*innen Strukturen organisieren und bereithalten, mit geringer Selbstorganisation. Bezahlte
Mitarbeiter*innen garantieren hier für Angebote, die auf Partizipation angelegt sind. Beispiele hierfür sind etwa Selbsterntegärten (siehe Kapitel I). Andere Gärten bieten wenig vorbereitete Mitmachstruktur für Neue oder Externe wie z.B. Rosa
Rose in Berlin. Hier ist das Engagement der Gärtner*innen
wichtiger und mehr Selbstorganisation gefragt. Viele Mischformen dazwischen sind in der Gemeinschaftsgartenlandschaft
vertreten, wie z.B. die komplett gemeinschaftliche Struktur im
Stadtgarten (www.stadtgarten.org), wo erst sorgfältig und mit
Unterstützung von Onlinetools organisiert wird, bevor gegärtnert wird.

Regeln, Kommunikationsformen und Entscheidungsstruktur

Das Finden von Regeln ist ein Prozess, der in jedem Garten anders abläuft und den Charakter des jeweiligen Gartens widerspiegelt. Die Erfahrung zeigt, dass es ganz ohne Regeln nicht lange funktioniert. Dabei spielt oft auch eine Rolle, dass man Besucher*innen ein paar Gartenregeln mitteilen möchte. Aber auch nach Innen müssen einige Dinge geklärt werden: „Wie können wir Entscheidungen treffen, so dass möglichst viele beteiligt werden und wir gleichzeitig handlungsfähig bleiben?", ist eine oft gestellte Frage, eine andere: „Wie wollen wir miteinander umgehen?"

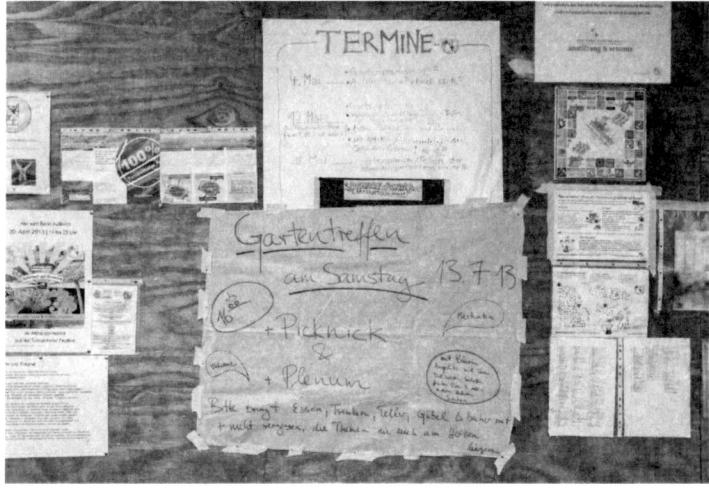

Es ist hilfreich, für das Finden von Regeln Methoden zu nutzen, die darauf abzielen, alle Gruppenmitglieder zu integrieren. Möglichkeiten, die in urbanen Gemeinschaftsgärten gut funktionieren, sind beispielsweise:

- Zukunftswerkstatt
- World Café
- kollektives Kartieren (siehe Karte auf der übernächsten Seite sowie dem Buch beigelegte Kartierungsanleitung)

- gemeinsame informelle Veranstaltungen (etwa Picknicks, Einweihung von Gartenhaus, Dorfplatz, Hochzeiten und Geburtstagsfeiern)
- praktische Workshops und Arbeitsgruppen

Mehrsprachigkeit und nicht-sprachliche Kommunikation sollten gepflegt und unterstützt werden, um unterschiedliche Zielgruppen anzusprechen. Nonverbale Verständigungsmöglichkeiten sind vielfältig:
- Kommunikation über Illustrationen: Grafiken, Bilder, siehe oben die Hinweisschilder aus dem Allmende-Kontor-Garten
- Verständigung über handwerkliche Tätigkeit: gemeinsam bauen, ohne unbedingt dieselbe Sprache zu sprechen
- Kommunikation über Pflanzen: verschenken, tauschen. Wissensaustausch über Pflanzen funktioniert oft durch Kommunikation „mit Händen und Füßen"

Auch hier gilt: Ausprobieren, was funktioniert und was die Gruppe verlangt, um zufrieden zu sein. Konflikte gehörten dabei zweifelsfrei dazu. Sie können aber genutzt werden, um konstruktive gemeinsame Lösungen zu finden oder auszuhandeln.

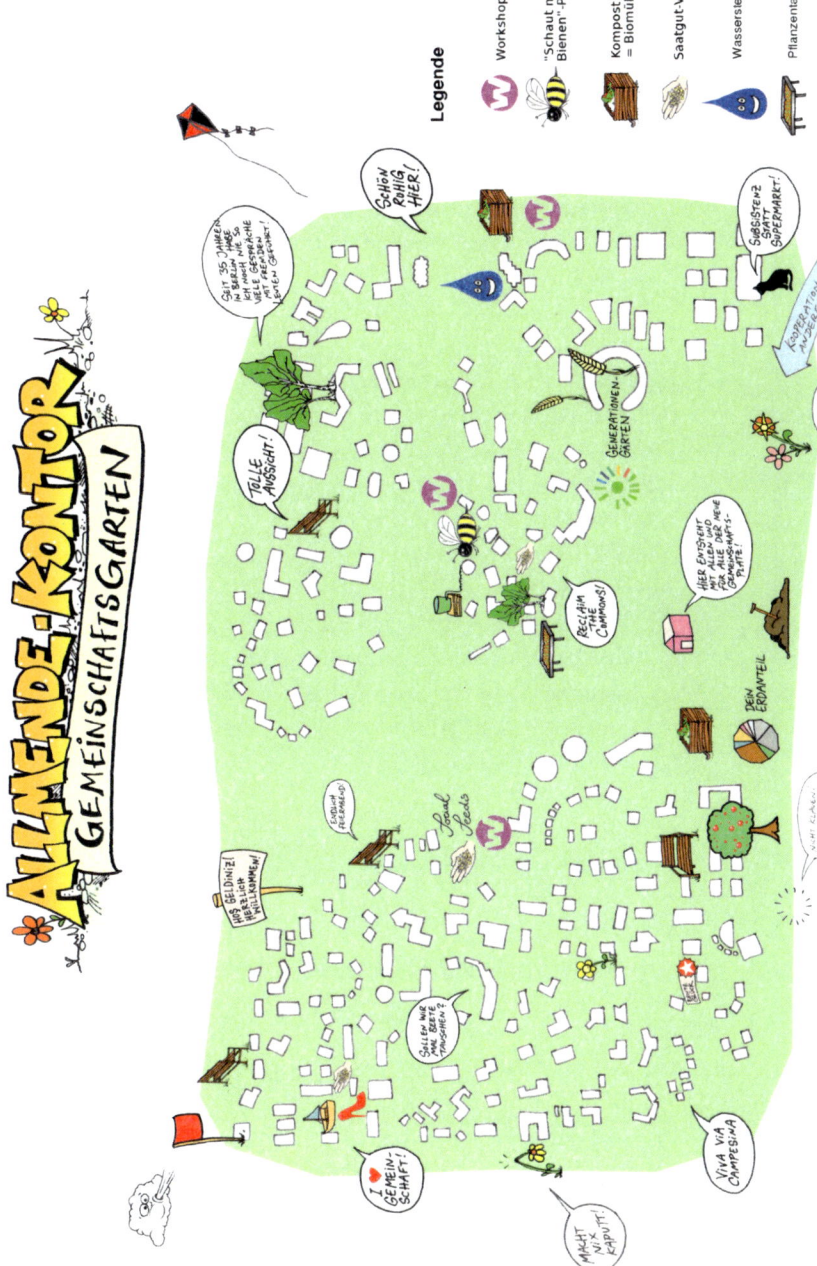

Schritt 5: Ressourcen kennen, (be-)schaffen, erhalten

Warum?

… **weil** bestimmte Materialien benötigt werden, um einen Garten langfristig am Laufen zu halten.

… **weil** der Garten eine Möglichkeit bietet, alternative Konsummuster anzuregen und umzusetzen.

… **weil** durch einen bewussten Umgang mit Ressourcen Nutzungskonflikte vermieden werden können.

In allen Gartenprojekten werden ähnliche Ressourcen benötigt. Der Zugang zu Ressourcen gestaltet sich je nach Lage des Projekts sehr unterschiedlich. Auch bestehende Gartenprojekte sollten in regelmäßigen Abständen eine aktuelle Bedarfserfassung vornehmen. Anhand von Veranstaltungen wie Workshops oder Festen werden Bedürfnisse identifiziert und aufgegriffen. Allgemeine Bedürfnisse, die sich in nahezu allen Gemeinschaftsgärten wiederfinden, sind zu adressieren:

- Beetbaumaterial: Holz, Baumschnitt, Oberboden, Mulchmaterial
- Saatgut, Jungpflanzen, evtl. Pflanzbehältnisse
- Bewässerungsmöglichkeiten, evtl. Brunnen, Wasserauffanggefäße (siehe Kapitel V)
- Werkzeuge: Schubkarren, Schaufeln, Forken, Harken
- Transportmöglichkeiten
- Kompost
- Schädlingsbekämpfung
- Sitzgelegenheiten, Gerätelager, Toiletten
- Koch- und Einkochrezepte
- Finanzen
- nicht zuletzt eine funktionierende Gemeinschaft

Die Bedarfsermittlung findet meistens statt durch: Mund-zu-Mund-Propaganda, einen Vorschlag im Plenum einbringen,

Abstimmung mit den Füßen (Kommen oder Fernbleiben) oder auch mal unabgesprochen Tatsachen schaffen – diese Verhaltensmuster sind aus familiären, kollegialen oder nachbarschaftlichen Zusammenhängen vielen bekannt. Typischerweise bilden sich Kleingruppen von Leuten, die an einem Punkt ähnliche Interessen haben und diese gemeinsam vertreten. Genauso oft gibt es auch Einzelgänger*innen, die mit der gleichen Berechtigung etwas vorbringen und umsetzen können.

Die Abdeckung der im Gartenprojekt vorhandenen Bedürfnisse kann auf unterschiedliche Weise passieren, beispielsweise so:

Gartengeräte

Ein Grundstock an Gartengeräten ist schnell durch Spenden aller zusammengetragen. Spezifische oder hochwertige Gerätschaften hingegen verbleiben oft bei Einzelnen, was auf der einen Seite die Zugänglichkeit behindert, auf der anderen Seite die Haltbarkeit und Auffindbarkeit fördert. Auch Spenden von benachbarten Baumärkten sind eine Möglichkeit, um an Gartengeräte oder Gebrauchsmaterial wie Schrauben und Nägel zu kommen. Erde sollte ohne **Torf** sein. Zertifizierter Gartenboden kann geliefert werden, wenn kein bepflanzbarer Boden vorhanden ist. Dabei kann es eine schöne Gemeinschaftsaktion sein, einen Haufen Komposterde, den der LKW an der Straße abgekippt hat, mithilfe von geliehenen Schubkarren und Schippen und mit vielen Händen auf die eigene Gartenfläche umzusetzen. Bei der Wahl des zugekauften Mutterbodens kann die Gruppe sich schon mal in punkto Entscheidungsfindung ausprobieren, denn hier gibt es ebenso viele Halbwahrheiten wie Wahrheiten: Schließlich will man sich mit der Erde weder Schadstoffe noch unliebsame Beikräuter in den Garten holen.

Selber kompostieren ist langfristig die beste Möglichkeit, um an Komposterde zu kommen (siehe Kapitel III). In Gemeinschaftsgärten im öffentlichen Raum eignet sich dazu biologisches Schnellkompostieren sehr gut. Schon mit der ersten

Torf ist der Stoff, aus dem unsere Moore bestehen …
In der sogenannten Blumenerde, die wir im Gartenmarkt kaufen können, ist sehr viel Torf enthalten. Um diesen zu gewinnen, werden Moore zerstört. Daher ist es gut, nur Bodenmasse ohne Torf zu nutzen. Diese kann unter anderem auch aus lokaler Kompostierung gewonnen werden.

Saison kann mit dem Kompostieren begonnen werden zur Herstellung von qualitativ hochwertigem Oberboden ohne Torf, der dann nicht mehr gekauft werden muss.

Wenn in der Gartengemeinschaft niemand Kompostierungserfahrung hat, finden sich über Vernetzung mit anderen Gärten Kompostier-Erfahrene, gemeinsame Workshops können organisiert werden. Kooperation und Vernetzung helfen, Gemeinschaftsanschaffungen bzw. gemeinschaftliche Nutzung von Spezialwerkzeugen oder Detailwissen weiterzugeben. Teilen von Ressourcen und Wissen führt zu mehr Know-how für alle Beteiligten.

Baumaterial

Baumaterial für Schuppen, Beete, Tische und mehr ... Holz und sonstige Materialien sollten am besten wiederverwendet werden, gegebenenfalls ist das Umfunktionieren von Material hilfreich: Einwegpaletten beispielsweise sind oft unbehandelt und dienen als Bau-Ausgangsmaterial für Vielfältiges.

Pflanzen und Saatgut tauschen, Saatgutspeicher anlegen, Jungpflanzen selber anziehen, tauschen, Ableger nutzen. Es gibt vielfältige Alternativen zu **Hybriden**. Eine Workshop-Reihe zur Vermehrung und Lagerung von ökologischem Saatgut in Kooperation mit einer lokalen Saatgutinitiative eröffnet Gärtner*innen diese Möglichkeiten.

Finanzen

In vielen Gartengemeinschaften gibt es einen Mitgliedsbeitrag in unterschiedlicher Höhe, in einigen wenigen Gartengemeinschaften geht es sogar ohne einen festgelegten finanziellen Beitrag. Die Höhe des Beitrags ergibt sich zum einen aus dem Selbstverständnis der Gruppe, zum anderen aus den Aufwendungen, die sich aus den Gegebenheiten ableiten: Muss für die Fläche Pacht, Miete oder anteiliges Nutzungsentgelt gezahlt werden, ist eine Versicherung erforderlich, müssen sonstige Kosten wie Schneereinigung oder Grundsteuer gezahlt werden? Wie diese erforderlichen Ressourcen zusammenkommen, kann sehr unterschiedlich sein: Ein Beitrag kann nach Nutzfläche oder nach den finanziellen Möglichkeiten der Gärtner*innen ermittelt werden. Zwischen den Extremen „alles nach Selbsteinschätzung" bis zu genauen Bemessungen werden in den Projekten unendlich viele Formen dazwischen praktiziert, eben so, wie sie zur Gruppe und deren Möglichkeiten und Ressourcen am besten passen.

Spenden sind in vielen Gärten unverzichtbar, sei es von Gärtner*innen oder von Besucher*innen.

Auch Projektförderungen sind eine Möglichkeit, über ein inhaltliches Thema, z.B. Umweltbildung für Kinder und Jugendliche im Gemeinschaftsgarten, finanzielle Mittel für Veranstaltungen und Sachkosten zu erhalten. (Informationen dazu unter: http://anstiftung-ertomis.de/foerderung und www.netzwerk-selbsthilfe.de)

Orte für das Gemeinschaftsleben

Orte für das Gemeinschaftsleben sind eine zentrale und nicht immer genügend beachtete Ressource. Ein Ort, der Menschen dazu einlädt, zu verweilen und ins Gespräch zu kommen, ermöglicht wichtige soziale Kontakte, die zunächst unverbind-

Hybride sind Pflanzenzüchtungen, die in der ersten Saison zwar besonders leistungsstark sind, aber kein nutzbares Saatgut produzieren, d.h. das Saatgut muss jährlich neu gekauft werden. Sie tragen außerdem maßgeblich zur Reduktion der Artenvielfalt bei. Daher sollte man samenfeste Sorten von Saatgutinitiativen beziehen, um die Nutzpflanzenvielfalt zu erhalten und die Saatgutvermehrung im Garten zu ermöglichen, etwa: www.samenbau-nordost.de, www.vern.de, www.dreschflegel-saatgut.de, www.prospecierara.ch.

Ein gelungener Umgang mit Ressourcen kann je nach Ausgangslage und Herangehensweise sehr unterschiedlich aussehen und zu einem ähnlichen Ergebnis führen: einem Gemeinschaftsgarten mit Beeten, Sitzgelegenheiten, Gartengeräten, Geräteunterstand und zufriedenen Gärtner*innen.

Gute Ressourcenlage durch Kooperation mit Schule

Der Nachbarschaftsgarten Bunte Beete in Berlin Kreuzberg entstand auf dem Schulgelände eines Oberstufenzentrums für Handelsberufe. Bei der Schulhofsanierung wurde ein Areal für einen Gemeinschaftsgarten abgesteckt und mit einem unverschlossenen Zaun umgeben, um eine Nutzungsänderung zu markieren. Innerhalb dieser Fläche wurde Oberboden für Grabeland aufgetragen. Ein Wasseranschluss war bereits vorhanden. Nach Abstimmung zwischen der Bauherrin (der Schulverwaltung) und der Gartengruppe „in spe" wurden ein Unterstand gebaut, Büsche und Sträucher gepflanzt sowie einige Gartengeräte und Sitzgelegenheiten angeschafft. Die Geräte können in einem abgegrenzten Bereich in der Tiefgarage der Schule aufbewahrt werden, ebenso kann dort eine Toilette mitgenutzt werden.

Ressourcen durch intensive Nachbarschaftsarbeit

Durch den Aufruf einer Initiativgruppe entstand auf einer Brachfläche in Berlin Friedrichshain der Nachbarschaftsgarten Rosa Rose. Es gab keine vertragliche Grundlage zur Nutzung und damit auch keine Möglichkeit, Fördergelder zu beantragen: Alles Erforderliche musste anders herbeigeschafft werden. Die nachbarschaftliche Infrastruktur wurde aktiv gesucht und in Absprache genutzt: Gießwasser, das sich nicht aus Regenwasser gewinnen ließ, konnte durch einen Außenhahn des Nachbarhauses genutzt werden. Toiletten durften zu Öffnungszeiten in der Kneipe im Nachbarhaus mitgenutzt werden. Saatgut wurde von Pflanzen in anderen Gärten geerntet und auf Tauschbörsen getauscht. Um kostenintensive Ausgaben wie die Anschaffung von Oberboden zu bestreiten, wurden regelmäßig Gartenfeste organisiert, bei denen Selbstgebackenes, Musik oder Artistik geboten wurde. Über die so eingeworbenen Spenden konnten notwendige Geldausgaben finanziert werden. Der wichtigste Aspekt dieses Gartenprojekts ist die Nachbarschaft, die durch den Garten eine Verbesserung des eigenen Lebensumfelds erlebte und dafür viel Anerkennung und Unterstützung leistete.

lich beginnen, etwa über Wiedererkennen und Grüßen oder das Zeigen exotischer Pflanzen. Ebenso wesentlich sind die Erreichbarkeit oder das direkte Vorhandensein von sanitären Anlagen, auch der Bau einer Kompost-Toilette ist in einigen Fällen nach einem langen bürokratischen Prozess bereits geglückt.

Transporte

Ein Bedarf, der regelmäßig auftritt, oft aber unbeachtet bleibt, sind Transporte in der nahen Umgebung. Häufig stellen wir fest, dass es etwas zum Garten zu transportieren gäbe. Nur wie ohne Auto oder wenn der Garten so gelegen ist, dass ein Auto gar nicht herankommt? Im städtischen Raum bieten sich hier Lastenräder an! Mit ihnen lassen sich Wege gut bewältigen, noch dazu umweltfreundlich, geräuscharm und aktivierend. Sollte in einer Gartengemeinschaft wiederholt ein Lastenrad gebraucht werden, so kann über die Anschaffung nachgedacht werden, zumal es inzwischen in den Großstädten viele Möglichkeiten gibt, sich solche Fahrräder selber zu bauen: Offene Werkstätten oder Initiativen bieten Unterstützung beim Selbstbau an, Plattformen im Internet verraten, wo ein Fahrrad geliehen werden kann. Die Auswahl an Typen ist groß: Je nach Länge der Transportstrecke sowie Gewicht und Umfang des Transportguts kann zwischen einem Dreiradfrontlader für Schwerlasten, einem flotten Mittellader oder einem ebenfalls schwerlasttauglichen Hecklader gewählt werden.

Schritt 6: Vernetzung und Kooperation

Warum?

… **weil** politische Anliegen in der Stadt gemeinsam öffentlich gemacht werden können.

… **weil** sich Gärten gegenseitig unterstützen können, etwa bei einer angedrohten Räumung.

… **weil** gemeinsam politische Beschlüsse zur Vergabe öffentlicher Brachen verhandelt werden können.

Vernetzung bedeutet für uns Miteinander-in-Kontakt-treten, Austausch und Wissenstransfer pflegen, voneinander wissen, zu anderen vermitteln: alles Möglichkeiten, um sich gegenseitig zu helfen und zu unterstützen. Vernetzung erfordert zunächst keine persönlichen Beziehungen, sondern sie schafft diese erst. Unter Kooperation verstehen wir das verbindliche Zusammenarbeiten, um ein gemeinsames Ziel zu erreichen. Kooperationspartner vereinbaren mit wem, wie, und wozu sie kooperieren.

Das Wesentliche der Vernetzung und Kooperation ist, dass Kenntnisse ausgetauscht und erworben werden: Was tun, wenn es klemmt? Wie nutze ich etwas richtig und ressourcenschonend? Wieso machen wir das so? Alle Beteiligten können sich gegenseitig helfen, ihr Wissen beitragen und so den Wissenspool aller vergrößern. Durch Vernetzung und Kooperation können Ressourcen gespart werden: Wenn drei Gärten ein Wasser-Standrohr gemeinsam nutzen, dann ist weniger Materialverbrauch und Stauraum nötig und anfallende Gebühren können geteilt werden.

vorherige Seite:
Verschiedene
Lastenräder-Modelle:
Dreirad-Frontlader,
Zweirad-Mittellader,
Hecklader

Kooperation mit Beschäftigungsträgern

Eine Möglichkeit Bedürfnisse, die im Garten entstehen, abzudecken, besteht in der Anstellung von Arbeitskräften, etwa durch die Kooperation eines Gemeinschaftsgartens mit einem Beschäftigungsträger des zweiten Arbeitsmarktes: Durch das

Hinzukommen von Menschen mit Zeit, Engagement und Kenntnissen kann Anpflanzen, Bau und Pflege im Garten unterstützt werden. Was dabei auf der Strecke bleiben kann, ist das eigene Interesse der Beteiligten, das sich erst entwickeln muss. Erst wenn die Arbeitskräfte sich mit dem Garten identifizieren und Interesse am Projekt haben, wirken sie auch an der Gemeinschaftsbildung und selbst organisierten Strukturen mit. Wenn dies nicht passiert, besteht die Gefahr, dass bei (von außen vorgegebener) Beendigung des geförderten Arbeitsverhältnisses eine Leerstelle verbleibt. Die Verstetigung muss daher bei solchen Kooperationen bereits von Beginn an mitgedacht werden: Was passiert, wenn die Stelle ausläuft?

Vernetzung mit anderen Projekten

Vernetzung von Gartenprojekten ist ein wichtiges Werkzeug zur Daseinssicherung, insbesondere wenn ein Projekt in seiner Existenz bedroht ist. Durch die Vernetzung mit anderen Projekten kann auf die aktuelle Situation eines einzelnen, auch sehr kleinen Projekts aufmerksam gemacht werden. Wichtig ist

immer auch eine allgemeine und öffentliche Akzeptanz, die den Gesamtbestand an Gärten unterstützt. Anwohner*innen, die den Garten mögen, auch wenn sie nicht selbst darin aktiv sind, sind geeignete Multiplikator*innen in die weitere Nachbarschaft hinein.

Multifunktionale Nutzung

Auch mögliche Nutzungskonflikte sollten berücksichtigt werden: Gärten, Spielplätze und Flächen für Hunde haben unterschiedliche Ansprüche an den Raum und können durchaus zu Konflikten zwischen Nutzenden führen. Das Ausweisen unterschiedlicher Flächen, zum Beispiel einer für Hunde zugänglichen Fläche, erweitert das Spektrum von Nutzenden und damit einhergehend der Unterstützer*innen:

Es geht nicht darum, lediglich Gärten zu initiieren, sondern allen Stadtbewohner*innen die Möglichkeit zu geben, den öffentlichen Raum nutzen und mitgestalten zu können.

Netzwerkstrukturen werden für die Öffentlichkeit entwickelt, zugänglich für alle, die interessiert sind, in einem Garten mitzumachen oder sogar einen Garten gründen möchte. Ein erstes wertvolles Instrument für solche größeren Netzwerkstrukturen war www.urbanacker.net, eine Internetplattform, die Menschen über aktuelle Entwicklungen und Veranstaltungen, wie etwa Gartenaktivitäten oder politische Veranstaltungen, informierte. Im Herbst 2012 wurden die Inhalte dieser Seite in die neue bundesweite Plattform www.stadtacker.net eingespeist, eine detailliertere Internet-Plattform, die als Kooperationsprojekt mit unterschiedlichen urbanen Garten-Initiativen und Forschungsinstituten, federführend dem Leibniz-Zentrum für Agrarlandschaftsforschung (ZALF) und der workstation ideenwerkstatt berlin e.V. entstand. Durch den interaktiven Charakter ermöglicht diese Plattform den Gartenprojekten, ihr eigenes Profil zu veröffentlichen und Besucher*innen über Größe, Thema, Zielpublikum und Ort ihres Gartens zu informieren. Darüber

Beispiel für Vernetzung: Quartettspiel Urbane Gemeinschaftsgärten in Berlin
Um die Gärten untereinander bekannt zu machen, wurde in der Sommersaison 2013
eine Erhebung aller nicht-profitorientierten Gemeinschaftsgärten in Berlin durchgeführt.
Die Befragung zeigt die Vielfalt der Gärten
mit Unterschieden und Ähnlichkeiten.
Anhand eines Quartettspiels werden die
Ergebnisse den Gärten wieder zurückge-
spiegelt: die Besonderheiten eines Gartens
werden bewusst gemacht und die Vernetzung mit anderen Gärten angeregt. Neben
den Steckbriefen im Quartettspiel werden
die Gärtner*innen eingeladen, Fahrrad-
oder Fußgänger-Rundtouren von jeweils
vier in der Nachbarschaft liegenden Gärten
zu unternehmen, um die Gartenlandschaft
und ihre Nachbar*innen kennen zu lernen.

hinaus werden theoretische und geschichtliche Informationen
aufgegriffen sowie Links zu Forschungsgruppen und unterstüt-
zenden Organisationen hergestellt: www.stadtacker.net.
Das Allmende-Kontor zum Beispiel pflegt eine Reihe von Mailinglisten, die es Stadt-Gärtner*innen ermöglicht, sich gegenseitig und nicht-hierarchisch zu informieren. Diese Listen haben
einen allgemeinen, einen lokalen oder einen Garten-spezifi-
schen Bezug. Beispiele sind die Listen agkleinstlandwirtschaft
oder infos_urbanelandwirtschaft.

Die Aspekte an urbanen Gemeinschaftsgärten, die am stärksten
unterschätzt werden, sind Kommunikation und Begegnung,
die über die Zeit hin zu einem Gruppenzusammenhalt führen.
Und auch zwischen den Gärten sollte eine starke Vernetzung
angestrebt werden. Wenn etwa ein Garten von der Räumung
bedroht ist, können andere Gärten eine wichtige Unterstützung

bieten: mental, politisch und medienwirksam. Jeder Gemein-schaftsgarten trägt über die unmittelbare und lokale Ausstrah-lung hinaus gleichzeitig zum Netzwerk der Gemeinschaftsgär-ten bei und somit zu ihrer gesellschaftlichen Bedeutung. Das Wissen darum hilft, die vielen kleinen und größeren Schwierig-keiten beim Aufbau eines Gartens zu bewältigen.

Mit den dargestellten sechs Schritten hat, so hoffen wir, jede*r angehende Stadtgärtner*in eine brauchbare Wegbeschreibung zur Gründung eines Gemeinschaftsgartens an der Hand. Aber wie das so ist beim Beschreiten neuer Wege: Selten geht es ganz reibungslos, ohne Stolpersteine und Umwege. Doch aus solchen lernt man ja ohnehin oft am meisten. Dass man dabei nicht verzweifeln muss und wie auch Hindernisse mit Hilfe und Rat gewinnbringend zu bewältigen sind, zeigen die folgenden Abschnitte an ausgewählten Beispielen. Orientiert haben wir uns dabei an den im Text dargestellten Schritten 1–6 und an den Erfahrungen aus unserer Praxis und Beratungstätigkeit.

Fragen, Stolpersteine, Hindernisse

Wie finde ich den „richtigen" Garten, der mir am ehesten aus seinen Erfahrungen helfen kann?
Es gibt doch so viele …
Schaut gezielt mit Suchfunktion auf stadtacker.net nach Gärten, die a) ein ähnliches Anliegen haben wie ihr, b) im selben Bezirk/Stadtteil sind (= gleiche Verwaltung). Dort findest du auch Kontaktdaten. Besucht einander.

Wir sind noch nicht vernetzt im Stadtteil und ob die Nachbarschaft den Garten gut findet, wissen wir ja auch nicht …

- macht eure Idee und Initiative bekannt im Stadtteil: Kiezzeitungen, Anschläge in Läden, Kneipen, Treffs
- verteilt Handzettel (oft sympathischer als Hochglanz) und ladet zu einem Treffen für Interessierte ein
- informiert euch über lokale Netzwerke (Vereine, Treffs, Initiativen, Gruppen, Einrichtungen, Schulen, Kitas) bei Stadtteilvereinen, Quartiersmanagements, im Netz, aboniert Newsletter
- überlegt euch konkrete Kooperationsmöglichkeiten z.B. mit Kitas, Senioreneinrichtungen, Migrant*innenvereinen
- geht angekündigt zu Treffen dieser Netzwerke, stellt euch vor oder ladet gezielt zu euch ein, nehmt Bedenken ernst und Interessierte mit
- schreibt eure Idee/euer Konzept kurz und knackig auf, listet Kooperationspartner*innen und -ideen auf und stellt euch damit bei eurer Bezirksverwaltung und -politik mal vor (z.B. Grünflächenämter, BVV, ggf. Agenda-Büro)
- nehmt (für Berlin) am Werkstattgespräch mit der Senatsverwaltung für Stadtentwicklung und Umwelt teil (Anmeldung unter: info@allmende-kontor.de)

Wir haben bereits eine geeignete Fläche im Blick, aber wie kommen wir an die ran?

Eigentümer*in rausfinden – kommunal oder privat?

- zuerst fragt in der Nachbarschaft, manchmal können, falls vorhanden, auch Quartiersmanagements helfen
- dann fragt in der Verwaltung bei Liegenschaftsämtern
- versucht, etwas über den/die Eigentümer*in rauszufinden: Kooperationsbereitschaft, Eigeninteressen/Pläne für die Fläche
- werdet euch klar, welche Bedingungen für euch „kann" und „muss" für einen evtl. Nutzungsvertrag sind, setzt euch kritisch mit Zwischennutzung auseinander
- fragt bestehende Gärten mit ähnlicher/gleicher Eigentümer*innen-Konstellation nach deren Nutzungsverträgen
- nehmt Kontakt mit dem/der Eigentümer*in auf
- wenn irgend möglich vereinbart eine dauerhafte Nutzung. Zwischennutzungsverträge sind keine nachhaltigen Lösungen für Gemeinschaftsgärten!

Der Boden auf der Fläche ist wahrscheinlich kontaminiert, jetzt können wir einen ökologischen Gartenbau vergessen …

… aber nein!

- lasst zuerst mal eine Bodenprobe untersuchen: Umweltschutzvereine helfen da oft oder man kann private Büros fragen (Kostenfrage)
- findet heraus, ob der Boden ausgetauscht werden könnte, etwa durch die Kommune (Eigentümer*in) bzw. was das kostet
- wenn das nicht machbar ist: gärtnert in Hochbeeten, holt euch dafür Anregung in anderen Gemeinschaftsgärten
- schaut euch Praxisblätter und Anleitungen im Netz an (z.B. Stiftungsgemeinschaft anstiftung&ertomis, www.stadtacker. net)

In der Gartengruppe gibt es Zoff: Wenige machen ganz viel, viele machen wenig und ernten das gleiche …

- und wieder: fragt andere Gärten, wie die damit umgehen, hospitiert bei ihnen
- macht euch schlau und diskutiert über solidarische Formen des Umgangs mit Ressourcen (Zeit, Kraft, Wissen …)
- nutzt Hilfe von außen (z.B. Mediation, moderierte Treffen)
- räumt Problemen und Unmut in euren Treffen regelmäßig Raum ein, nicht erst kurz vorm Explodieren

Immerzu gibt es Transportprobleme für die Beschaffung von Geräten und Baumaterial, keine*r hat ein Auto, schleppen ist zu mühsam …

Leiht euch ein Lastenrad oder noch viel besser baut euch selber eins! Das löst Transportprobleme, ist richtig gute und lustige Gruppenarbeit und abgasfrei: guckt mal z.B. in Berlin bei Kunststoffe, Open Design City und beim Verbund offener Werkstätten bundesweit.

Unser Garten gedeiht prima, aber immer wieder gibt es Fragen, auch mal neue Probleme, mit denen wir alleine dastehen … oder?

Vernetzt euch mit anderen Stadtgartenaktivist*innen in eurer Stadt, bundesweit, international!
Z.B. auf www.stadtacker.net, Berliner Gartenaktivist*innen-Treffen, jährliches Netzwerktreffen interkultureller Gemein-schaftsgärten der Stiftungsgemeinschaft anstiftung&ertomis, bundesweites jährliches Sommercamp Urban Gardening, Werk-stattgespräche mit der Senatsverwaltung für Stadtentwicklung und Umwelt in Berlin, diverse Newsletter und Verteiler
Ihr seid nicht alleine!

Schaut euch Gärten an, sprecht miteinander, helft euch und gebt eure Erfahrungen weiter. Wir sehen uns im web, im Garten, mitten in der Stadt!

Ausblick: Fruchtbare Böden fürs Commoning

von Miren Artola

Gemeinschaftsgärten sind ein gutes Beispiel für Stadtentwicklung von unten: Menschen gründen Gärten und nehmen damit Teil an der Gestaltung von Stadtraum. So entsteht ein unkommerzieller Erholungsort, den z.B. die Nachbar*innen eines Kiezes ihren Bedürfnissen entsprechend gestalten können, das beinhaltet neben räumlichen auch immer soziale und politische Dimensionen. Diese bewusst und aktiv zu gestalten, kann dennoch leicht aus dem Blick geraten beim Einsatz und dem Wirbel um die ganzen praktischen, materiellen und formellen Anliegen. Deshalb wollen wir euch hier zum Schluss das Prinzip der Allmende ans Herz legen, das wir – wie der Name unserer Initiative schon zum Ausdruck bringt – als wegweisend empfinden.

In aller Kürze: Was bedeutet eigentlich Allmende? Allmende ist die deutsche Übersetzung für Commons. Klassischerweise bezeichneten Allmenden Weiden oder Wälder, die von einer Gemeinde gemeinsam genutzt und gepflegt wurden. Produktiv nutzbarer Boden ist aber keineswegs die Haupteigenschaft, die Allmenden – und schon gar nicht moderne Allmenden – ausmacht. Laut Silke Helfrich (2009) bringen Commons eine soziale Beziehung zum Ausdruck. Es gibt sie überall dort, wo Menschen gemeinschaftlich eine Ressource schaffen, benutzen und pflegen und gemeinsam die Zugangs- und Nutzungsrechte auf diese Ressource gestalten. Diese Gestaltung der Spielregeln ist ein ständiger Aushandlungs- und Organisationsprozess und wird Commoning genannt. Commons werden also durch das Commoning zwischen den beteiligten Menschen aktiv geschaffen und am Leben erhalten.

In diesem Kapitel haben wir an mehreren Stellen auf die Wichtigkeit von einem möglichst offenen und partizipativen Gründungsprozess hingewiesen. Dieser kann als Commoning gedacht und gestaltet werden: Wer, was, wie ist alles in Berührung mit den Ressourcen (Stadtraum, Boden, Pflanzen, Wasser etc.), die diesen Garten ausmachen? Die betreffenden Menschen mit ihren womöglich diversen Interessenlagen sollten dazu eingeladen werden, sich in den Aushandlungs- und Gestaltungsprozess und darüber hinaus im Alltag des Gartens zu beteiligen. Abgesehen von den Leuten, die den Garten gründen, und denjenigen, die dort gärtnern, sind auch andere Gruppen mit dem Geschehen im Garten in Berührung: die direkte Nachbarschaft, die den Garten noch als Brache kennt, lokale Akteure, die sich über Verbündete im Kiez freuen, die Stadtverwaltung, die für die ehemalige Brache eine Nutzung sieht, Projekte, die sich ebenfalls mit Gärten und verwandten Themen beschäftigen. Sie alle können etwas zu dieser neuen Allmende beitragen!

Sicherlich werden nicht alle gleichermaßen daran beteiligt sein, den Garten als räumlichen, sozialen und politischen Ort zu gestalten, und das ist gut so! Denn Commoning bedeutet auch das Verhältnis zwischen Teilhabe, Mitbestimmung und Verantwortung der Situation angepasst und gerecht zu vermengen (siehe Kapitel VI). Wie das im Konkreten aussieht, hängt von vielen Faktoren wie Arbeitsaufwand, vorhandenen fachlichen Kenntnissen, juristischem Rahmen etc. ab, und die kann man nicht voraussagen. Doch das Prinzip der Commons, kraftvoll und vielversprechend, verdient einen zentralen und sonnigen Platz in unseren Gärten – sie sollen gedeihen! Die Früchte sind mit Sicherheit vielfältig und überraschend.

Wie jeder Gemeinschaftsgarten hatte auch dieses Kapitel zahlreiche Unterstützer*innen: Neben der gesamten Initiativgruppe des Allmende-Kontors möchten wir insbesondere Kerstin Stelmacher für ihre Beiträge am Kapitel sowie Elisabeth Meyer-Renschhausen und Gerda Münnich für ihre inhaltliche Unterstützung im Projekt danken.

Literaturverzeichnis

Bendt, Pim; Barthel, Stephan; Colding, Johan (2012): Civic greening and environmental learning in public-access community gardens in Berlin. Landscape and Urban Planning 109, 18–30.

Bütikofer, Barbara (2012): Urbane Gemeinschaftsgärten als Keimzellen sozialer Netzwerke – Studie zu Sozialkapital und sozialen Netzwerken am Beispiel von ausgewählten Berliner Gemeinschaftsgärten. Unveröffentlichte Masterarbeit: Humboldt-Universität zu Berlin.

Claßen, Thomas; Heiler, Angela; Brei, Björn (2012): Urbane Grünräume und gesundheitliche Chancengleichheit – längst nicht alles im „grünen Bereich". In: Gabriele Bolte, Christiane Bunge, Claudia Hornberg, Heike Köckler, Andreas Mielck (Hrsg.): Umweltgerechtigkeit durch Chancengleichheit bei Umwelt und Gesundheit – Konzepte, Datenlage und Handlungsperspektiven. Bern: Huber, 113–123.

Helfrich, Silke und Heinrich-Böll-Stiftung (Hrsg.)(2012): Commons. Für eine neue Politik jenseits von Markt und Staat. Transcript, Bielefeld.

Martens, Dörte; Frick, Vivian (eingereicht): Gemeinschaftsgärten als Quelle für Partizipationsprozesse? Einflussfaktoren von Erholung und Commitment zur Natur.

Müller, Christa (2011): Urban Gardening. Grüne Signaturen neuer urbaner Zivilisation. In: Christa Müller (Hg.): Urban Gardening. München: Oekom Verlag, 22–53.

Rosol, Marit (2006). Gemeinschaftsgärten in Berlin. Eine qualitative Untersuchung zu Potenzialen und Risiken bürgerschaftlichen Engagements im Grünflächenbereich vor dem Hintergrund des Wandels von Staat und Planung. Berlin: Mensch & Buch Verlag.

Abbildungsverzeichnis

Boden selber machen

Von Svenja Nette, Lisa Dobkowitz, Matthias Wilkens und Sina Schneider

Die meisten städtischen Gärten haben einen Komposthaufen, manche versuchen sich mittlerweile in der Herstellung von Schwarzerde, andere nutzen die Vorteile des Wurmkomposts. Allen urbanen Gärten gemein ist, dass sie Bildungsorte für weitergehende Themen sein können. Wer kompostiert, kann dabei auch lernen, wie Humusbildung und Weltklima zusammenhängen; wer in einem Garten Nahrungsmittel produziert, ist beim Gang zum Kompost unmittelbar Teil von Ressourcenkreisläufen.

Im Prinzessinnengarten thematisieren wir den Boden und die Nutzungsmöglichkeiten städtischer Ressourcen immer wieder in Gesprächen, bei Führungen oder Workshops. In diesem Kapitel möchten wir verschiedene Elemente eines städtischen Gartens für die Bildungsarbeit im Bereich Boden und Kompost vorstellen.

Oder selber machen

Seit 2009 existiert der Prinzessinnengarten mitten in Berlin-Kreuzberg auf 6000 Quadratmetern. Er vereint als soziale urbane Landwirtschaft den Anbau von Gemüse mit der Möglichkeit der Teilhabe an der Gestaltung einer nachhaltigen Stadt. Der Prinzessinnengarten ist ein Gemeinschaftsgarten, in dem niemand ein eigenes Beet besitzt. Diese Grundstruktur stützt das Prinzip der Partizipation: Wer Lust hat mitzumachen, kann mitgärtnern, mitorganisieren oder anderweitig anpacken, egal ob spontan oder über Jahre hinweg. So ist eine Art Plattform für die kreative Bearbeitung vieler Themen entstanden, die sich im städtischen Zusammenleben ergeben, vom ökologischen Gemüseanbau über die Nutzung von öffentlichen urbanen Flächen bis hin zu Fragen, wie wir leben und arbeiten wollen. Es ist die Kooperation der verschiedenen Menschen an diesem Ort, die auf unterschiedliche Weise den Garten lebendig hält. Mit geschätzten 50000 Besucher*innen und mehreren 1000 Freiwilligenstunden pro Jahr ist der Prinzessinnengarten ein Ort, der verschiedenste Menschen und ihre jeweiligen Interessen anspricht. Schulen kommen zu Besuch, um im Garten zu lernen, ältere Menschen gärtnern mit, junge Familien kommen, um sich an Projekten der offenen Werkstätten zu versuchen, oder tragen Projektideen in den Garten, die sie dort umsetzen können. Viele kommen auf ein Mittagessen der garteneigenen Küche vorbei oder kaufen ein paar Jungpflanzen und Gemüse. Anders als beim üblichen theoretischen Zugang zu globalen Fragestellungen wie Ernährungssouveränität, Artenvielfalt oder globale Erwärmung ist hier der Garten selbst Interaktionsraum, der es ermöglicht, solche Themen unmittelbar wahrzunehmen.

Wer möchte, kann sich an Ort und Stelle mit Anderen austauschen und unterschiedliche Meinungen erfahren. Aus Neugier heraus erwachsen immer wieder neue Fragen. Als Anregung zur aktiven Auseinandersetzung wird erklärende Beschilderung im Garten bewusst behutsam eingesetzt.

Auch „klassische" Formen der Bildung, die einem Lehrende-Lernende-Modell entsprechen, aber trotzdem die Grenzen zwischen den Beteiligten verschwimmen lassen wollen, finden im Prinzessinnengarten statt. Über die Saison verteilt werden Workshops, Führungen oder Vorlesungen angeboten. Der Garten vereint eine große Bandbreite von Themen, die Expertentum unmöglich macht. Themen, Wissen und neue Fragestellungen dringen kontinuierlich in den Garten hinein und tragen zur Weiterbildung aller Beteiligten bei.

Gartenführungen zum Thema „Substrate des Stadtgärtnerns"

Führungen durch den Garten mit speziellem Fokus auf das Thema Boden sind einfach umzusetzen und benötigen nicht viel Vorbereitungszeit, da die bestehenden Elemente vor Ort genutzt werden. Ein Vorteil dieser Methode besteht darin, dass vielen Menschen gleichzeitig ein Einstieg in die Thematik gegeben werden kann. Eine Führung kann spontan und sehr individuell je nach Zielgruppe und deren Bedürfnissen und Vorkenntnissen ausgerichtet werden. Die jeweilige Thematik (von Böden über städtische Ressourcen bis zu praktischen Kompostmethoden) und deren Vertiefung kann also ohne viele Umstände an die Bedürfnisse der Teilnehmer*innen angepasst werden. Voraussetzung ist, dass die Führungen von fachlich kompetenten Menschen umgesetzt werden.

Methode: Führungen mit Vortrag, in denen anhand praktischer, lokaler Elemente zum Thema Boden weitergehende Zusammenhänge erläutert und veranschaulicht werden können.

97

Auf Tuchfühlung mit
dem Boden gehen

Teilnehmer*innen: Erwachsene oder Kinder, die sich für mögliche Ressourcennutzung in der Stadt interessieren.

Einbeziehung der Teilnehmer*innen: Rundgänge können mehr oder weniger interaktiv gestaltet werden. Je nach Element kann so eine Bildungseinheit mit sehr viel Anfassen und Ausprobieren verbunden sein oder sich eher auf das Zuhören und Reflektieren beschränken. Die Teilnehmer*innen können Fragen stellen und Diskussionsbeiträge einbringen.

Inhalt: Globale Zusammenhänge von Boden und Ressourcen anhand lokaler Beispiele erkennen, verschiedene Methoden der Kompostierung demonstrieren, unterschiedliche Substrate und deren Eigenschaften vermitteln.

Ablauf: Die Teilnehmer*innen werden durch den Garten zu den einzelnen Elementen geführt, die Elemente werden vorgestellt und erläutert, Fragen können direkt gestellt und beantwortet werden, einzelne Komponenten können mit allen Sinnen erfasst werden (Interaktion variabel je nach Zielgruppe und Interesse), Umweltbildungsspiele können eingebaut werden.

Ort: In einem Garten, der die jeweiligen Elemente beinhaltet

Dauer: Variabel, eine halbe Stunde bis zwei Stunden

Im Folgenden sind die einzelnen Stationen des Rundgangs und deren Bildungsaspekte beschrieben.

Klassische Kompostmiete

Kompost (lat. compositus, zusammengesetzt) bezeichnet verrottetes organisches Material, das als Substrat, Zuschlagstoff für Erdmischungen und Bodenverbesserer eingesetzt wird. Je nach Ausgangsmaterial und Rotteprozess kann Kompost unterschiedliche Eigenschaften haben. Er zeichnet sich jedoch immer durch einen sehr hohen Gehalt an organischer Masse aus und ist damit zur Ernährung der Bodenlebewesen geeignet. Im Allgemeinen ist Kompost sehr nährstoffreich und hat eine hohe Wasserspeicherkapazität.

Zur Verrottung geschichtetes organisches Material wird als Kompostmiete bezeichnet.

Eine Kompostmiete sollte:

- mittags im Schatten liegen, um übermäßige Verdunstung zu vermeiden
- eine Grundfläche von mindestens einem Quadratmeter haben, um ein komplettes Durchfrieren im Winter zu vermeiden und um ausreichend Aufschichtfläche zu erhalten
- ein ausgewogenes Kohlenstoff-Stickstoff-Verhältnis (C/N-Verhältnis) aufweisen, dazu werden holzige (C) und weiche Pflanzenteile (N) gemischt auf den Kompost gegeben
- gut belüftet sein, keine geschlossenen Wände haben
- bei anhaltender Trockenheit gewässert werden
- mindestens einmal im Halbjahr umgesetzt werden, um eine gute Durchlüftung und Vermischung zu gewährleisten
- aus chemisch unbelastetem Material bestehen

Da in allen Böden durch mikrobielle Vorgänge Humus mineralisiert wird, ist eine Aufrechterhaltung der Bodenfruchtbarkeit ohne Zufuhr von organischem Material nicht möglich. Diese Zufuhr kann sehr gut durch Kompostgaben erfolgen. Für viele Gemüsepflanzen ist ein Substrat mit hohem Kompostgehalt ideal.

Die Bildungsbausteine, die sich mit der klassischen Kompostmiete befassen und von fachkundigem bzw. geschultem Personal durchgeführt werden sollten, richten sich vor allem an zwei Zielgruppen:

- Schulklassen bis zur 9. Klasse und Kitagruppen werden anhand der Kompostmiete Kreislaufprozesse und die Bedeutung des Edaphons bzw. der Humusphäre erläutert. Je nach Alter der Teilnehmer*innen kann hier sehr unterschiedlich tief in die Materie eingedrungen werden. Für kleinere Kinder bietet sich ein Schwerpunkt zum Thema Bodenlebewesen und deren Bedeutung für die Nährstoffkreisläufe an. Schüler*innen etwa ab der 5. Klasse können zusätzlich an die Bedeutung der Humusphäre im globalen Kontext herangeführt werden. So kann hier auf die Bedeutung von gesunden Böden für die Welternährung und den Humus als wichtigstem Kohlenstoffspeicher mit dramatischen Auswirkungen auf das Weltklima eingegangen werden.

• Menschen, die privat oder im Rahmen von Projekten selber Kompost herstellen möchten, werden besonders die praktischen Seiten der klassischen Kompostierung nahegebracht und alle notwendigen Arbeitsschritte erläutert. Wichtige Punkte hierbei sind die Auswahl und Beschaffung der organischen Ausgangsstoffe (Stichwort Sammellogistik), die Wahl eines geeigneten Standortes, das korrekte Aufschichten der Miete im richtigen Kohlenstoff-Stickstoff-Verhältnis (zu viel Stickstoff führt zu Fäulnis, zu viel Kohlenstoff zu sehr langsamem Rotteprozess), das Umsetzen und die Komposternte. Außerdem wird auf die eventuelle Schadstoffbelastung der Ausgangmaterialien eingegangen und die globale Bedeutung von Humus und Böden diskutiert.

Im Prinzessinnengarten haben wir die Kompostmiete einfachheitshalber mit Zaunelementen eingegrenzt. Diese besteht aus drei Abteilungen: 3x4 Meter für den unverrotteten Kompost,

Literatur

Krafft von Heynitz
(2000). Kompost im
Garten. Stuttgart:
Ulmer Verlag.

3x3 Meter als Silo für halbreifen Kompost und 3x3 Meter für den fertigen Kompost vor dem Sieben. Organisches Ausgangsmaterial bekommen wir von einer Staudengärtnerei, Garten- und Landschaftsbaubetrieben und Baumpflegefirmen, des weiteren Stallmist vom Kinderbauernhof. Außerdem verwenden wir eigene „Abfälle" aus dem Prinzessinnengarten und der Gastronomie, sowie von Privatpersonen, die keine eigene Biotonne in ihrem Wohnumfeld haben. Dabei legen wir Wert darauf, dass keine organischen Abfälle mit chemischen Rückständen aus Pflanzenschutzmitteln o.ä. auf unseren Kompost gelangen. Externe Zulieferer werden von uns im Vorfeld instruiert und aufgeklärt, z.B. auch im Hinblick auf sich leicht verbreitende Wildkräuter wie Giersch, kranke Pflanzenteile oder nur langsam verrottende Rosendornen.

Quellen für organisches Material zur Kompostherstellung:

Unserer Erfahrung nach sind viele Betriebe und Personen froh darüber, ihren „Biomüll" sinnvoll und gratis entsorgen zu können. Gerade bei einem im Aufbau begriffenen Garten ist der Substratbedarf oft höher als das vorhandene Material. Hier lohnt es sich, die Umgebung nach geeigneten Quellen abzuklappern:

Kohlenstoffreiches Material: Geeignet sind vor allem Strauchschnitt, Staudenstängel und Laub. Nachfragen bei Garten-Landschaftsbaubetrieben und Baumpfleger*innen, am besten eignet sich gehäckseltes Material.

Stickstoffreiches Material: Geeignet sind ungekochte Gemüsereste, Rasenschnitt, Mist und Kaffeesatz. Es lohnt sich anzufragen bei Bioläden, in der Gastronomie, bei Garten-Landschaftsbaubetrieben und bei Kinderbauernhöfen. Privatpersonen und Hausgemeinschaften können bei entsprechender Koordination sinnvoll ihren Biomüll loswerden und zur lokalen Substratproduktion beitragen (zum Beispiel hat der Volkspark Lichtenrade einen Komposttag eingerichtet, an dem die Anwohner*innen unter Aufsicht ihren Biomüll für den Kompost abgeben können).

Bei allen Ausgangsstoffen sollte darauf geachtet werden, dass sie chemisch unbelastet sind. So ist Laub von Verkehrsknotenpunkten oft schwermetallbelastet; der Mist von medikamentös behandelten Tieren sollte ebenfalls nicht auf den Kompost gelangen; Wurzelunkräuter wie Quecke und Zaunwinde und Samenstände von Samenunkräutern sorgen nach dem Ausbringen des damit produzierten Komposts für jede Menge Extraarbeit und sollten nach Möglichkeit vermieden werden.

Kompoströhre – Kompostierung zum Anfassen

Die „Kompoströhre" zeigt, dass sich eine Kompostmiete während des Verrottungsprozesses erwärmt. Dazu wird, während der Kompost aufgesetzt wird, ein leeres PVC-Rohr horizontal mittig in der Miete eingegraben. Das Ende des Rohres ragt etwa zehn Zentimeter aus der Kompostmiete heraus. Durch die Stoffwechselaktivität der beteiligten Mikroorganismen erwärmt sich das Plastik; dies kann erfühlt werden, wenn der Arm hineingesteckt wird. Dadurch lassen sich die Vorgänge im Kompost verdeutlichen und es kann auf eine Nutzung der Wärme in Biomeilern eingegangen werden.

Ergänzend lässt sich ein Kompostthermometer zur genauen Temperaturablesung einsetzen.

Literatur
(wirklich wärmstens empfohlen): Händel, Andreas (2012): Gärtners Goldmine. Hamburg: Grüner Anzeiger Verlag (zu beziehen über www.ludwig-engelhart.de)

Kompostbeete

Im Prinzessinnengarten wird ausschließlich in mobilen Systemen gegärtnert. Die größte Anbaufläche mit dem größten Ertrag stellen hier die Kompostbeete dar.

Der Prinzessinnengarten verwendet sowohl Bäckerkisten aus Kunststoff als auch hölzerne Aufsatzrahmen auf Europaletten. Die Beete sind geschichtet wie klassische Hoch- oder Hügelbeete. Die unterste Schicht besteht aus grobem Strauchschnitt und ähnlichem Material, die nächste aus grobem halbreifem Kompost. Darauf wird reifer Kompost aufgebracht, die oberste Schicht ist ein möglichst der Kultur entsprechendes, eigens angemischtes Substrat. Während des Verrottungsprozesses setzen die unteren Schichten Nährstoffe und Wärme frei.

Anhand der Kompostbeete lassen sich gut Zusammenhänge zwischen Bodenfruchtbarkeit und **Edaphon** erläutern. Gerade Kinder verstehen hier leicht den Zusammenhang zwischen der Mineralisierung organischer Substanzen durch **Destruenten** und dem Aufbau organischer Masse durch die Pflanzen. Verschiedene Zielgruppen können anhand der Kompostbeete auf die Bedeu-

Edaphon
Die Gesamtheit der im Boden lebenden Organismen.

Destruenten
Zersetzer, in der Regel Bakterien und Pilze.

Bäckerkisten: Vor- und Nachteile

- Die Bäckerkisten verrotten nicht.
- Bäckerkisten können aufgrund ihrer Maße relativ einfach transportiert werden.
- Aufgrund der kleineren Abmessungen und Modulartigkeit lassen sich verschiedene Beetformen realisieren.
- Die untere Kiste muss regelmäßig aufgefüllt werden, um den Erdkontakt zwischen oberer und unterer Kiste zu erhalten.
- Die Spalten zwischen den Kunststoffkisten bieten Schnecken tagsüber einen hervorragenden Rückzugsraum.

Palettenbeete: Vor- und Nachteile

- Die Palettenbeete haben den Vorteil, dass der Kompost darin sacken kann.
- Sie bieten großen Pflanzen ausreichend Wurzelraum.
- Die Palettenbeete aus Holz lassen sich befüllt nur noch mit einem Hubwagen o.ä. bewegen.

tung von humosen, mikrobiell sehr aktiven Böden für die Nahrungsmittelproduktion hingewiesen werden. Auch die Wichtigkeit von Humus als Kohlenstoffspeicher wird hier angesprochen.

Erdlager

Ein weiteres wichtiges Element und unbedingter Stopp bei Rundgängen im Prinzessinnengarten ist unser Erdlager.
Im Erdlager werden Komposte, Oberboden, Sand, Lehm und

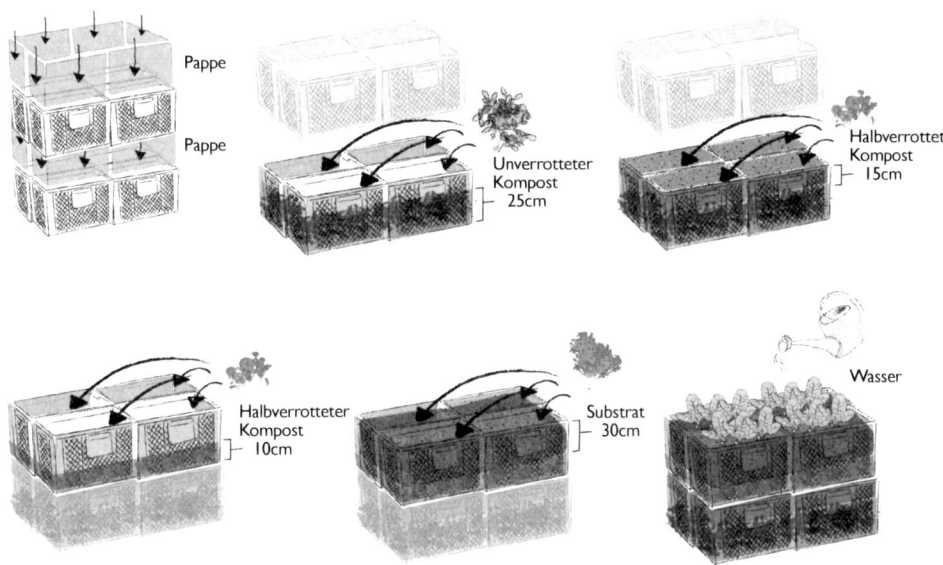

Pappe

Pappe

Unverrotteter Kompost 25cm

Halbverrotteter Kompost 15cm

Halbverrotteter Kompost 10cm

Substrat 30cm

Wasser

fertig gemischte Substrate gelagert. Hier lassen sich verschiedene Inhalte zum Thema Boden, Erde, Substrate vermitteln und direkte Vergleiche zwischen den verschiedenen Substraten vorführen. Bodenbezogene Workshops, Führungen und Umweltbildungsspiele, sie alle machen am Erdlager Station.

Die Komposte bieten die Möglichkeit, ihre durch die Ausgangsstoffe bestimmte Qualität zu erläutern. Außerdem können die unterschiedlichen Verrottungsstufen gezeigt werden.

Der Oberboden kann als Beispiel für einen natürlichen, gewachsenen Boden dienen. Solche Erden bestehen in der Regel aus dem verwitterten Ausgangsgestein und organischen Bestandteilen. Da der im Prizessinnengarten verwendete Oberboden aus der Umgebung stammt, ist er meist sehr sandig. Hier wird auf die Entstehung und Zusammensetzung von Erden eingegangen.

Wie man Schritt für Schritt ein Kompostbeet aus Bäckerkisten aufbauen kann. Wichtig ist das regelmäßige Auffüllen der unteren Kisten (ca. halbjährlich), um den Bodenkontakt aufrecht zu erhalten.

Anhand von reinem **Sand** kann dargestellt werden, was für erschreckende Konsequenzen daraus resultieren, wenn keine Humuswirtschaft erfolgt und Böden komplett mineralisieren.

Der **Lehm** dient zur Vermittlung der Bedeutung von mineralischen Feinerde-Anteilen für Erden.

Alle Substrate im Prinzessinnengarten werden so gemischt, dass sie den Bedürfnissen der jeweiligen Pflanzen entsprechen. Anhand der Stoffe im Erdlager kann auf den Zusammenhang zwischen Boden und Pflanzengesellschaft eingegangen werden, wobei der Schwerpunkt auf der Kultur von Nutzpflanzen liegt.

Wurmkisten

Wurmkisten sind ein wunderbares Element, um vor allem Kindern (von Kita- bis Schulalter) die Entstehung fruchtbaren Bodens nahezubringen. Gerade das Thema Bodenlebewesen kann anhand der Wurmkiste bestens untersucht werden. Ein Vorteil einer Wurmkiste (oder auch Wurmbank, die zum Beispiel als Sitzmöbel nutzbar ist) liegt in ihrer Mobilität, sodass sie als Anschauungsobjekt zu Veranstaltungen in Schulen oder anderen Einrichtungen transportiert werden kann. Außerdem veranschaulicht sie, vor allem bei einem Mehrkammersystem, die einzelnen Umsetzungsprozesse von unverrottetem Ausgangsmaterial über halbreifen Kompost bis zu fertig umgesetztem Humus. Auch Erwachsene haben zunehmend Interesse am Bau einer Wurmkiste, da sie die Umwandlung von Bioabfällen in bestes Substrat auch in einer Stadtwohnung ermöglicht.

Weitere Informationen und eine Anleitung zum Selberbauen finden sich im Abschnitt „Kompostierung mit der Wurmkiste" (S. 110).

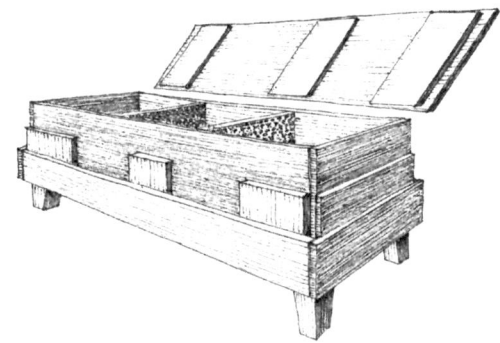

Schwarzerde

Terra Preta (schwarze Erde) bezeichnet eine sehr fruchtbare, stark kohlenstoffhaltige, menschgemachte Erde, die in erster Linie im Amazonasgebiet vorkommt. Sie ist aus gärtnerischer Sicht in vielen Belangen die beste Erde überhaupt und als stabiler Speicher von Kohlenstoff von großer Bedeutung für das Weltklima. Terra Preta wurde von den vor ihrer Vernichtung dort ansässigen indigenen Kulturen in zwei Arbeitsschritten produziert: Zuerst wurden organische Abfälle wie Fäkalien und Fischreste unter Zugabe von Pflanzenkohle in großen Keramikgefäßen **anaerob** vergoren. Anschließend wurden sie vererdet, d.h. in die Erde eingebracht.

Sollte es uns je gelingen, „Schwarzerde" in der gleichen Qualität und mit den gleichen Eigenschaften, wie die der indianischen Terra Preta zu produzieren, sind den Möglichkeiten des Gemüseanbaus bezüglich des Bodens keine Grenzen mehr gesetzt. Die Bildungseinheiten zum Thema „Schwarzerde" richten sich in erster Linie an „Fortgeschrittene", die sich bereits mit dem Thema Substratherstellung/Kompostierung/Kreislaufprozesse beschäftigt haben, also Schüler*innen höherer Klassen, Studierende, Auszubildende der grünen Branche und interessierte Privatpersonen.

Von der Wurmkiste des Anfangs (links) zur Version 2.0 (rechts): Was zunächst recht tief und nur zweikammrig war, ist jetzt lang und flach, aus Recyclingmaterial und viel schneller zusammenzubauen.

Anaerob

unter niedrigen Sauerstoffbedingungen, z.B. in luftdichten Gefäßen.

Aerob

unter Anwesenheit von Sauerstoff

Dabei werden die Vorteile gegenüber dem klassischen Kompost erläutert, in erster Linie die Verwendbarkeit von problematischen organischen Abfällen. Durch die anaerobe Fermentation und den dabei stark absinkenden pH-Wert, also einen erhöhter Säuregrad während des ersten Verarbeitungsschrittes, werden pathogene Keime abgetötet. Dies macht das Verfahren sehr interessant für die Vererdung von Fäkalien und die Nutzung in Komposttoiletten. Bei diesen wird die Laktofermentation mit „effektiven Mikroorganismen" bereits gewerblich eingesetzt. Im Garten wird diese Hygienisierung in erster Linie eingesetzt, um die Verbreitung von Pflanzenkrankheiten zu verhindern. So können z.B. auch Tomatenpflanzen mit Braunfäulebefall für die Substratherstellung genutzt werden. Ein weiterer Vorteil ist die stabile Bindung von Kohlenstoff als Pflanzenkohle.

Die Bildungseinheiten werden so vorbereitet, dass alle Stadien der Schwarzerdeherstellung gezeigt und in die nächste Herstellungsphase überführt werden können. Dazu stehen die organischen Ausgangsstoffe, das als Bokashi (japanisch: organisches Allerlei) bezeichnete Ergebnis der anaeroben Fermentation sowie die nach Abschluss der aeroben Kompostierung entstandene Schwarzerde zur Verfügung. Diese Arbeitsschritte können von den Kursteilnehmer*innen durchgeführt werden.

Im Prinzessinnengarten verwenden wir für den Fermentationsprozess große verschließbare Behälter aus dem Gastronomiebedarf und für den Vererdungsprozess BigBags (Bausäcke mit ca. 1 m³ Fassungsvolumen) von unserem Substratlieferanten. Unsere organischen Ausgangsmaterialien bekommen wir zur Zeit noch ausschließlich aus dem Prinzessinnengarten, also z.B. kranke Pflanzenteile, die nicht auf dem Kompost entsorgt werden können, oder Speiseabfälle aus dem örtlichen Café. Da wir in der Schwarzerdeherstellung in der Versuchsphase sind, können wir leider noch nicht alle organischen Abfälle des Gartens hier verwerten. Wir hoffen in einem weiteren Modellprojekt in Zusammenarbeit mit den Berliner Tafeln e.V., das Bokashi-Versuchsprojekt in den nächsten Jahren weiter ausbauen zu können (s. Ausblick). Im Prinzessinnengarten dienen die Schwarzerdeversuche aktuell in erster Linie der Demonstration und dem Ausprobieren von alternativen Kompostierungsverfahren im Hinblick auf eine sinnvolle Entsorgung urbaner Problemabfälle.

Pilze als Zersetzer von Stammholz

Eine wichtige urbane Ressource für organisches Material zur Substratherstellung ist Holz aus der Baumpflege. Dieses wird von Garten-Landschaftsbaufirmen geliefert, wodurch die Betriebe Entsorgungskosten sparen.

Kleinere Äste, die mit dem Häcksler zerkleinert werden können, werden mit stickstoffreichem Material gemischt direkt auf den Komposthaufen gebracht. Dickere Stämme werden mit Hilfe von holzzersetzenden Pilzen für den Kompost „vorverdaut". Dabei können zusätzlich Pilzfruchtkörper als wertvolles Nahrungsmittel geerntet werden. Aufgrund seiner einfachen Kulturbedingungen bietet sich der Austernseitling an. Die Holzstämme werden mit Impfdübeln mit Myzel beimpft und feucht gelagert. Durch die Pilze wird das Holz morsch und lässt sich nach erschöpfter Pilzernte leicht zerkleinern. Dieses Material kann dann kompostiert werden.

Die beimpften Stämme sind, besonders während der **Fruktifikation**, hervorragendes Anschauungsmaterial, um Kreislaufprozesse in der Natur zu erläutern. Auch in der Natur wird Holz in erster Linie von Pilzen abgebaut und in den Stoffkreislauf zurückgeführt. Je nach Altersgruppe und Vorkenntnissen kann unterschiedlich tief in die Materie eingedrungen werden. Kindern werden Kreisläufe in der Natur erklärt, bei älteren Kursteilnehmer*innen kann weiter auf die Biologie der Pilze und ihre Bedeutung für die Bodenbildung eingegangen werden.

Literatur

Scheub, U./Pieplow, H./Schmidt, H. P. (2013): Terra Preta – Die schwarze Revolution aus dem Regenwald. München: Oekom Verlag.

Fruktifikation

Fruchtkörperbildung der Pilze, also die Bildung dessen, was wir als „Pilz" kennen.

Literatur

Englbrecht, J. (2004): Pilzanbau in Haus und Garten. Stuttgart: Ulmer Verlag. Für Leute, die mehr wollen: Schmidt, W. E. (2009): Anbau von Speisepilzen. Stuttgart: Ulmer Verlag.

Materialquellen für Holz zur Pilzherstellung

Hier zeigt sich wieder der Nutzen des guten Kontakts zu Baumpflegefirmen. Gerade zur Pilzzucht besonders geeignete Weichhölzer wie z.B. Pappel werden meist höchstens energetisch genutzt und müssen von den Betrieben teils kostenpflichtig entsorgt werden. Daher bestehen gute Chancen, geeignetes Holz kostenfrei zu beschaffen. (Ein mit einem Lächeln überreichter Träger Bier und das Versprechen von ein paar Pilzen aus der zu erwartenden Ernte können dazu führen, dass Stammholz sogar in geeignete Stücke von ca. 60 cm Länge, abhängig vom Durchmesser, geschnitten wird.) Dabei ist aber auf den Standort zu achten, von dem das Holz stammt: Holz von der überwachsenen ehemaligen Müllkippe könnte belastet sein. Pilze können sich speziell mit Schwermetallen anreichern.

Kompostierung mit der Wurmkiste

Für das Element Wurmkiste haben wir zwei Workshop-Modelle entwickelt: den Bau einer Wurmkiste sowie die Wurmfütterung (Handhabung und Pflege). Sie werden ergänzt durch unser Wurmkistenhandbuch, in dem Interessierte und vor allem frischgebackene Wurmkistenbesitzer*innen Informationen rund um die Wurmkiste nachlesen können.

Wurmkistenhandbuch

Die Wurmkiste

Würmer sind die vielleicht besten Küchenabfallverwerter. Sie sind hocheffizient und können biologische Abfälle in relativ kurzer Zeit zu 80% dezimieren. Sie produzieren hochwertiges Substrat auf kleinem Raum, verursachen nicht viel Arbeit und (wenn alles rund läuft) keinen Gestank. Verglichen mit der regulären Entsorgung im städtischen Kompostabfall sparen sie Treibhausgase ein, da Transport vermieden wird. Wenn biologische Abfälle auf der Müllkippe landen (durch die Entsorgung im regulären Hausmüll), entsteht das höchst klimaschädliche Methan, da die Abfälle anaerob, d. h. unter niedrigen Sauerstoffbedingungen, verrotten. Die meisten Kompostarten (und auch Wurmkompost) funktionieren aerob, also unter Sauerstoffzufuhr, was im regulären Gartenkompost durch das Umgraben und im Wurmkompost durch die Würmer gewährleistet wird.

Würmer spielen eine enorm wichtige Rolle bei der Bildung und Stabilisierung der weltweiten Ackerböden. Durch ihre Aktivitäten (Ausscheidungen, Bildung von Wurmgängen ...) werden Böden fruchtbarer und können weitaus mehr Wasser speichern.

Was lebt da eigentlich in meiner Kiste?

Die Würmer in der Kiste sind spezielle Kompostwürmer der Art Eisenia foetida und werden auch Stinkwürmer genannt (foetida heißt im Lateinischen „stinkend"), da sie als Schutzreaktion einen üblen Geruch abgeben, wenn sie verletzt werden. Diese Kompostwürmer gehören zu den sehr beweglichen und lichtscheuen Wurmarten, was sie von den trägeren, tiefgrabenden Arten unterscheidet, zum Beispiel den Grauwürmern (Nicodrilus caliginosus caliginosus), die nur sehr selten an die Erdoberfläche kommen und daher sehr hell gefärbt sind. Die Kompostwürmer hingegen haben als UV-Schutz eine dunklere Körperfarbe. Der klassische Regenwurm, der am weitesten in Deutschland verbreitet ist, ist der Tauwurm (Lumbricus terrestris), der meterlange Gänge bauen kann und bis zu acht Jahre alt wird. Die Kompostwürmer in der Kiste sind eher kleine und sehr bewegliche Würmer, die maximal drei Jahre alt werden.

Es gibt verschiedene Wurmarten, die sich von Kompost ernähren (u. a. die Tau- und auch die Rotwürmer) und dementsprechend im Kompost gefunden werden, wenn man dort einmal genauer nachschaut. Wenn die Wurmkiste mit Würmern aus dem Komposthaufen besetzt wird, ist es daher gut möglich, andere Wurmarten zu erwischen, die weniger produktiv unter den Bedingungen einer Wurmkiste sind. Eisenia foetida ist der beste Kompostverwerter unter den Würmern und kann unter optimalen Bedingungen täglich sein eigenes Körpergewicht umsetzen.

Das Märchen vom geteilten Wurm, der wundersamerweise als zwei Würmer weiterleben kann, ist übrigens falsch. Der Vorderteil eines zerteilten Wurmes kann überleben, falls noch genügend funktionsfähige Darmabschnitte erhalten bleiben und er nicht an einer Wundinfektion stirbt. Der zweite Teil stirbt unweigerlich ab.

Standort

Was die Wurmkiste vom regulären Komposthaufen unterscheidet, ist die Möglichkeit, zu jeder Jahreszeit eine etwa gleichbleibende Menge an Kompost zu produzieren. Vorausgesetzt, die Wurmkiste wird in etwa gleichbleibenden Temperaturen aufgestellt, damit eine regelmäßige Verwertung stattfindet.

Die optimale Temperatur für die Kiste liegt bei 20 Grad, die Würmer tolerieren aber Temperaturen zwischen 10 und 30 Grad. Je weiter die Temperatur allerdings von den optimalen 20 Grad abweicht, desto weniger Kompost werden die Würmer verarbeiten.

Ein bewährter Standplatz ist die Küche, da sie neben einer guten Temperatur auch gleich noch das Wurmfutter produziert, aber auch jeder andere Wohnraum ist geeignet. Garagen und Balkons sind mögliche Standplätze, wenn sie nicht Frost oder direkter Sonneneinstrahlung ausgesetzt sind. Auch andere geschützte Stellplätze im Außenbereich sind möglich, wobei direkte Sonneneinstrahlung (Austrocknung der Würmer!) und Frost unbedingt vermieden werden müssen. Im Winter wird somit ein Keller- oder Innenplatz benötigt. Eine gleichbleibende und warme Raumtemperatur verbessert den Abtransport der Feuchtigkeit hinaus aus der Wurmkiste, deshalb eignet sich ein Standort im Haus besser als draußen.

Wichtig ist, dass das Äußere der Kiste immer trocken bleibt, da das Holz die Flüssigkeit im Inneren nach außen transportiert und somit Gerüchen und der Zersetzung des Holzes entgegenwirkt. Aus diesem Grund muss das Holz der Wurmkiste unbedingt unbehandelt bleiben. Anstreichen oder Lasieren würde sie von innen verrotten lassen.

Wie funktioniert meine Kiste?

Die Wurmkiste hat zwei Kammern, um das Entnehmen von wurmfreiem Kompost zu erleichtern. Dazu wird zunächst nur eine Hälfte der Kiste (1) mit Bioabfällen befüllt. Sobald die erste Kammer mit verwertetem Material gefüllt ist (was bei einer optimal funktionierenden Wurmfarm etwa 8–12 Wochen braucht, in der Anfangszeit aber länger dauern kann), sollte die zweite Kammer (2) befüllt werden. Dann wandern die Würmer automatisch zum Futterangebot in die andere Kammer und der Humus aus der ersten Kammer kann weitestgehend wurmfrei entnommen werden. Genau so ist der Ablauf bei der dritten Kammer (3) und danach kann wieder in die entgegengesetzte Richtung gefüttert werden.

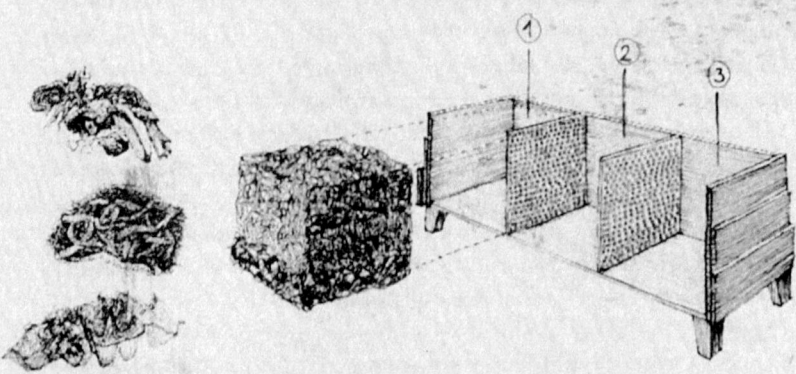

Zur Erstbefüllung sollte eine der Kammern mit einer Mischung aus zerknülltem Zeitungspapier, Gartenerde und Bioabfällen gefüllt werden, so dass eine Füllhöhe von mindestens zehn Zentimetern erreicht wird. Darauf werden die Würmer gesetzt und alles sollte wiederum mit ein wenig Gartenerde oder Zeitung abgedeckt werden. Falls die Bioabfälle nicht sehr feucht sind, sollte man nun den Inhalt ein wenig mit Wasser besprühen, was auch immer dann nötig ist, wenn die Kiste sehr warm oder zu trocken wird. Die Kiste ist zu trocken, wenn die Oberfläche der Abfälle nicht feucht ist, was zur Folge hat, dass die Würmer sich nicht nach oben bewegen, um die Abfälle zu verwerten. Alternativ zum Besprühen können auch in Wasser eingeweichte Zeitungen, Kartonage etc. auf den Abfällen verteilt werden. Es ist sehr wichtig, die Abfälle nicht mit dem Substrat zu vermischen (bis auf eine leichte Untergrabung, falls Schimmel oder schlechte Gerüche auftreten, oder sehr partielle Vergrabung, d. h. an einem bestimmten Punkt), da dies quasi einen Minikomposthaufen bilden würde und die Würmer zur Flucht veranlasst.

Am Anfang sollte die Menge 200 Gramm täglich nicht übersteigen, damit sich die Wurmpopulation an ihren neuen Lebensraum und die Fütterung gewöhnen kann. Später kann die Menge erhöht werden. Solange die Futterreste innerhalb von etwa 14 Tagen verwertet werden und sich nichts anstaut, große Mengen Schimmel ansetzt oder sich sehr viel Feuchtigkeit sammelt, ist die Menge optimal, bzw. kann vorsichtig erhöht werden. Die Wurmpopulation wächst und schrumpft mit dem Futterangebot. Grob sagt man, dass eine Kiste unserer Größenordnung bei optimalen Bedingungen den normalen Küchenabfall eines zwei- bis dreiköpfigen Haushalts verarbeiten kann. Die Abfälle sollten am besten zerkleinert und leicht eingegraben werden, um Schimmel- und Geruchsbildung vorzubeugen.

Die Fütterungsempfehlungen sind auf dem Futterplan grob festgehalten. Grundsätzlich gilt, dass Würmer lebendes Material nicht verwerten, dazu gehören Sprossen, Kartoffelaugen sowie Pflanzensamen (ungekochte Hülsenfrüchte und zum Beispiel Kürbis- oder Sonnenblumenkerne). Diesem Problem kann vorgebeugt werden, indem man solche Zutaten separat verwertet oder sie kurz in der Mikrowelle oder anderweitig abkocht, bevor man sie in die Kiste gibt. Tierische Abfälle (Fleisch, Milchprodukte etc.) und fetthaltige Abfälle werden sehr langsam verarbeitet, fangen leicht an zu faulen und sollten daher nicht gefüttert werden.

Da die Wurmkiste für weiches, leicht zu verarbeitendes Material gemacht ist, empfiehlt sich die Gabe von gröberen Gartenabfällen nur in kleinen Mengen, die soweit wie möglich zerkleinert werden sollten.

Die Würmer reagieren sehr empfindlich auf einen veränderten pH-Wert des Substrats. Dieser sollte durch eine abwechslungsreiche Gabe organischer Abfälle genügend ausgeglichen sein. Einseitige Fütterung (z. B. große Mengen einer einzigen Gemüsesorte) und Zugaben, die einen extremen pH-Wert aufweisen bzw. auslösen (z. B. Zitrusfrüchte oder Rasenschnitt), sollten am Anfang gar nicht und in einer etablierten Wurmkiste, wenn überhaupt, nur in sehr kleinen Mengen zugegeben werden.

Kompostwürmer sind sehr lichtscheu, was zur Folge hat, dass sie bei leichtem Lichteinfall sofort flüchten. Die Kiste sollte daher so selten wie möglich geöffnet werden, um Stress für die Würmer zu vermeiden. Das Beobachten der Würmer ist allerdings gut möglich, wenn eine rote Plexiglasplatte auf die Oberfläche gelegt wird, da die Würmer auf das so gefilterte Licht weniger reagieren.

Vor allem Austrocknung im Sommer kann zum Absterben der Würmer führen. Falls Sie in den Urlaub fahren, legen Sie einfach größere Mengen Abfälle und viel angefeuchtete Zeitung in die Kiste. Die Würmer können so bis zu sechs Wochen alleingelassen werden. Optimal ist natürlich eine Urlaubsbetreuung, die ab und an vorbeischaut.

Der fertige Kompost ist sehr gut als Pflanzensubstrat oder -dünger in der Wohnung oder im Garten zu gebrauchen. Er enthält viele Nährstoffe für Pflanzen und stärkt ihre Gesundheit, verbessert die Bodenstruktur und fördert somit das Wurzelwachstum. Für Topfpflanzen sollte man pro Monat etwa ein bis drei Esslöffel, für Gemüse und Blumen ca. 200 g/m^2 in die Erdoberfläche einarbeiten und angießen. Starkzehrer (z. B. Rosen, Tomaten) vertragen ruhig auch mehr Humus.

Probleme

Der Inhalt einer gut funktionierenden Wurmkiste sollte nicht stinken, sondern eher nach Waldboden duften. Ein anhaltender schlechter Geruch ist also ein Zeichen für ein Problem in der Kiste, in der höchstwahrscheinlich zu viel oder zu wenig Feuchtigkeit herrscht, zu viele oder problematische Abfälle gefüttert wurden.

Leichter Geruchsbelästigung kann mit einer Prise Steinmehl (etwa zwei- bis dreimal pro Woche die Abfälle leicht pudern) vorgebeugt werden, das z. B. in Apotheken erhältlich ist.

Falls die Kiste von Fruchtfliegen belagert wird, ist eine Hanf- oder Wollfilzmatte, die auf die Abfälle gelegt wird, eine simple Lösung. Auch das Vergraben der Abfälle sollte Wirkung zeigen. Eine ständige Fliegenplage deutet allerdings darauf hin, dass die Futtermenge zu hoch ist.

Kleine Schimmelflecken sind nicht ungewöhnlich, solange sie nicht mehr als ein paar Tage anhalten. Alles, was nicht weißer Schimmel ist, kann leicht untergegraben werden, starken weißen Schimmelbefall sollte man vorsichtshalber aus der Kiste entfernen und entsorgen.

Wie bereits weiter oben erwähnt, ist eine trockene Oberfläche der Abfälle ein Anzeichen für eine zu trockene Wurmkiste, was durch leichtes Besprühen mit Wasser behoben werden kann. Umgekehrt ist allerdings eine zu feuchte Wurmkiste ebenfalls problematisch, da die Würmer durch ihre Haut atmen und somit zu wenig Sauerstoff bekommen, wenn sich Feuchtigkeit ansammelt. Falls sich auf einmal sehr viele Würmer an der Oberfläche des Komposts ansammeln oder die Kiste einen süßlich-säuerlichen Geruch abgibt, ist dies meist ein Anzeichen für eine zu hohe Feuchtigkeit. In dem Fall sollten für ein paar Tage keine sehr feuchten Abfälle gefüttert werden und ein wenig trockenes Zeitungspapier oder Kartonage eingearbeitet werden.

Solange die Wurmkiste in gut temperierter Umgebung steht und langsam angefüttert wird, sollten Probleme nur selten auftreten. Auftretende Probleme können allerdings sehr spezifisch und verschieden sein. Bei Problemen kontaktieren Sie gerne den Prinzessinnengarten. Auch im Internet finden sich viele Seiten, die oft auf spezifische Probleme Antworten geben, unter anderem: http://www.wurmwelten.de/forum/index.php

Die Entwicklung der Wurmkistenarchitektur im Prinzessinnengarten

Den Wurmkistenbau im Prinzessinnengarten haben wir mit einer einfachen Kiste begonnen, die mit Holz aus dem Baumarkt gebaut wurde und mit Hilfe eines wurmdurchlässigen Trenners in zwei Kammern geteilt ist. Solche Kisten wurden mit Würmern in Betrieb genommen und es dauerte nicht lange, bis uns ein paar Nachteile dieser Bauart auffielen: Das Leimholz verzieht sich auf Grund der wechselnden Feuchtigkeitsverhältnisse einer Wurmkiste, was teils sogar zu aufgebrochenen Wurmkisten führte. Zusätzlich begünstigt die relative Höhe der Kiste eine Kompaktierung der Wurmerde, das heißt, die unteren Schichten des Wurmkomposts werden zusammengedrückt, es kann Fäulnis entstehen. Zusätzlich hatten wir schon länger den Wunsch, eine Wurmkiste aus Recyclingmaterialien zu bauen.

Daher wurde die „Wurmkiste 2.0" gebaut, diesmal aus recyceltem Palettenholz und mit einem Drei-Kammer-System, das zwar flach, aber dafür lang ist. Die Anschaffung ist weitaus günstiger als das Holz aus dem Baumarkt und der Arbeitsaufwand des Zusammenbauens geringer. Aus eigenen Erfahrungen hat sich das Drei- Kammern-System besser bewährt; die einzelnen Prozesse sind besser demonstrierbar und das Endprodukt ist durch längere Umsetzungszeit qualitativ hochwertiger.

Gemeinsames Bauen einer Wurmkiste

Die Methode Workshop basiert auf Interaktion zwischen den Teilnehmer*innen: Sie werden aktiv in den Prozess mit einbezogen und können den Workshop mitgestalten. Es findet ein Erfahrungsaustausch und somit auch Wissenstransfer zwischen allen statt. Die Rahmenbedingungen für diese praxisbezogene Lehreinheit müssen für einen reibungslosen Ablauf jedoch gut vorbereitet sein. Für die Organisation im Vorfeld eines Workshops bedeutet das mehr Zeitaufwand als bei einer Führung, beispielsweise muss Material besorgt und vorbereitet werden, der Ablauf sollte sorgfältig geplant sein.

Bau einer Wurmkiste

Methode: Workshop mit Kurzanleitung und Bau einer Wurmkiste.

Teilnehmer*innen: Praktisch sind Wurmkisten für Privatpersonen, Bildungsorte (insbesondere Kitas und Grundschulen), aber auch für Gemeinschaftsgärten. Zwischen fünf und zehn

Teilnehmer*innen haben sich als passende Größe für diese Art Workshop erwiesen

Einbeziehung der Teilnehmer*innen: Gemeinsam die Kiste zusammenbauen (mit Stich-/Kreissäge und Akkubohrer umgehen), Holzteile nachbearbeiten, Fragen stellen

Konkrete Lernziele

- Die Funktionsweise, Vor- und Nachteile von Wurmkompost kennenlernen
- Das Prinzip einer horizontal geteilten Holz-Wurmkiste verstehen
- Wurmkiste bauen und das Wissen weitergeben können
- Wurmkiste betreuen
- Würmer und andere Bewohner der Kiste und ihre Lebensweise kennenlernen
- Kreisläufe der Natur verstehen lernen

Ablauf: Einführung ins Thema Wurmkompost, Erklärung der Funktionsweise der Kiste, gemeinsamer Bau der Wurmkiste, evtl. Ansetzen des Komposts, Futterplan erstellen, Wurmeinzug (oder in Kombination mit dem Workshop „Wurmfütterung")

Arbeitsschritte

Vorbereitung:
- Besorgen des Holzes (s. Materialliste), Bereitlegen von Sägen, Akkuschraubern, Hämmer, Zollstöcken, Schmirgelpapier etc. Gut ist auch, eine fertige Wurmkiste als Anschauungsobjekt vor Ort zu haben.

Ablauf:
- Erklärung von Wurmkompost im Vergleich zu anderen Kompostarten (s. Wurmhandbuch)
- Erklärung der Funktionsweise einer Wurmkiste
- Vorbereitung auf das Bauen

- Zusammenbauen der Kiste mit möglichst viel Beteiligung der Teilnehmer*innen

Ort: Kita-Einrichtung, Garten, Schule (Klassenzimmer)

Dauer: ca. 2–3 Stunden

Welche Vorbereitungen und welches Material sind nötig?
Werkzeug, das parat liegen sollte: Akkuschrauber, Hammer, Zollstock und Bleistift, Stich-/Handkreissäge, Schrauben, Handbuch und Bauanleitung

Das Holz: Wir benutzen die Deckel von sogenannten Einwegpaletten zum Bau der „Wurmkiste 2.0". Diese Paletten haben mehrere Vorteile, nämlich dass sie unbehandelt sind (im Gegensatz zu Europaletten, die häufig mit Anti-Fäulnismitteln behandelt sind), dass ihre Benutzung noch brauchbares Material vor der Entsorgung bewahrt und dass man sie umsonst oder kostengünstig beschaffen kann. Wer keine Einwegpaletten-Quelle in unmittelbarer Umgebung findet, wird sicherlich im Internet auf lokale Bezugsquellen stoßen. Das spezifische Holz in dieser Anleitung ist aus sogenannten Einwegpalettendeckeln, was den Vorteil hat, dass man schon vorgefertigte Platten hat. Man kann aber auch das Holz von den Einwegpaletten lösen und daraus eine Kiste bauen. Da die Maße häufig ein wenig variieren, sind die folgenden Angaben lediglich zur Orientierung gedacht. In jedem Fall ist Kreativität beim Umsetzen gefragt, die folgende Anleitung kann als Grundidee gelten:

Man nehme:
zwei Palettendeckel (ca. 85 x 85 cm, es gibt verschiedene Maße) und säge daraus:
3 Teile im Maß 85 x 25 cm (zweimal Seite und einmal Boden)
1 Teil im Maß 85 x 37 cm (Deckel)
2 Teile im Maß 27 x 31 cm (zweimal Seite)

Fertige Wurmkiste in
Betrieb

Als Führungssschienen der Trennwände haben sich bei uns
kleine Kantholzstäbe (ca. 1 x 1 cm) bewährt, von denen jeweils
acht Stück auf etwa 20 cm gesägt werden und die mit dünnen Nägeln innen an den Wänden befestigt werden, um zwei
Trennwände halten zu können. In unserem Falle haben wir
Lochblechreste mit der Flex geschnitten (zweimal 23,5 x 21
cm), da wir noch Reste dieses Materials hatten, das im Einkauf
aber eher teuer ist. Gute Alternativen sind Hühnerdraht oder
zurechtgesägte Seitenteile lebensmittelechter Plastikkisten, die
durchlässig sind.
Füße für die Wurmkiste empfehlen sich, für den Fall, dass doch
mal Flüssigkeit aus der Kiste austritt. Hier können natürlich
einfache Holzklötze genommen werden, aber auch Rollen sind
eine Möglichkeit.

Wurmfütterung

Methode: Workshop mit Kurzeinführung zur Wurmkiste

Teilnehmer*innen: Interessierte an Wurmkisten allgemein, Teilnehmer*innen des Workshops Wurmkistenbau, besonders gut geeignet für Kinder und Schüler*innen, gerade auch für Kitagruppen als Einführung (wenn die Kinder zu jung für Wurmkistenbau sind)

Einbeziehung der Teilnehmer*innen: Zuhören, Fragen stellen, Vorführ-Wurmkiste begutachten, „Futter" sortieren und kleinschneiden, Würmer füttern

Konkrete Lernziele
* Die Funktionsweise, Vor- und Nachteile von Wurmkompost kennenlernen
* Das Prinzip einer horizontal geteilten Holz-Wurmkiste verstehen und das Wissen weitergeben
* Die Wurmkiste betreuen, Würmer „füttern"
* Würmer und andere Bewohner der Kiste und ihre Lebensweise kennenlernen
* Küchenabfälle einteilen in Wurmfutter und andere Abfälle
* Im weiteren Sinne Kreisläufe der Natur verstehen lernen

Ablauf und Inhalt
* Erklärung der Lebensweise der Kompostwürmer, Zeigen und Anfassen lassen der Würmer
* Erklären der anderen Materialien
* Teilnehmer*innen Sammelkiste des Küchenmülls sortieren lassen, in wurmgerechtes Futter und „echten Müll"
* Resultat erklären, korrigieren
* Futter zerkleinern und Gründe erläutern
* Wurmeinzug in die Kiste und erstes Anfüttern
* Pflegeeinführung, evtl. auftretende Probleme besprechen

Das mögen die Würmer:	Das mögen die Würmer nicht:
Obst	Gekochte Speisereste
Gemüse	Öle
Kaffeesatz (sehr gern, auch mit Filter)	Fette
Haare & Fingernägel	Tierische Produkte (Fleisch, Eier, Milchprodukte,
Eingeweichte Zeitung & Kartonage	Knochen)
In kleinen Mengen:	Zitrusfrüchte
Gekochter Reis, Nudeln und Brot	Zwiebeln
Zwiebelarten (auch Schnittlauch,	Noch lebendige Pflanzenreste (z.B.
Frühlingszwiebeln, Porree)	Kartoffelaugen, Samen). Diese kurz abkochen
Paprika & Chilies	(z.B. in der Mikrowelle)

- Mögliche Aktion: Kinder eine ‚Lieblingsfutterliste' für die Würmer anlegen lassen (zum Beispiel ergänzend zu der oben stehenden), die nach Ausprobieren verschiedener Abfälle geschrieben werden kann (Würmer mögen tendenzielle süße Obstreste sehr gerne, aber tun sich schwer mit faserigen oder harten Resten, wie zum Beispiel Avocadoschalen)

Ort: Kita-Einrichtung, Garten, Schule (Klassenzimmer)

Dauer: ca. 1–2 Stunden

Welche Vorbereitungen und welches Material sind nötig?
Zusammenstellen der benötigten Materialien: Anschauungsmaterial (bewohnte Wurmkiste), Handbuch, Würmer und Substrat, typische Küchenabfälle, Abdeckmatte, Zeitungspapier, Müll bzw. ungeeignetes Futtermaterial, Gesteinsmehl, Kaffeesatz, Schneidebrettchen und Messer

Umweltbildungsspiele

Bei der Arbeit mit Kindern im Garten gab es das Bedürfnis,
ihnen auf spielerische Art und Weise Kreisläufe der Natur nä-
herzubringen und so ihr Interesse an ihrer Umwelt zu fördern.
Deshalb wurden im Prinzessinnengarten Umweltbildungsspiele
entwickelt und erprobt, die den besonderen Bedürfnissen von
Kindern im Kita- und Grundschulalter gerecht werden. Einige
ausgewählte Beispiele, die das Thema Boden und Kompostierung ansprechen, sollen hier vorgestellt werden.

Sand   Mutterboden   Kompost

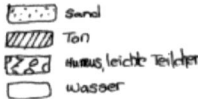

Sand
Ton
Humus, leichte Teilchen
Wasser

Schlämmprobe

Methode: Umweltbildungsspiel

Teilnehmer*innen: Kinder und Schüler*innen, Alter 4–16 Jahre

Leitfrage: Aus was besteht unser Boden?
Böden haben unterschiedliche Mischverhältnisse der mineralischen Bestandteile Sand, Schluff und Ton. So entstehen verschiedene Bodenarten, welche abhängig vom Humusanteil das Pflanzenwachstum beeinflussen.

Ablauf und Durchführung des Spiels

1. Alle drei Gläser werden etwa ein Viertel mit den verschiedenen Erden befüllt. In ein Glas kommt z.B. Sand, in eins Mutterboden und in eins Kompost.
2. Nun werden die Gläser mit Wasser aufgefüllt, der Deckel wird geschlossen und die Kinder dürfen alle mal kräftig schütteln. Wir stellen die Gläser ab und warten einige Minuten.
3. Fragen: Was erkennt ihr? Welche Farbe hat das Wasser in den jeweiligen Gläsern? In welchem Glas schwimmt an der Oberfläche am meisten?
4. Als erstes setzt sich der Sand am Boden des Glases ab, die Humusteile schwimmen an der Oberfläche. Je mehr Humus, desto größer ist also die obere Schicht. Die Tonpartikel setzten sich als letzte ab und bilden dann eine Schicht auf dem Sand.

Reflexionsteil: Boden besteht aus Humus, Sand und Tonteilchen. Je dunkler die Erde, desto höher der Humusanteil im Boden. Humus kann gut Nährstoffe und Wasser speichern und ist dadurch besonders gut für Pflanzen. Tonteilchen sind sehr fein und brauchen daher am längsten, um sich in unserem Glas abzusetzen.

Ort: Im Garten oder der jeweiligen Bildungseinrichtung

Dauer: ca. 30–45 Minuten

Welche Vorbereitungen und Materialien sind nötig?
Material: drei Gläser, Sand, Gartenerde, Kompost, Wasser

Kosten: Materialien alle aus dem Garten, also geringe bis gar keine

Unser Boden

Methode: Umweltbildungsspiel

Teilnehmer*innen: Kinder und Schüler*innen, Alter ab 4 Jahre

Leitfrage: Wie kann sich Erde unterscheiden?
Jede Erde hat unterschiedliche Eigenschaften, die sich positiv oder negativ auf den Anbau von Pflanzen, die Wasserhalteeigenschaften, die Nährstoffspeicherung etc. auswirken.

Ablauf und Durchführung des Spiels

1. Mit den Kindern zusammen wird das Gelände erkundet. Die Kinder sollen sich die Böden anschauen (Farbe, Konsistenz).
2. In jeden Eimer wird eine andere Erde gefüllt. In einen z.B. Sandkastensand, in einen anderen Rindenmulch (oder was das Gelände zu bieten hat), in einen weiteren normale Gartenerde.
3. Die Kinder geben Wasser hinzu. Nun dürfen die unterschiedlichen Erden durchgeknetet werden.
4. Nach ca. 10 min wird gestoppt und die Kinder werden nach ihren Erfahrungen gefragt. Konnten sie die Erde formen? Wie hat sich die Erde angefühlt (rau, weich)? Welche Farbe haben die unterschiedlichen Erden? Wie riechen die unterschiedlichen Erden?
5. Nun wird den Kindern mehr zu den unterschiedlichen Erden erklärt. Welche besonders gut für unsere Pflanzen ist und warum, welche eher ungeeignet etc.

Reflexionsteil: Die Kinder sollen hier die Vor- und Nachteile der Erden kennenlernen. Ton speichert zum Beispiel durch seine Beschaffenheit besonders gut Wasser, Sand ist grobkörnig und eher nährstoffarm und kann dadurch sehr schlecht Wasser halten, sehr dunkle Erde, wie etwa Kompost, weist auf einen hohen Humusanteil hin und ist besonders nährstoffreich.

Ort: Im Garten oder der jeweiligen Bildungseinrichtung

Dauer: ca. 20 Minuten

Welche Vorbereitungen und Materialien sind nötig?
Material: Eimer, verschiedene Erden, Wasser

Kosten: Sehr gering, da Materialien alle aus dem Garten stammen

Unser Kompost

Methode: Umweltbildungsspiel

Teilnehmer*innen: Kinder und
Schüler*innen, Alter: 4–12 Jahre

Leitfrage: Welcher Abfall kann zu Erde
werden?
Nicht alles darf auf unseren Kompost
und kann von Mikroorganismen zersetzt werden.

Ablauf und Durchführung des Spiels

1. Mit den Kindern zusammen wird
   zuerst besprochen, welche Materialien auf den Kompost dürfen.
   Gerne darf den Kindern etwas
   Kompost als Anschauungsmaterial
   gezeigt werden.
2. Der Kompost wird gesiebt, um die einzelnen Bestandteile
   der Komposterde zu erkennen.
3. Nun werden die Kinder in Gruppen mit je zwei Eimern
   losgeschickt. In einem Eimer werden Materialien gesammelt, die auf den Kompost dürfen. In dem anderen Eimer
   werden Materialien gesammelt, die nicht auf den Kompost
   dürfen.
4. Am Ende kommt man mit der Gruppe zusammen und
   geht Stück für Stück die gesammelten Materialien mit den
   Kindern durch.

Reflexionsteil: Nur organische Materialien können von unseren Lebewesen im Kompost zersetzt werden. Besonders wichtig ist es daher, nicht-organische Materialien (wie etwa Plastik)
zu recyceln. Diese nicht-organischen Stoffe können nicht wie-

der zu Erde zersetzt werden. Werfen wir diese einfach auf den Boden, vermüllen wir somit Stück für Stück unsere Erde.

Ort: Im Garten oder der jeweiligen Bildungseinrichtung

Dauer: ca. 20–30 Minuten

Welche Vorbereitungen und Materialien sind nötig?
Material: Eimer, Kompost, Sieb

Kosten: Sehr gering, da Materialien alle aus dem Garten

Ausblick

Urbane Gärten haben großes Potenzial, einerseits städtische Ressourcen lokal und produktiv zu verwerten und andererseits die Bedeutung sinnvoller Ressourcenkreisläufe Stadtbewohner*innen näher zu bringen und ihnen diese sogar zu ermöglichen. Das Interesse, zu lernen, wie man in der Stadt alltagsrelevant Einfluss auf Ressourcenkreisläufe nehmen kann, zum Beispiel durch eine Wurmkiste daheim oder die Nutzung von Hochbeeten oder Pilzstämmen, ist groß. Wir bekommen viele Anfragen zur Mitnutzung unseres Komposts zur Entsorgung von Biomüll, zum Mitmachen bei Workshops zum Wurmkistenbau oder auch zu Erfahrungen mit dem neuen „Modekompost", der Terra Preta oder auch dem Bokashi.

Gerade in einem viel besuchten Garten ist es toll, das Interesse an nachhaltiger Ressourcennutzung und Bodenherstellung auf vielerlei Art umsetzen zu können: Studierendenarbeiten können durchgeführt werden, Schulgruppen nutzen die verschiedenen Erdformen, -stadien und -bewohner als Anschauungsunterricht und verschiedene Akteur*innen wie Gartenbaubetriebe und das Café von nebenan freuen sich, wenn sie ihren „Müll" als produktive Ressource bei uns loswerden können. Der Koordinationsaufwand für solche Aktivitäten ist allerdings nicht zu unterschätzen: Studierendenarbeiten, die nicht nur angefangen, sondern auch abgeschlossen werden sollen, die Kontrolle der auf dem Kompost landenden Abfälle oder die langfristige Verantwortungsübernahme für Kompostwürmer (die jeden Winter in ein Winterquartier gefahren werden wollen).

Außerdem mussten wir im Laufe der letzten zwei Jahre feststellen, dass die vielen Varianten der Einbindung und Weiterbildung von Interessierten nur möglich sind, wenn wir selbst eine solide Grundkenntnis der Materialien haben, mit denen wir arbeiten. In Zeiten des Internets ist es kein Problem, Anleitungen für Wurmkisten, Bokashi-Eimer oder Kompost zu finden und grundsätzlich damit anzufangen. Was Anleitungen häufig nicht vermitteln können, ist das taktile Wissen, also die Erfahrung, die sich zwangsläufig aufbaut, wenn man sich mit einer Materie über einen längeren Zeitraum praktisch auseinandersetzt. In unserem Fall hieß das zum Beispiel, dass wir erst nach einigen Monaten die Feuchtigkeit und Fütterungsabstände unserer Wurmkisten richtig einschätzen konnten. Auch das Material für den Bau der Wurmkisten hat einige Änderungen erfahren auf Grund der kleinen, aber wichtigen Details, die sich erst in der Nutzung ergeben (zum Beispiel ist es nicht sehr hilfreich, wenn sich in einem Wurmkistenworkshop die gesamten Holzteile nicht verschrauben lassen, weil das Material nicht stimmt). Genau dieses auf Erfahrung basierende Wissen ist essenziell für das tatsächliche Erlernen einer Handlung. Urbane Gärten sind als Kommunikationsort dementsprechend gut geeignet, relevantes Wissen weiterzuvermitteln, aber natürlich auch aufzunehmen: Wie in der Einleitung dieses Kapitels beschrieben, kam nützliches Wissen nicht nur durch Recherchen zusammengetragen werden, sondern auch durch Gespräche mit Besucher*innen des Gartens, durch Austausch mit anderen Gärten oder Gärtner*innen. Zum Beispiel verriet uns ein wurmerfahrener Besucher, dass süßes Obst „wie Viagra" auf die Würmer wirke (Recht hatte er).

Die Erfahrung, die wir in den letzten Jahren sammeln konnten, haben wir 2012 in Workshops auf der Biennale Berlin und vor Ort sowie auch 2013 bei der Konferenz Summer of Soil in Järna/Schweden und auf der Global Soil Week in Berlin austauschen können. Zukünftigen Projekten kommt sie natürlich auch zugute. Gerade im Aufbau begriffen ist eine Zusammenarbeit mit der Berliner Tafel, in der geplant ist, mit Hilfe eines kombinierten Bokashi-Wurmkompost-Systems einen Teil der Lebensmittelabfälle der Berliner Tafel lokal und transparent zu kompostieren. Des Weiteren ist eine Versuchsphase für die öffentlichere Nutzung unseres Komposts geplant, den wir durch „Kompostausweise" ein wenig steuern möchten, um Anwohner*innen eine lokale Entsorgung ihres Biomülls anbieten zu können. Für das Frühjahr 2014 ist ein Boden- und Wurmkistenworkshop geplant. Die Vorverrottung von größeren Holzmengen durch Pilze wurde letzten Herbst angesetzt und verspricht leckere Pilze und gut nutzbares Holz für den Kompost für die kommende Saison. Zu guter Letzt ist nun die Wurmkiste 3.0 geplant, sie soll aus Tongefäßen gebaut werden.

Abbildungsverzeichnis

VI,1.

57. Berberidaceae.

A

5

7

WM

8

9

a

10

220.

Gemeine Berberitze.

Berberis vulgaris L.

Von Blüten, Bienen, Berberitzen...

Von Sabine Friedler und Gerlinde Parchmann

Wozu sind Wildobst-Gehölze eigentlich gut? So fragen nicht nur manche Großstädter*innen. Ein „richtiger" Apfelbaum, ebensolche Kirschen bringen doch viel mehr Ertrag. Wer hat die Zeit und macht sich die Mühe kleine, oft ziemlich saure Früchte an stacheligen Gehölzen abzuernten und zu verarbeiten? Und für eine gewünschte Hecke gibt es eine Menge Pflanzen, die in Gartencentern angeboten werden, ohne jahrhundertealte Nutzung im Schlepptau. Praktisch, effektiv, genormt. Ja – aber: Wieviel Wasser, guten Boden brauchen diese genormten, hochgezüchteten Pflanzen? Wie hoch ist ihr Pflegebedarf, um zu gedeihen? Wonach schmecken ihre Früchte? Wie hoch ist ihr Vitamingehalt? Wie schnell fallen sie aus bei zunehmenden Klimaturbulenzen? Wann und in welchen Farben, Formen blühen sie? Wie nützlich sind sie ihrer Umgebung, also auch Kleinsäugern, Insekten, Vögeln? Was geht durch ihre Zunahme an Vielfalt, Robustheit, Ästhetik verloren? Diesen Fragen stellten wir uns.
Im Bürgergarten Laskerwiese wie im Jugendclub E-LOK gibt es eine verbindende Gemeinsamkeit: Die Freude am Selbermachen, am gemeinsamen Selbstgestalten der Kiezlandschaft. Das beinhaltet auch Nachdenken über Nachhaltigkeit, Respekt vor Überlebens-Künstler*innen. So waren wir uns schnell einig: „Botanische Einheitsware" kam nicht in Frage, wir wollten eine Wildobstgehölzhecke mit hohem Nutz- und Zierwert. Steht der Grundkonsens, braucht es zur Umsetzung genaue Planung und zusätzliches Fachwissen.

Wildobsthecke und mehr am Ostkreuz

Die E-LOK ist ein vom Stadtbezirk Friedrichshain-Kreuzberg
geförderter Jugendclub am Berliner Ostkreuz, seit Jahren aktiv
in der Stadtteilentwicklung. So unterstützte der Club als verläss-
licher Partner seit 2004 den Aufbau eines Bürgergartens auf
dem angrenzenden Areal. Die Tür zwischen beiden steht fast
immer offen.

Der Bürgergarten Laskerwiese ist ein Gemeinschaftsgarten in
einem verkehrsreichen Mischgebiet nahe am Ostkreuz. 2006
übergab der Stadtbezirk das ca. 3.600 m² große ehemalige
Brachgelände zur Nutzung an den Verein. Die Fläche blieb
im Besitz der Kommune, der Verein pflegt und bearbeitet die
Grünfläche, die allen Bürger*innen offensteht.

Mit der Freude am gemeinsamen Gärtnern, den Erfolgen bei
Aussaat und Ernte, mit dem wachsenden Zustrom von am Mit-
Gärtnern Interessierten wuchs bei den Vereinsmitgliedern der
Wunsch nach mehr – einer eigenen Imkerei. Aber wo war dafür
noch Platz?

Bei der Gestaltung seiner großen Gartenfläche, die an den Bürgergarten grenzt, stieß der Jugendclub auf der 88 Meter langen
Südseite seines Geländes über Jahre auf ein Hindernis in Form
eines Bauzaunes – ein angrenzender Discounter verweigerte
den Bau einer Abgrenzung. So blieb die Südseite als halbe Bau-
stelle ungenutzt, bis neues Management beim Nachbarn Ein-
sicht und Anfang 2011 einen regulären Zaun brachte. Als dieser
stand, war der Weg frei für eine Nutzung, die zur sonnigen
und trockenen Lage passte: Eine Hecke aus Wildobstgehölzen!
Genügsame Pflanzen, die wenig Wasser und wenig Schnitt brauchen, alte Nutzpflanzen, die neu entdeckt werden, wechselnde
Blüh- und Erntezeit, die gut für Mensch und (Klein-)Tiere sind.

Natürlich auch für Bienen! Bürgergarten und E-LOK waren sich schnell einig über das gemeinsame Projekt. Darin integriert ein Bienenhaus (für die Imker) und Sitzgruppen (vor allem für die Jugendlichen) sowie ein Fahrradstellplatz für alle Nutzer*innen des Geländes.

Wichtigste Kriterien für die Hecke am Ostkreuz

Sie soll

- auf dem kargen Boden einer heißen, trockenen, staubigen Südseite gedeihen
- nach dem Anwachsen wenig Wasser, Schnitt und andere Pflege benötigen
- stärkeren Klimaschwankungen, die zu erwarten sind, standhalten
- nach einigen Jahren guten Wind- und Sichtschutz bieten
- robust und widerstandsfähig gegenüber Schädlingen und Krankheiten sein
- unterschiedliche Blüh- und Erntezeiten haben (Abwechslung, Ästhetik)
- teilweise wehrhafte Stacheln/Dornen besitzen (Schutz für Kleintiere, Zaun)
- Städter*innen alte, fast vergessene Nutzpflanzen wieder näherbringen
- gute Bienen- und Insektenweide sein, durch Trachtpflanzen ergänzt
- für Vögel Nahrung und Nistplatz, für Kleinsäuger Unterschlupf und Futter bieten
- menschlichen Nutzer*innen Früchte mit vielen Aromen, Vitaminen und Mineralien schenken
- bei ihrer Verwertung unsere Geduld, Kreativität und Phantasie herausfordern

Die Planungsphase

Wenn klar ist, wie die Gehölzpflanzung in etwa aussehen soll und welche Anforderungen an die Pflanzen gestellt werden, ist Zeit für genaue Planung. Urbane Stadtgärtnerei verlangt eine Menge Zeit für die Organisation und genügend Leute, die sich beteiligen und die Vorhaben umsetzen. Gut, wenn es in der Gruppe z.B. ausgebildete Landschaftsgärtner*innen gibt oder andere Fachleute, die aus ihrem Beruf oder ihren Interessen Kenntnisse einbringen können. Es ist auf alle Fälle sehr hilfreich, einen oder mehrere fachkundige Menschen zu haben, die bei der Planung unterstützen, beispielsweise einen Workshop leiten oder fachlichen Input leisten können.

Trachtpflanzen

„Der wichtigste Standortfaktor sind die Pflanzen in der Umgebung des Bienenstocks. Wenn es in der Umgebung kaum Pflanzen gibt oder Pflanzen, die entweder kaum Honig oder kaum Pollen liefern, können sich die Bienen nicht entwickeln oder werden kaum Erträge bringen. Deshalb muss man die wichtigsten Bienenweiden kennen, wissen, wann sie blühen und wie sie den Bienen nutzen. http://de.wikibooks.org/wiki/Einführung_in_die_Imkerei/_Trachtpflanzen

Generell gilt: Wenn es in der Community Fachwissen gibt – umso besser! Es muss gezielt an die interessierten Nicht-Fachleute weitergegeben werden. Je mehr Interessierte einsteigen, Basiskenntnisse (oder mehr) erwerben, desto nachhaltiger kann das zumeist ehrenamtliche Projekt umgesetzt werden. Fallen die Fachleute aus, springen andere ein.

Auch grundsätzlich wichtig: Die Terminwahl! Wann haben Landschaftsgärtner*innen und ehrenamtliche Stadtgärtner-*innen Zeit fürs Lernen und Planen? Im arbeitsreichen Sommerhalbjahr kaum. Nach der weihnachtlichen Ruhepause, im tiefen Winter, sieht es oft besser aus. Wenn draußen Schnee liegt, ist Zeit und Raum für Dinge wie Sitzgruppengestaltung, Pflegeworkshops und Pflanzensteckbriefe. Es ist auch eine gute Zeit, um die verschiedenen Fachleute zu vernetzen, weil Imker, Zimmerleute und Gärtner*innen kaum Außendienste haben.

Vor der Planung
Begehung
des Geländes

Der erste Planungsworkshop: Grundsätzliches

Im ersten Schritt ist es sinnvoll, sich die allgemeine Planungs-grundsätze einer Wildobsthecke klar zu machen.

Am Anfang sollte immer eine Begehung des Geländes, das bepflanzt werden soll, unternommen werden, um den Unter-grund sowie die weiteren Rahmenbedingungen einzuschätzen.

Kennt man diese, folgt sinnvollerweise die Entscheidung für eine bestimmte Heckenform.

Die Grafik auf der nächsten Seite zeigt z.B. eine gestaffelte gemischte Hecke, die maximal fünf Meter Platz in der Tiefe braucht. Dabei ist in der Stadt auch die Abstandsregelung im Baurecht zu beachten – will man nicht nach fünf Jahren die Hälfte entfernen, weil die Grundstücksgrenze durchwachsen wurde.

Grenzabstände zum Nachbargrundstück sind Ländersache! Beipiel Berlin für Bäume, Sträucher, Hecken:
Mindestabstände bei stark wachsenden Bäumen: 3,00m
bei nicht hochstäm-migen Obst-bäumen: 1,00m
alle anderen: 1,50m
Sträucher: 0,50m
Hecken:
über 2m Höhe: 1,00m
bis 2m Höhe: 0,50m

linke Seite:
Umsiedlung vorgese-hen - falsche Pflanzen für den Standort

rechte Seite:
Brache ist geräumt - Gelände im Novem-ber 2011

143

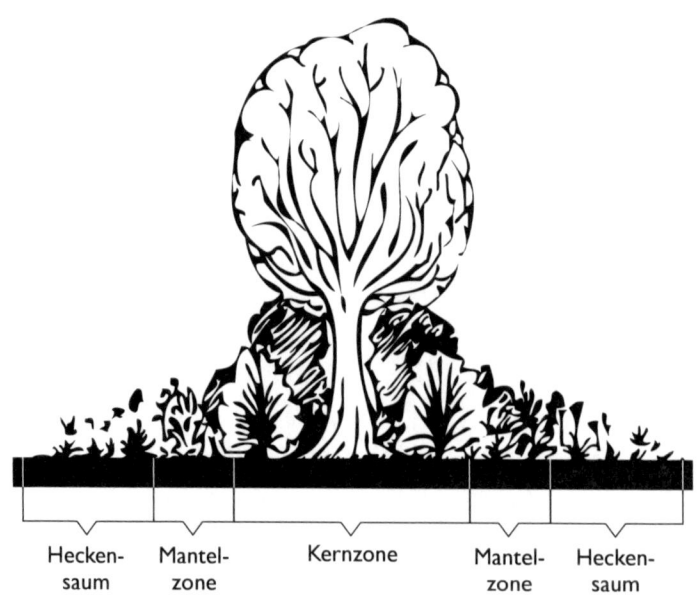

| Hecken-
saum | Mantel-
zone | Kernzone | Mantel-
zone | Hecken-
saum |

Auch der Abstand zwischen den Pflanzen ist wichtig und erfordert mitunter Kompromisse. Manche Sträucher werden zwar größer, wachsen aber langsam, andere wachsen schnell und nehmen dann denen in der Nachbarschaft Licht und Wasser. Werden die Pflanzen zu weit auseinander gesetzt, hat man von Anfang an einen höheren Pflegeaufwand, weil Gras und Wildkräuter sich in den Zwischenräumen ausbreiten können.

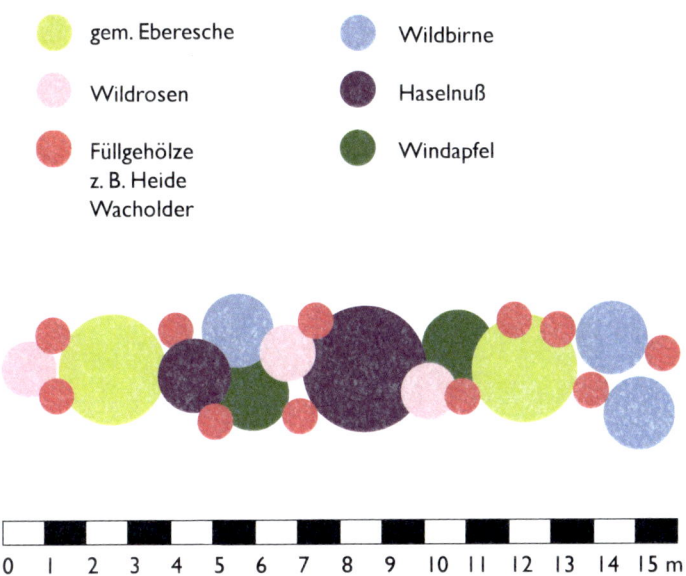

Und dann der Untergrund (Boden) – der war und ist in der Stadt immer für eine Überraschung gut. Das gilt insbesondere, wenn die Grundstücke schon einmal überbaut waren. Auch auf einem ehemaligen Kindergarten-Grundstück ist nicht sicher, dass im Untergrund alles, was vorher da war, geräumt wurde. Manche Altlasten müssen vielleicht entsorgt oder rückgebaut, andere Gegebenheiten können flexibel in die Planung mit einbezogen werden.

Deutscher Name	Blüte			
Bäume (>= 10 m)	Januar	Februar	März	April
Speierling				
Eisbeere				
Wild-/Zierapfel				
Sträucher (2-10 m)				
Gemeine Felsenbirne				weiß
Berberitze				
Kornelkirsche (Hartriegel)			gelb	
Haselnuß		gelb		
Sandddorn			grünlich - braun	
Mispel				
Kirschpflaume			weiß	
Hundsrose				
Hechtrose				
Kartoffelrose				
Salweide			grausilbrig	

Wildobsthecken-sortiment für die E-Lok, (Auszug) Stand: 25.02.2012

Bei entsprechender Länge der Bepflanzung wird es immer verschiedene Ecken geben, die den Standortansprüchen der Pflanzen in unterschiedlicher Weise entgegenkommen. Es gibt sehr sonnige und vermutlich im Sommer schnell austrocknende Standorte (die aber auch Winterstress für die Pflanzen bedeuten), schattige Ecken und tiefgründigen Boden. Die Ausrichtung Nord-Süd sowie Schattenwurf von Gebäuden sind ebenso zu beachten wie die vorherrschende Windrichtung. Das alles zusammen sind dann die Bedingungen, für die geeignete Pflanzen gefunden werden wollen. Außerdem ist zu überlegen, welchen Nutzen wir von den Pflanzen haben wollen und ob wir z.B. bestimmte Pflanzen ausschließen.

Blüte

Mai	Juni	Juli	August	Sept.	Okt.	November
weiß	weiß					
weiß	weiß					
zartrosa						
gelb						
weiß						
rosa - weiß	rosa - weiß					
	bläulich - rot	bläulich - rot	bläulich - rot			
	rosarot	rosarot	rosarot	rosarot	rosarot	

Wenn das alles geklärt ist, kann man eine erste Liste erstellen, welche Pflanzen in Frage kommen. Hier eignet sich beispielsweise eine Tabelle, in die alles eingetragen werden kann.

Durch Gartenbücher oder Recherchen im Internet können so – auch gut in der Gruppe – Informationen zu den einzelnen Pflanzen zusammengetragen werden.

Das ist dann eine Wunschliste. Die fällt natürlich mitunter zu lang aus, die endgültige Pflanzenauswahl hängt vom vorhandenen Platz ab (in unserem Fall 88 m lang und max. 5 m breit).

Literatur

Pirc, Helmut (2002): Wildobst im eigenen Garten. Graz: Leopold Stocker Verlag.

Strauß, Marcus (2011): Köstliches von Hecken und Sträuchern. Weil der Stadt: Walter Hädecke Verlag.

Was noch bei der Feinplanung zu beachten ist:

Gibt es Pflanzen auf der Wunschliste, die z.B. Krankheiten besonders begünstigen oder übertragen, oder die sich mit anderen nicht gut vertragen? Die sollten zumindest nicht nebeneinander gepflanzt werden.

Ergebnis Workshop I (Beispiel, keine Rangfolge):

- keine giftigen Pflanzen (zum Schutz von spielenden Kindern)
- möglichst frühe und späte Blüte,
  also eine lange Blütezeit für die Bienen
- Pflanzen mit Dornen oder Stacheln
- möglichst viele heimische Arten
- essbare Früchte
- pflegearm und stressverträglich (v. a. Trockenheit und Frost)
- geringe Bodenansprüche
- für Stadtklima generell geeignet

Das war es dann auch schon mit der Theorie. Wir wissen, wie unser Standort beschaffen ist (Boden, Wasser, Licht), welche Pflanzen für den Standort geeignet sind (Liste), welche wir haben wollen (Liste zusammengestrichen).

Je nach Teilnehmer*innen-Anzahl, Vorwissen und Diskussionsfreudigkeit sowie Größe und Gestalt des zur Verfügung stehenden Geländes sollten ca. drei bis vier Stunden je Workshop eingeplant werden.

Der zweite Planungsworkshop: Konkret vor Ort

Schwerpunkt des zweiten Workshops ist die konkrete Planung
vor Ort, bei der ein Pflanz- und Pflegeplan erstellt wird.
Ein Gelände ohne Macken wird es in der Stadt kaum geben.
Auch deshalb ist eine maßstabsgerechte Skizze des Grundstücks
für die spätere Pflanzung sehr hilfreich. Sie sollte auch Hindernisse (z.B. betonierte Teilflächen, auch Altbestand an Bäumen
und Sträuchern) aufzeigen, die mit ihren Ausmaßen für die geplante Pflanzung zu beachten sind. Werden andere Dinge in die
Hecke integriert – in unserem Fall Bienenhütte und Sitzgruppen
– sind diese auch in den Plan einzubeziehen. Das Wichtigste,
die vorgesehenen Gehölze, wird so eingetragen, dass auch für
Unbeteiligte beim späteren Pflanzen klar zu erkennen ist, wo sie
stehen sollen.
Wie auf dem Bild oben könnte dann ein Pflanzplan, den man
mit der Hand oder mit dem Computer zeichnen kann, aussehen.
Bei der Kalkulation der Gehölze sollte eine bestimmte Summe

149

Themen Workshop II

- Vertiefung der Kenntnisse über die geeigneten Arten/Sorten, die für den speziellen Standort in Frage kommen
- Erarbeitung des Pflanzplanes
- Erarbeitung eines Pflege- und Entwicklungsplanes
- Planung der Umsetzung: zeitlicher Ablauf, wann kann/soll gepflanzt werden, was ist vorher zu erledigen, Aufteilung in handhabbare Bauabschnitte
- Bedarfsermittlung Material/Werkzeug/Arbeitskraft:
  - Pflanzenanzahl bestimmen, Bodenvorbereitung und ggf. -verbesserung
  - erforderliche Werkzeuge beschaffen (Kauf, intern vorhanden, ausleihen)
  - Wer kann die Arbeiten übernehmen, wie viele Leute werden gebraucht?
  - Brauchen wir Profis zur Unterstützung?

für Nachpflanzungen eingeplant werden, weil es immer kleinere Ausfälle geben kann – einige Pflanzen wachsen nicht an, andere überstehen die erste Trockenperiode nicht.

Je besser die Pflanzenqualität, umso höher der Preis. Hier heißt es – eventuell mit Hilfe eines Profis – einen gesunden Kompromiss zu finden. Fachkundige bedenken auch das Pflanzalter: Wo man sich vielleicht gleich einen großen Baum oder Strauch wünscht, der den Platz gut füllt, zeigt die Erfahrung, dass sich Jungpflanzen häufig besser an die örtlichen Bedingungen anpassen. Zudem sind sie preisgünstiger als ältere Exemplare. Allerdings braucht es schon Phantasie, beim Blick auf die zarten, im größeren Abstand stehenden Gehölze die dichte Hecke zu erahnen, die sie später einmal werden sollen.

Die Anzahl der erforderlichen Pflanzen können wir einfach am Plan abzählen.

Noch zu beachten ist die Pflanzzeit. Sträucher und Bäume kann man im Frühjahr wie auch im Herbst pflanzen. Ist das Frühjahr trocken, kann es allerdings Probleme geben, und auch später starker Frost ist gefährlich. Aus unserer Erfahrung ist eine

Herbstpflanzung günstiger zu beurteilen.

Und damit die Wasserhaltung verbessert und das Wachstum von Wildkräutern und Gras zunächst etwas gebremst wird, sollte man großzügig Rindenmulch einplanen. Er wird zwischen den Pflanzen verteilt und bildet eine geschlossene Decke.

Nach der Planungsphase: endlich pflanzen!

Zum Gruppenpflanztermin braucht es viele kräftige Hände, übliche Gartengeräte (Spaten, Schaufel, Harken und Schubkarren sowie eine gute Gartenschere) und natürlich Wasser aus Schlauch oder Kanne.

Zum Transport von Pflanzen, Erde, Pflanzpfählen, Mulch ist ein entsprechendes Fahrzeug unumgänglich – eigene Ressourcen sind auch hier zu prüfen, ebenso die Möglichkeit von Social Sponsoring durch Autoverleihfirmen.

Wichtig ist es bei der Frühjahrspflanzung auch, immer mal wieder nachsehen, wie es den Pflanzen geht, und gegebenenfalls Wildwuchs, der sich zu sehr ausbreitet und mit den Neupflan-

Bentonit

Ein Gestein aus verschiedenen Tonmineralien, was seine starke Wasseraufnahme- und Quellfähigkeit erklärt. Es enthält weitere Begleitmineralien wie Quarz, Feldspat, Pyrit. Es entsteht durch Verwitterung aus vulkanischer Asche (s. a. http://de.wikipedia.org/wiki/Bentonit).

zungen konkurriert, rechtzeitig zu entfernen. Wässern ist dank Mulchdecke nur bei längerer Trockenheit nötig, da die Pflanzen sich an den Standort anpassen. Wenn gewässert wird, muss es gründlich sein, nach der Faustregel: Lieber einmal richtig viel wässern als dreimal nur die Oberfläche nass machen. Stellt man ein kleines flaches Gefäß in den Bereich des Rasensprengers, sollten einige Zentimeter Wasser anschließend darin zu sehen sein. Außerdem ist es eine gärtnerische Grundregel, Gießen in prallem Sonnenlicht zu vermeiden. Wenn also möglich, früh oder abends wässern bzw. bei bedecktem Himmel, der keinen Regen verspricht.

Bei der Herbstpflanzung einer Hecke muss in den Wochen zuvor das Pflanzbett, also der Boden, vorbereitet werden. Eventuell vorhandener alter Rasen und Bodenhindernisse müssen abgetragen und vorhandene Pflanzen, die nicht integrierbar sind, ggf. umgesetzt werden. Für Betonabrissarbeiten ist ein stärkerer Bohrhammer erforderlich.

Im Bereich der späteren Beerensträucher sollte die Nährstoff-
situation durch Kompost verbessert werden. Bei sehr nähr-
stoffarmen z.B. sandige Böden ist vielleicht trotz genügsamer
Gehölze einige Bodenverbesserung nötig. Für die Pflanzgruben
der größeren Sträucher und Bäume eignet sich ein Gemisch aus
Erde und Bentonit, wodurch die Bindung und die Wasserhalte-
fähigkeit des Bodens verbessert werden. Danach ist alles gut zu
wässern.

Einige Pflanzen wurden „nackt" geliefert, andere als Topf- oder
Ballenware. Die wurzelnackten Pflanzen sind ungeschützt,
so wie sie aus der Erde genommen wurden. Diese Sträucher
sollten in Wasserbottiche gestellt werden, damit sie sich noch
einmal richtig vollsaugen können. Vergehen zwischen Lieferung
und Pflanzung einige Tage, werden sie in nasse Tücher (alte
Säcke o.ä.) eingeschlagen und geschützt gelagert. Vor der Pflanzung kommt der Pflanzschnitt. Zum Anregen des Wachstums
werden Wurzeln und Triebe auf 2/3 eingekürzt, abgeknickte

linke Seite:
Bentonit (im Bauhan-
del unter Betonit zu
finden) ist gut fürs
Wachsen

rechte Seite:
Wässern macht Spaß

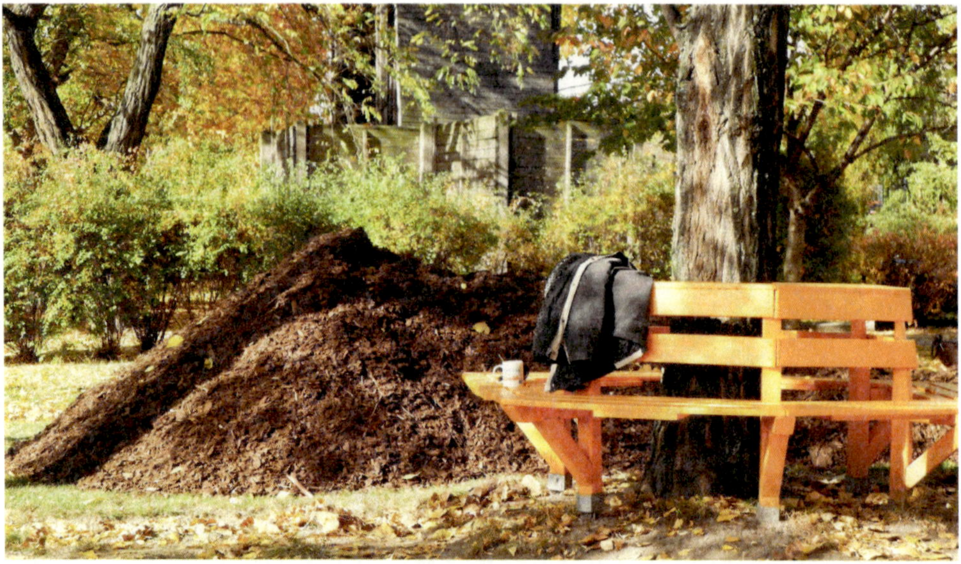

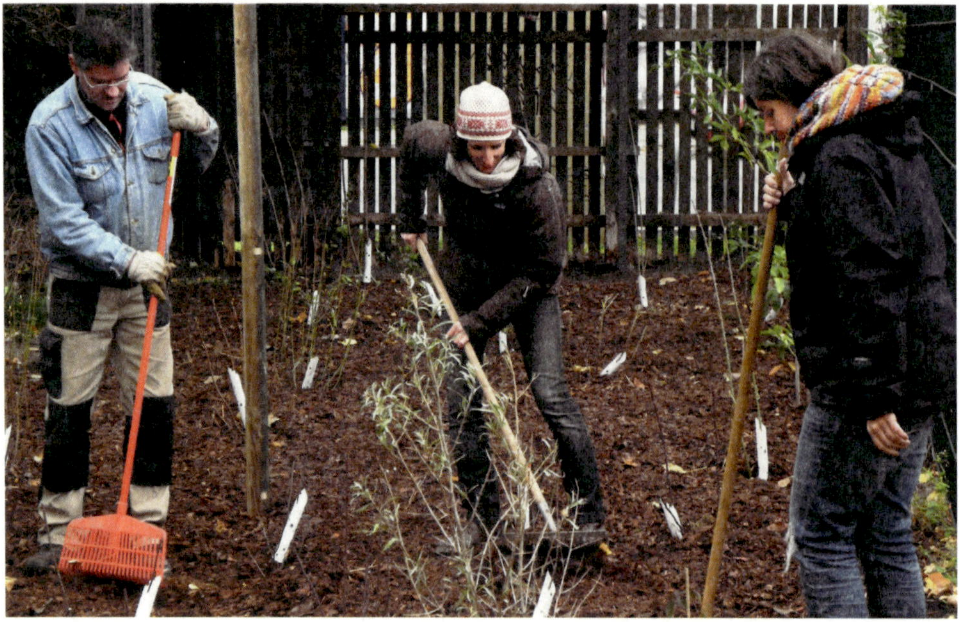

linke Seite oben:
Mulchberge in der
Herbstsonne 2012

linke Seite unten:
Fast geschafft –
Mulchberge abge-
tragen

rechte Seite:
Preiselbeeren mit
Verbißschutz

Teile oder verkrüppelte Triebe müssen auch entfernt werden.
Um die Übersicht bei einer größeren Aktion zu behalten, ist es
wichtig, die Arbeit gut zu verteilen. Zwei bis drei Helfer*innen
bereiten die Pflanzen vor (Gebinde aufschneiden, Pflanzschnitt
vornehmen). Ein oder zwei Teilnehmer*innen legen sie nach
Plan aus (etwa da, wo sie später stehen sollen). Dann können
die anderen Gruppenmitglieder die Pflanzlöcher graben und
den Bodenverbesserer einbringen. Die Bäume bekommen
Stützpfähle, mit denen sie verbunden werden. Wird der Stütz-
pfahl noch vor dem Jungbaum in das vorbereitete Loch ge-
senkt, umgeht man die Gefahr einer Wurzelverletzung.
Es folgt das Einsetzen der Pflanzen und das Festtreten des Bodens, sodass das Wasser später in eine kleine Mulde, den Gieß-
rand, fließt. Danach unbedingt gründlich wässern!
Wenn alles im Boden ist, folgt als Sahnehäubchen eine gute
Schicht Rindenmulch zum Schutz gegen Austrocknung und
Unkraut oben drauf.

Zum Schluss kann ein Wildverbiß-Schutz „aufgewickelt" werden. Er hat im städtischen Gemeinschaftsgarten vor allem den Vorteil, dass auch unerfahrene Pflegehelfer*innen später unterscheiden können, was als Wildwuchs zu entfernen ist und was stehen bleiben sollte!

Vom Pflegen, Ernten und Verarbeiten

Auf der Pflanzfläche von Laskerwiese und E-LOK hatten die meisten Sträucher und Bäume den Winter gut überstanden. Im Frühjahr 2013 grünte und blühte es. Johannisbeeren, Aronia und Preiselbeeren zeigten sehr gute Blütenansätze. Der Holunder trug ein paar Dolden und auch die Mispel hatte geblüht.

Im Sommer muss im ersten Jahr vermutlich gelegentlich gewässert werden, besonders bei sehr sonnigen und windexponierten Lagen. Es müssten evtl. auch zugewanderte Wildkräuter entfernt werden, eine dicke Mulchschicht hält diese aber im Zaum. Im Herbst können Pflanzen ersetzt werden, die nicht richtig angewachsen oder vertrocknet sind; und es wird noch einmal Mulch aufgetragen. Im Winter folgen dann eine Begehung und die Beratung des Pflegeschnitts. Er kann bei frostfreiem Wetter erfolgen. Bei einigen Pflanzen befördert der Schnitt den Ertrag (Johannisbeeren), bei anderen eine erwünschte Wuchsform. Wieder andere muss man gar nicht schneiden (Heidelbeeren, Preiselbeeren).

Der konkrete Pflegeplan wird immer vom Wuchsfortschritt abhängen, vom Wetter sowie den unerwünschten Pflanzen. Danach richten sich notwendige Arbeiten wie Wässern und Konkurrenten entfernen. Etwas später erfolgt dann der Schnitt, damit sich alle Gehölze gut entfalten können: Zum Zaun hin ist eher geschlossener Wuchs gefragt, in den Garten hinein lockerer, damit ausreichend Platz guten Ertrag bringt.

Die meisten Früchte werden auch von Vögeln gerne genommen. Sind Bäume und Sträucher groß genug, bieten sie ihnen sichere Nist- und Unterschlupfmöglichkeiten.

Bezeichnung Pflanze	Nutzen Natur	Nutzen Mensch
Hundrose,Feldrose, Hechtrose (Rosa canina, avensis, glauca)	Bienenweide, wehrhaft	Verwertung von Blüten und Früchten
Berberitze (Berberis vulgaris)	Bienenweide, wehrhaft	Verwertung von vollreifen Früchten
Felsenbirne (Amelanchier ovalis)	Bienenweide	Verwertung von Früchten
Apfelbeere (Aronia)	Bienenweide	Verwertung von Früchten
Kornelkische (Cornus mas)	Frühe Bienenweide	Verwertung von Früchten
Sanddorn (Hippophae rhamnoides)	Bienenweide, wehrhaft	Verwertung von Früchten
Schwarzer Holunder (Sambucus nigra)	Bienenweide	Verwertung von Blüten und Früchten
Zierquitte (Strauch) (Chaenomeles japonica)	Bienenweide, wehrhaft	Verwertung von Früchten
Quitte (Baum) (Cydonia oblonga)	Bienenweide	Verwertung von Früchten
Mispel (Baum) (Mespilus germanica)	Bienenweide	Verwertung von Früchten
Stachellose Brombeere (Rubus fruticosus)	Bienenweide	Verwertung von Früchten (roh und verarbeitet)
Johannisbeere (Ribes)	Bienenweide	Verwertung von Früchten
Haselnuss (Corylus avellana)	Frühe Bienenweide	Verwertung von Früchten (roh und verarbeitet)
Heidelbeere (Vaccinium myrtillus)	Bienenweide	Verwertung von Früchten (roh und verarbeitet)
Preiselbeere (Vaccinium vitis-idae)	Bienenweide	Verwertung von Früchten (roh und verarbeitet)
Purpurweide (Salix purpureae)	Frühe Bienenweide	Zweige für Flecharbeiten

Rezepte

Zur Verarbeitung der Früchte und Blüten sowie zur Nutzbarmachung anderer Pflanzenteile gibt es sehr viel Literatur und diverse Veröffentlichungen im Internet. Daher beschränken wir uns hier auf eigene Erfahrungen und selbst erprobte Rezepte.

Unsere Rezepte sind im Laskerwiesen-Blog zu finden.

Ganz wichtig ist es, nur reife und gesunde Früchte zu verarbeiten. Weil viele Früchte unterschiedlich reifen, kann man regelmäßig ernten gehen, manchmal über mehrere Wochen. Verschiedene **Wildrosen** wachsen auch auf dem Gelände des Bürgergartens. Ihre Blüten kann man getrocknet gut für Duftkissen verwenden, für selbst gemachte Badezusätze oder für Teemischungen. Das Aroma ist Geschmacksache, deshalb sollte jede*r selbst ausprobieren, bis die Lieblingsmischung gefunden ist.

Etwas aufwändiger ist die Nutzung ihrer Früchte (Hagebutten) für Tee oder Konfitüren bzw. Fruchtaufstriche und Gelees.

Hier werden die reifen Früchte gewaschen, aufgeschnitten und von den Stiel- und Blütenansätzen sowie den Kernen befreit. Getrocknet können sie dann einen Tee ergeben. Frisch mit anderen Früchten (oder solo) mit Zucker verarbeitet sind sie ein schmackhafter Brotbelag. Die fleischigen Sorten sind etwas ergiebiger, schwarze Hagebutten ergeben dagegen eine interessante dunkelrote Färbung. Wenn Äpfel und Hagebutten etwa im Gewichtsverhältnis 3:1 genommen werden und das mit 3:1 Gelierzucker gekocht wird, ergibt es einen sehr aromatischen, säuerlichen Fruchtaufstrich.

Bei den **Berberitzen** können die Früchte getrocknet in Teemischungen genommen oder genau wie andere getrocknete Früchte im Gebäck verarbeitet werden. Die Säure ergibt einen interessanten Geschmack. Man kann sie aber auch zu Säften und Fruchtaufstrichen verarbeiten.

Die Früchte der **Felsenbirne** verarbeiten wir seit Jahren im Bürgergarten in gemischten Fruchtaufstrichen mit Beerenobst. Die Früchte schmecken süß – wenn sie dunkelrot sind, können sie auch mal pur genascht werden. Der Pektingehalt ist recht hoch. Das beschleunigt z. B. in Verbindung mit Erdbeeren und Johannisbeeren den Geliervorgang. Je nachdem, was gerade reif ist, werden auf 900 g Beeren (gewaschen und verlesen) 300 g Gelierzucker 3:1 gegeben, gut durchschütteln und etwas stehenlassen, dann aufkochen (dabei immer mal umrühren) und leicht köcheln lassen bis zur erfolgreichen Gelierprobe. (Einen großen Tropfen der Flüssigkeit auf einen glatten Teller geben und kreisen lassen, wenn nichts weiter verläuft, kann abgefüllt werden).

Die **Apfelbeere** oder **Aronia** hat schon im ersten Jahr sehr gut getragen. Wenn die Beeren fast schwarz sind, können sie geerntet werden. Auch sie haben sehr viel Pektin (sie gelieren also schnell) und eignen sich zum Trocknen für Teemischungen, für Fruchtaufstriche und Säfte. Da unser Standort eher trocken ist, haben auch die Früchte nicht viel Saft. Daher eignen sie sich eher als Zusatz. Ihr Geschmack erinnert an Äpfel, also haben wir sie im gemischten Fruchtaufstrich verarbeitet, ebenfalls mit 3:1 Gelierzucker wir zuvor beschrieben.

Die **Kornelkirsche** sieht nicht nur aus wie eine ovale Kirsche, die vollreifen Früchte schmecken auch ähnlich wie saure Kirschen. Man kann getrost mal eine roh naschen. Der Stein löst sich meist nicht leicht vom Fruchtfleisch. Auch getrocknet schmecken sie köstlich. Wenn nur geringe Mengen vorhanden sind, wie bei uns, kann man sie mit anderen Früchten mischen. Sollten die Erträge es einmal hergeben, können sie aber auch als Gelee in reiner Form verarbeitet werden.

Sanddorn – der wächst auch schon in anderen Bereichen des Bürgergartens und kann u.a. zu Likör und Fruchtaufstrich verarbeitet werden. Die Früchte sind relativ sauer.

Schwarzer Holunder ist eine sehr vielseitig verwendbare Pflanze. Aber man muss sich entscheiden, will man später Beeren ernten oder macht man vorher etwas aus den Blüten, beides geht nicht. Da es Holunder als wilde Pflanze sehr häufig in Berlin gibt, haben wir ihn auch schon immer verwertet.

Ob als Gelee oder Saft, egal – Holunder schmeckt einfach toll im Winter. Kinder trinken den warmen Saft gerne als Fiebermedizin. Man kann ihn ganz einfach im Dampfentsafter herstellen, dann braucht man auch nicht alle Stiele zu entfernen und ein paar unreife Beeren machen ebenfalls nichts.

Mispel - Mespilus germanica

Trotz ihres Namens kam sie von weither zu uns – die Römer brachten sie über die Alpen. Bekannt und geschätzt war sie besonders als Obstbaum von der Antike bis ins Mittelalter. Karl der Große schrieb den Klöstern ihren Anbau vor, in Bauerngärten war sie fester Bestand. Die Mispel liebt sonnige, geschützte Standorte und blüht cremeweiß im Mai und Juni.

Die Ernte erfolgt etwa Ende Oktober bis November, am besten nach dem ersten Frost, der die Mispeln genießbar macht. Danach ist sie schnell zu pflücken und zu verarbeiten. Oder man erntet sie früher und lagert sie kühl und trocken einige Wochen ein. Die Frucht ist in der Reife weich, bräunlich und ledrig. Man kann die Schale leicht abziehen. Mispeln schmecken süß-säuerlich. Sie kann roh (Fruchtfleisch ohne Schale und Kerne) oder verarbeitet gegessen werden. Ihr Aroma passt ausgezeichnet zu dem der ebenfalls spät im Jahr geernteten Quitte und ergibt eine schmackhafte Marmelade. Früher hat man sie auch in Honig kandiert.

Was der Mensch nicht nutzt, holen sich gern Vögel, Insekten oder Kleinsäuger.

Zierquitte, Quitte und Mispel haben etwas gemeinsam – sie sind relativ herb, hart und pektinreich. Die echten Quitten, egal ob Birnen- oder Apfelquitte, haben einen charakteristischen „Fellüberzug" und duften sehr intensiv. Birnen und Quitten passen sehr gut zusammen als Kompott.

Quittengelee kann aus Quitten hergestellt werden, indem man die Früchte abreibt, dann das Kerngehäuse entfernt und die Frucht in kleine Stücke schneidet. Die Fruchtstücke setzt man mit 3 : 1 Zucker und einer ¼ Tasse Wasser auf, vorsichtig rühren. Es setzt sich eine Flüssigkeit ab. Wenn die Quitten weich genug sind, diese abgießen und wenn nötig noch etwas einkochen. Das ergibt ein wunderbar aromatisches, klares Gelee. Und alles andere rührt man durch die „flotte Lotte" (Passiermühle) und streicht den Brei auf ein Backpapier. Das muss nun trocknen und hin und wieder gewendet werden. Wenn es fertig ist, hat es die Konsistenz von Gummibärchen, kann in kleine Quadrate oder Rauten geschnitten und als „Quittenbrot" gegessen werden. Eine süß-saure Leckerei, die sich auch gut zum Verschenken eignet (Ähnliches lässt sich übrigens auch aus Aprikosen machen).

Mispeln und Zierquitten sind ähnlich zu verwenden. Wenn man nur geringe Mengen zur Verfügung hat, kann man sie in einem gemischten Fruchtmus verarbeiten, zusammen mit Äpfeln.

Nun kommen noch die klassischen Beeren: **Johannisbeeren, Brombeeren, Heidelbeeren und Preiselbeeren**. Sie wurden auch im Garten schon gepflanzt, und zwar in verschiedenen Sorten. Die Ernte bei Johannisbeeren und Brombeeren ist recht ordentlich und sie können sowohl sortenrein als auch gemischt verarbeitet werden. Der schon erwähnte 3:1-Zucker lässt den Fruchtgeschmack und die Säure gut zur Geltung kommen und es geht relativ schnell. Der Kreativität sind aber keine Grenzen gesetzt, Saft (direkt gepresst oder mit dem Dampfentsafter) oder auch der Ansatz mit Hochprozentigem ist möglich.

Alle unsere Pflanzen in der Wildobstgehölzhecke sind auch eine gute Bienenweide – so kommt als Ertrag zu Gelees, Saft und Marmeladen dann auch noch Honig. Aber das ist schon der nächste Abschnitt …

Voraussetzungen für Bienenhaltung

„Die Bienenhaltung ist in Gebieten mit aufgelockerter Bebauung und mit Gartenanlagen ohne weiteres möglich … In reinen Wohngebieten mit dichter Bebauung ist sie nicht gestattet … Das Grundstück, auf dem die Bienen gehalten werden, sollte bei geeigneter Bebauung und Bepflanzung eine Größe von 500 qm haben … Dort, wo die Möglichkeiten … gegeben sind, kann man stets 3 bis 5 Bienenkästen aufstellen … Die Flugöffnung der Bienenkästen soll nicht in Richtung des Zaunes liegen. Am besten pflanzt man am Zaun zum Nachbargrundstück eine 2 m hohe Hecke oder bringt einen gleichhohen Sichtschutz an … Die Aktivität der Bienen wird durch eine rasche Erwärmung des Standplatzes am Morgen und eine windgeschützte Aufstellung gefördert. Die Magazine sollten im Schatten oder Halbschatten stehen … Im Umkreis von 1 bis 2 km um den Bienenstandort muss die Vegetation während Frühjahr und Sommer eine kontinuierliche Versorgung mit Nektar, Honigtau und Pollen gewährleisten … Prüfen Sie deshalb gemeinsam mit einem Imker, ob die Voraussetzungen für die Aufstellung von Bienenvölkern gegeben sind." www.imkerverband-berlin.de

Mittendrin ein Bienenhaus

Aller Anfang ist – gute Information! Erst seit einigen Jahren wächst das Wissen, dass auch in Städten mit ihrer dichten Bebauung Imkerei möglich und erfolgreich ist. Die Berliner*innen pflegen sie – am Stadtrand, in Gartenanlagen, auf Dächern und auch auf geeigneten Balkons. Wir imkern auch. Die Bienen sammeln am Ostkreuz fleißig ihren Honig. Immobilienmakler würden sagen: in bester Citylage, und die Quadratmeterpreise erhöhen sich. Die Gärtner*innen und Imker*innen des Bürgergartens Laskerwiese erhöhen stattdessen ehrenamtlich und (fast) uneigennützig die Blütenmenge …

Der Start: Haus- und Beutenbau

Die interessierten Mitglieder des Bürgergartens Laskerwiese gründeten eine Imker-AG, darunter ein Fachmann und mehrere Interessierte ohne Vorwissen. Der Winter wurde für intensive Planung und Vorbereitung und den Besuch des Bienenhauses in der benachbarten Schulfarm genutzt. Dabei änderte sich die ursprüngliche Überlegung einer halboffenen Bienenschutzhütte

Beutenbau

Eine gute Beute muss die Bienen in ihrer natürlichen Lebensweise unterstützen (Bienenabstand). Sie soll die Haltung starker Völker ermöglichen, mit der Volksstärke wachsen und schrumpfen können, preisgünstig und möglichst im Selbstbau herzustellen sein. Die Arbeit des Imkers sollte sie unterstützen und minimieren und so ökologisch wie möglich hergestellt werden können (aus: de.wikibooks. org/wiki/Einführung_in_die_Imkerei/_Beuten).

– besser ist an einem öffentlich zugänglichen Standort ein verschließbares Bienenhaus mit Fenstern, Tür und Flugöffnungen. Das hat mehrere Vorteile: Es schützt vor möglichem Vandalismus und es können Sitzbank, Regale, Podeste hinein, um Imkerutensilien griffbereit zu haben und die Beuten auf bequemer Höhe.

Mit einer Kleinfirma für Zimmermannsarbeiten wurde der Bedarf abgestimmt und in Zusammenarbeit mit Zimmerer-Azubis eine erste Planskizze erstellt. Die Tischler der E-LOK und begabte Laienhandwerker*innen standen für den Innenausbau bereit. Wie geplant wurden im März von den Zimmerern die Grundlagen der Bienenhütte errichtet und das Dach gedeckt. Soviel zur äußeren Hülle.

Die Bienenstöcke, Beuten genannt, kann man kaufen. Es gibt sie aus Styropor, dann sind sie leichter zu transportieren. Und man kann hölzerne Beuten kaufen. Verschiedene Größen, verschiedene Holzarten, nicht ganz billig. Und man kann die Beuten auch selber bauen …

Bienenwohnung selbstgebaut – viele Rähmchen in einer Zarge

164

Der Winter war lang, der Ehrgeiz groß: Von einer geliehenen leeren Beute wurden Maße genommen, Imker*innen und Tischler*innen bastelten wöchentlich und besahen das Ergebnis zuerst kritisch, dann zunehmend zufriedener. War die erste Beute aus Lärche, wurden die folgenden aus leichterer Fichte gefertigt. Da sie im Haus stehen, sind sie vor Regen und Schnee geschützt. Leinöl auf Fichtenholz ist ausreichend und bienenfreundlich. Im Frühjahr waren zwei ansehnliche Beuten mit mehreren Stockwerken (Zargen) fertig.

Imkerin Ella im Laskerwiesen-Blog (Freitag, 15. März 2013)
... Die Laskerwiese ist seit einem Jahr auch „Bienenwiese".

Im Mai 2012 bekamen wir zwei Ableger-Völker.

Ableger-Völker sind so ein bisschen wie Kinder-Völker, sie sind noch nicht voll entwickelt, also zahlenmäßig klein. Man „gewinnt" sie, indem man aus einem gewöhnlichen Volk, das stark und gesund ist, 2 oder 3 Waben mit Brut entnimmt sowie die Bienen, die auf diesen Waben sitzen, und das Ganze in einen neuen Bienenstock reintut.

Was ist mit der Königin?

Jedes Bienenvolk braucht eine Königin, sonst kann es keine neuen Bienen hervorbringen. Da eine Biene im Sommer nur einen guten Monat lebt, braucht es ständig Nachwuchs. Man kann Königinnen fertig kaufen. Man kann aber auch die Bienen sich eine Königin ziehen lassen. Wichtig ist, dass in den Waben Brut ist, die nicht älter als einige Tage ist, also frische Eier. Denn eine Königin entsteht aus einem ganz normalen Ei, nur muss die Larve sehr bald anders gefüttert werden, nämlich mit dem berühmten „Gelée royale". So kann sich ein Ablegervolk seine neue Königin selbst „machen".

Da Ende Mai schon recht spät ist im Bienenjahr, haben wir uns darauf konzentriert, dass sich unsere Völker gut entwickeln. Die Honigernte stand nicht im Vordergrund. Wir haben den Bienen ihren Honig weitgehend gelassen, damit sie sich stärken für den kommenden Winter. Unsere Aufgabe war es vor allem, die Völkchen gut über den Winter zu bringen.

Und was soll ich sagen? Wir haben es geschafft! ☺

Sie leben! Sie fliegen!

Für dieses Jahr haben wir uns zweierlei vorgenommen.

1. Honig ernten!

2. Aus unseren zwei Völkern vier machen – per Ableger ...

Integriert in die Hecke – Trachtpflanzen

Buchweizen ist ein einjähriges, krautiges Knöterichgewächs, keine Getreideart. Seinen Namen verdankt er dem dunklen, dreikantigen Samen, der an Bucheckern erinnert. Er wird bis zu 100 cm hoch und blüht von Mitte Juli bis Ende September. Buchweizen wird seit dem Mittelalter in Deutschland angepflanzt. Er wächst auf mageren Böden und war eine wichtige Ackerpflanze in Heide- und Moorlandschaften, in denen echter Weizen nicht gedeiht. Buchweizen besitzt weiße bis rötliche Blüten und ist eine gute Trachtpflanze, da er pro Pflanze bis zu 1800 Blüten bildet. Er liefert spät im Bienenjahr reichlich Nektar und Pollen.

Die ersten Scouts von Bienen aus der nahegelegenen Schulfarm mit einer großen Imkerei hatten sich schon in die Tischlerei verirrt und die potenziellen Wohnungen interessiert umkreist. Bevor sie die Tischlerei kaperten, packten die Imker*innen im sonnigen Mai die leeren Beuten und fuhren sie zur Farm, wo einige Völker ausschwärmbereit waren. Es gelang – Mitte Mai zogen die ersten Bienen ein: Diese Ablegervölker der Schulfarm, wo seit über 20 Jahren geimkert wird, bieten gute Grundlagen für gesunde, friedliche und sammelfleißige Bienen.

Bienenfleißig oder Viele Köche – guter Honig!

Die ersten Erfolge motivierten ungemein, es kamen neue Interessierte dazu. In ihrer zweiten Saison starteten sie richtig durch: Imker*innen und Tischler*innen berieten fast wöchentlich, was beim Bau neuer Beuten und eines Schaukastens zu beachten war. Mit einem jungen Produktdesigner entwarf die AG die Etiketten für die Ernte 2013. Es wurden Hochbeete gebaut, die, rund um die Bienenhütte verteilt, ab Frühjahr vor allem Bienenweide-Pflanzen erhielten – darunter Buchweizen, der lange und ausdauernd blüht.

Wenn die Hecke mit Imkerei kombiniert wird, benötigt das Bienenhaus, bis die Pflanzen groß genug sind, je nach Lage einen Sichtschutz. Der hilft gegen pralle Sonne und lenkt den Flug der Bienen hoch hinaus, so dass sie nicht mit Menschen kollidieren. Das haben wir beachtet.

Neben den zwei „alten" Völkern wanderten zwei neue aus der Schulfarm bzw. aus dem eigenen Bestand in die schönen, bienenfreundlichen Holzbeuten. Vier Völker also, trotz schwierigen Frühjahrs-Wetters, konnten wir bis zum Spätsommer ca. 40 Kilo Honig sammeln.

Die erste, noch kleine Ernte, wurde am langen Tag der Stadtnatur „erbeutet", Kinder und Erwachsene staunten gleichermaßen über das fließende Gold, das aus den Waben floss … Weitere Treffen wurden vereinbart, Termine mit dem Imker*innen beraten. Der im Winter gefertigte Schaukasten wurde angebracht, schwenkbar, bei Führungen von zwei Seiten einsehbar und dann dicht umringt …
Seitdem sind gefüllte Waben, wuselnde Arbeiterinnen und große Königin im Sommerhalbjahr gefahrlos zu bewundern.

Bienenweide

„Eigentlich gibt es nur sehr wenige Pflanzen, die NICHT zu empfehlen sind im Hinblick auf Insektenfreundlichkeit. Das sind vor allem gefüllte Zuchtformen von Blumen (Prachtrosen, Geranien …), aber so was gibt es hier ja eh kaum.
Die wichtigsten Maßnahmen für einen bienen- (auch Wildbienen, zu denen Hummeln zählen!) freundlichen Garten:
- Verzicht auf Pflanzenschutzmittel (nur B4-Kategorie erlaubt)
- Wiese (nur 2x pro Jahr gemäht) statt geschlossene Oberflächen …"
(Aus der Mailingliste des Bürgergartens Laskerwiese)

Aus dem Laskerwiesen-Blog

Dienstag, 9. April 2013　　　　　**Kalter Frühling**
Die Bienen leiden. Der verzögerte Frühlingsbeginn hat auch ihnen zugesetzt.
Seit Sonntag fliegen sie aus, es ist jetzt warm genug, sie finden bloß kaum Nahrung, da noch
nichts blüht.
Wir haben die Völker noch nicht richtig durchgesehen, da sie letzten Samstag ein erbarmungs-
würdiges Bild boten. Sie haben überlebt, aber wirken schwach ... Die Bienen wollen Nachwuchs
machen, die Natur bietet aber noch nicht die Bedingungen, ihn zu ernähren.
Also bitte alle Daumen drücken: Auf dass sich die Blütenknospen öffnen ...!

Samstag, 13. April　　　　　**Die Bienen tragen Pollen ein!**
Keine Ahnung, wo sie DEN her haben, es blüht doch kaum etwas (und auf die dreieinhalb
Krokusse stürzen sich ja nicht nur „unsere" Bienen ...)
Ja, es ist klein, aber man sieht doch deutlich die gelben „Pollenhöschen" ...

Samstag, 18. Mai 2013　　　　　**Völkervervielfältigung!**
Vorigen Samstag haben wir zwei Ableger gemacht.
Wir haben dazu aus jedem Volk zwei Waben mit Brut entnommen (wichtig: es musste ganz
junge Brut, nicht älter als drei Tage, dabei sein) und jeweils in zwei neue Bienenkästen (Zargen)
gestellt. In diese Zargen kamen außerdem noch Rähmchen mit Mittelwänden aus Wachs, die
die Bienen dann ausbauen können, sowie je eine Futterwabe, also eine Wabe, in der Honig und
Pollen eingelagert sind. Damit die Bienchen bisschen zu futtern haben beim Neuanfang ...
Soweit die Theorie.

Heute, eine Woche später, stellten wir fest, dass ein Ableger sich nach Lehrbuch verhält
(Königinnenzellen sind angelegt, sonst alles ruhig und okay), der andere aber Rätsel aufgibt ...
Wir warten ab und sind schon sehr gespannt, was uns nächste Woche erwartet ...
Das Allergrößte an dem Tag war, dass wir der Geburt gleich mehrerer Bienen zusehen durften
...

Ungeahnte Synergien

Vom ersten geernteten Honig im Frühsommer gab es für die verschiedenen Jugendclub-Nutzer*innen und -Partner*innen Kostproben, was wiederum ungeahnte Synergien erzeugte.

Synergie 1

Schon lange mit dem Jugendclub verbunden ist LinuxWorks!, eine große Gruppe junger User*innen, die freie Software entwickeln, diskutieren und weitergeben. Ihnen verdanken Park und Club den vor Jahren aufgebauten, längst selbstverständlichen Freifunk in Haus und Gelände. So unterschiedlich Interessen und Kompetenzen zwischen Gärtner*innen und IT-Expert*innen auch sind, so ähnlich ist die Sicht auf Gemeinwohl und Nachhaltigkeit.

Nach den ersten gemeinsam verkosteten Honiggläsern entstand die Idee, die Imkerei auf ihre Art zu unterstützen: Einbau einer Webcam, um solarbetrieben live zu verfolgen, wenn Bienen ins Schwärmen geraten oder fremde Völker einen Angriff starten. Dann nämlich, so die Logik, bewegen sich mehr Honigsucherinnen als üblich am Flugloch – lösen folglich digitalen Alarm aus – die Imker*innen können zeitnah intervenieren …
Außerdem sollen der wachsende Ertrag (mittels Waage) und die Innenwärme (mittels Thermometer) ständig dokumentiert werden. Details sind abzustimmen und Finanzen zu finden, dann haben die Laskerwiesen-Bienen alle Chancen, auch gartenferne Nerds zu begeistern. Außerschulische Bildungsarbeit der besonderen Art und gut geeignet, die Jugendlichen am Standort zunehmend zu interessieren.

Synergie 2

Da die Neu-Imker*innen immer sicherer in der Vermittlung ihrer Kenntnisse wurden, gingen sie im zweiten Jahr stärker in die Öffentlichkeit und boten direkt nach den Schulferien Anfang August zwei benachbarten Kitagruppen einen Honigernte-Vormittag an. Das Ergebnis: begeisterte Kinder, die Honig-

169

gläschen nach Hause und Eltern postwendend am Nachmittag vor Ort schleppten, um ihnen die Bienen zu zeigen. Begeisterte Eltern, die um Fortsetzung baten. Und viele gefüllte Gläser, die doppelte Rarität beinhalten – Honig vom Ostkreuz und sehr spezielle Abfüller*innen …

Im Jugendclub klebten noch tagelang die Stühle, die die Kinder begeistert mitversüßt hatten …

Damit waren zwei spannende Anfänge gemacht, um das interessierte Umfeld kontinuierlich einzubeziehen.

Sitzgruppe

Eine Sitzgruppe an der Hecke, die Jugendlichen gefallen soll, muss ihren Nerv treffen. Wer kennt den besser als sie selbst? Bei uns war es so:

Die Workshops haben wir als lockere Runde im offenen Besucherbereich organisiert, unterstützt durch optische Anregungen (Fachbücher, Websites), um zu zeigen, was alles möglich ist. Am stärksten interessierten runde, geschwungene Formen, Nischen, Dach waren gefragt. Und eine breite Bank zum Chillen. Einige wollten nur diese und wurden überstimmt.

Zur nächsten offenen Runde wurden Holzfachleute und ein junger Designer hinzugezogen, so dass die Wünsche schnell auf Machbarkeit abgeklopft und in 3-D-Verfahren auch gut sichtbar wurden. Das Ergebnis war eine Mischung aus überdachter Sitzgruppe und breiter Chill-Bank.

Für die kleineren Kinder planten die zukünftigen Nutzer*innen (Eltern, benachbarte Kita) ein buntes Holzauto zum Hinein- und Herauskrabbeln. Anregung dazu fand sich beim Allmende-Kontor auf dem Tempelhofer Feld (siehe Kapitel 2).

Die Umsetzung der Sitzgruppe für die Jugendlichen leitete eine junge Zimmerin kurz vor Beendigung ihrer Ausbildung. Die 3-D-Zeichnung des Designers erhielt die notwendigen Maße (was im Workshop glatt vergessen wurde), Material wurde bera-

ten, berechnet und besorgt. Zugleich wurde der Boden begradigt, mit Kies verfüllt, stabile Holzbalken als Unterbau gelegt. Danach wurde es schwieriger – die junge Fachfrau entwickelte mit Kollegen, einer Teilnehmerin im Freiwilligen Ökologischen Jahr und interessierten Jugendlichen aus der Vorlage schrittweise das komplizierte, aufwendige Sitzmöbel, stabil, optisch anziehend durch die viele Bögen, ein guter Kontrast zum Gebäude und bisherigen Gartenmöbeln, wo rechte Winkel überwiegen. Da die Zimmerin auch malt, schnitzt und gärtnert, sind diverse Extras inbegriffen. Auf das Berufsbild Zimmermann jedenfalls erhielten die Stammbesucher*innen des Clubs eine völlig neue Sicht. Und die Gruppe eine sehr vorzeigbare Chillecke.

Viele Leisten, viele Bögen, viel Geduld: 3-D-Design + gutes Handwerk = besondere Chillecke für Jugendliche

Fazit

Das Gelingen eines Gemeinschaftsprojekts hängt von vielen Voraussetzungen und einer regen, anhaltenden Beteiligung ab. Man sollte deshalb einerseits den konkreten lokalen Bedingungen wie dem ökologischen Standort (z.B. Bodenqualität, Sonneneinstrahlung), dem Bedarf und den Fähigkeiten der Menschen des Projekts und auch der Nachbarschaft sowie den finanziellen Rahmenbedingungen genügend Beachtung schenken (siehe Kapitel II). Andererseits sollten die Beteiligten ihre Stärken selbstbestimmt einbringen können, denn damit wächst die Zufriedenheit und Identifikation mit dem Erreichten. Ein partizipativer Ansatz (siehe Kapitel VI), bei dem die Ziele, Bedürfnisse und Erwartungen gemeinsam ausgehandelt und umgesetzt werden, kann zu einem langfristigeren Erfolg des Gemeinschaftsprojekts beitragen.

Abbildungsverzeichnis

Wenn das Wasser nicht aus dem Hahn kommt

Von Fachschüler*innen und Lehrer*innen der Peter-Lenné-Schule

Gartenpflanzen gießen? Nichts leichter als das! Ich drehe den Hahn auf, stelle die Gießkanne drunter, schließe den Schlauch oder Regner an und das Wasser läuft. Ja, wenn es immer so einfach wäre! Gartenprojekte, vor allem wenn sie städtische Brachen zum Grünen bringen wollen, haben oft keinen Anschluss an die Frischwasserleitungen.

Wie können Garteninitiativen also zum einen dezentral, ohne Leitungsanschluss gießen und wie kann das wertvolle Nass möglichst effizient, d.h. auch sparsam, an das Grün gebracht werden? Damit beschäftigten sich über drei Jahre Schüler*innen der Peter-Lenné-Schule unter Anleitung ihrer Lehrkräfte nicht nur theoretisch, sondern auch in praktischer Erprobung und Umsetzung zusammen mit den Gemeinschafts-Gärtner*innen des Allmende-Kontors auf dem Tempelhofer Feld in Berlin (siehe Kapitel II).

Die Erkenntnisse und Erfahrungen aus den drei Jahren Erprobung an diesem Ort sollen beispielhaft und zur Nachahmung an andere Gartenpraktiker*innen weitergegeben werden.

Dezentrales Wassermanagement

Wenn das Wasser nicht aus dem Hahn kommt

Die Peter-Lenné-Schule (Oberstufenzentrum Agrarwirtschaft) ist mit über 1600 Schülerinnen und Schülern die größte Agrarschule in Deutschland. In den Berufsfeldern Floristik, Forstwirtschaft, Gartenbau und Tierpflege wird nicht nur im dualen System ausgebildet, sondern auch auf die Berufsausbildung vorbereitet, fort- und weitergebildet. Kurz gesagt: Berufsvorbereitung, Ausbildung, Studierbefähigung und Weiterbildung, alles im grünen Bereich!

Das Wassermanagement ist dabei ein Schwerpunkt der gärtnerischen Ausbildung und schärft insbesondere das ökologische und nachhaltige Profil der Schule. Neben der Auszeichnung „Umweltschule in Europa – Internationale Agenda Schule 2009" erhielt die der Schule angeschlossene Landesstelle für gewerbliche Berufsförderung in Entwicklungsländern schon zweimal die Auszeichnung „Offizielles Projekt: Bildung für nachhaltige Entwicklung".

Die Projekte zum Wassermanagement sind auf dem Schulgelände in vielfacher Form erlebbar, z.B. in Form einer multifunktionalen Wasseranlage zum Auffangen, Sammeln und Nutzen des anfallenden Regenwassers, verschiedener Elemente einer nachhaltigen Sanitärversorgung oder diverser Kleinprojekte im Bereich der regenerativen Energien. Diese vielfältigen Schulprojekte beziehen nicht nur das eigene Schulgelände mit ein, sondern wurden und werden u.a. nach Kamerun, Indien und Äthiopien transferiert und regen dort zum Nachmachen an.

Zu Beginn des Projektes „Urban Gardening in Berlin" erarbeiteten die Schüler*innen die theoretischen Grundlagen
des Wassermanagements in Urban-Gardening-Projekten. Mit
diesem Wissen wurden später die Flächen des Allmende-
Kontors auf dem Tempelhofer Feld analysiert und ausgewer-
tet. Auf dieser Grundlage wurde eine Bewässerungsanlage
geplant.

In einem nächsten Schritt wurde im Rahmen eines Workshops gemeinsam mit dem Allmende-Kontor ein für diesen
Standort geeignetes Bewässerungskonzept, eine Tröpfchenbewässerungsanlage mit Eigendruck, modellhaft geplant und
umgesetzt. Die didaktische Vermittlung lag in den Händen
der Schüler*innen, die Gärtner*innen bekamen Kenntnisse
und Fertigkeiten für den Bau einer vergleichsweise kosten-
günstigen Bewässerungsanlage vermittelt.

Führung durch die
Peter-Lenné-Schule

Die Ergebnisse und Detailschritte sind auf der Homepage der Peter-Lenné-Schule einsehbar und können als Projektberichte als PDF heruntergeladen werden: www.peter-lenne-schule.de/berufsfelder/garten-bau/urban-gardening.html oder Eingabe „Urban Gardening" im Suchfenster der Startseite.

Im dritten Jahr widmeten sich die Schüler (diesmal nur männliche) dem Bau eines „selbstbewässernden" Hochbeetes. Hier sollte die Wasserversorgung eines Gemeinschaftsbeetes unter Verzicht auf konventionelle Bewässerungssysteme vorrangig mit aufgefangenem Regenwasser erfolgen. Drei Schülergruppen entwickelten unterschiedliche Konstruktionen, von denen in Abstimmung mit dem Allmende-Kontor eine zur Umsetzung ausgewählt wurde. Der Aufbau des Musterbeetes erfolgte in einem zweitägigen Workshop gemeinsam mit den Gärtner*innen des Allmende-Kontors, die es jetzt und in den Folgejahren nutzen können.

Möglichkeiten des Wassermanagements in urbanen Gärten

Wasser zur Bewässerung der Kulturen in „Urban-Gardening-Projekten" erweist sich häufig als begrenzender Faktor bei der Anlage und Etablierung der Gärten. Nur zum Teil ist ein Anschluss an die öffentliche Wasserversorgung gewährleistet, vielerorts muss das Wasser über lange Wege transportiert werden, selten gibt es Zugang zu Oberflächengewässern oder Tiefbrunnen.

Wenn die kostbare Ressource Wasser knapp ist, wenn mit immer längeren Armen volle Gießkannen von weither geschleppt werden müssen leidet nicht nur die Begeisterung und Motivation der Gärtner*innen, sondern in der Folge auch das Grün. Beete drohen zu vertrocknen, wenn die nötige Gießfrequenz nicht mehr aufrechterhalten werden kann. Wenn kein Wert darauf gelegt wird, Wasser zu sparen, dann ist das nicht nur ökologisch fragwürdig und kostspielig, sondern auch im globalen Blick auf Klimawandel und Wasserkonflikte alles andere als nachhaltig.

Es stellt sich also die Aufgabe, Methoden und Lösungen zu entwickeln, die mit vertretbarem technischem Aufwand, für Nicht-Fachleute durchführbar und nicht zuletzt auch kostengünstig dafür sorgen, dass zum einen möglichst wenig Wasser durch Verdunsten verloren geht, dass es zum zweiten sparsam eingesetzt werden kann und dass zum dritten der nötige Bewässerungsaufwand möglichst weit reduziert wird.

Das erreichen wir zum einen durch die Bodenoptimierung mittels bau- und vegetationstechnischer Maßnahmen, zum anderen durch effiziente Wasserzufuhr mittels Tröpfchenbewässerung. Eine auf jeden Fall ökologische, aber je nach örtlichen Gegebenheiten auch ökonomisch sinnvolle Möglichkeit der Wasserversorgung ist das Auffangen, Speichern und Nutzen von Regenwasser. Drei verschiedene Möglichkeiten, die von den Fachschüler*innen der Peter-Lenné-Schule entwickelt und ausprobiert wurden, sind im Folgenden als Bildungsbausteine dargestellt.

I. Bildungsbaustein
Bau- und vegetationstechnische Maßnahmen zur Wasserspeicherung und -einsparung

Methode: Seminar zur Bau- und Vegetationstechnik für mobile Pflanzbehälter / Workshop zum Aufbau eines mobilen Pflanzbehälters

Teilnehmer*innen: Gärtner*innen aus Urban-Gardening-Projekten

Einbeziehung der Teilnehmer*innen: Diskussion und gemeinsame Auswahl der Materialien (Bau eines Pflanzbehälters)

Inhalte und Ablauf des Moduls: Präsentation, Diskussion und Auswahl der Materialien (Befüllen des Pflanzbehälters)

Ort: Urban Gardening Projekte

Dauer: Präsentation und Diskussion ca. 60 Minuten (Aufbau und Befüllung ca. 60 Minuten)

Vorbereitungen und Materialien: Material auswählen und präsentieren; Materialbedarf berechnen

Kosten: Einfacher Pflanzbehälter mit Auslasshahn und Befüllung ca. 10–20 € bei Verwendung von Komposterde als Substrat

Materialien zur Wasserspeicherung und -einsparung

Eine nachhaltige Nutzung von Wasser zu Bewässerungszwecken setzt voraus, dass unnötige Verdunstung vermieden wird und auch kein Wasser ungenutzt versickert. **Verdunstung** lässt sich durch das Abdecken des Bodens mit geeigneten Materialien reduzieren. Die Versickerung von Wasser kann durch den Einsatz von wasserspeichernden Materialien, die dem Boden beigemischt werden, stark verringert werden. Im Folgenden sind verschiedene bau- und vegetationstechnische Maßnahmen zur Wasserspeicherung und -einsparung beschrieben.

Der Bau bzw. die Befüllung des Pflanzbehälters wird im Folgenden nicht genauer beschrieben, könnte aber ein weiterer Bestandteil dieses Bildungsbausteins in Anlehnung an das Musterpflanzgefäß (siehe Abbildung auf Seite 187) sein.

Mulch

Mulchen ist das Abdecken des kahlen Bodens mit organischem Material. Die Natur bedeckt den Boden, wo immer es möglich ist, mit einem Mantel schützender Pflanzen oder im Wald mit Laub, Nadeln und Reisig.

Die Vorteile des Mulchens
* schützt die Kulturböden vor physikalischen Einwirkungen wie z.B. extremen Witterungseinflüssen, starken Winden, schädigendem Austrocknen, Rissbildung, Verkrustung, Erdabtrag (Erosion)
* schützt vor übermäßiger Erhitzung der Bodenoberfläche sowie vor Verschlämmen und Wegspülen durch Wasser
* ist die Nährdecke für alle Bodenlebewesen
* erfüllt die Bedürfnisse nach Nahrung, Wasser, Wärme und Luft; die intensivierte Bodenaktivität ist die Grundlage des angestrebten Idealzustandes (Bodengare)
* vermindert die Verdunstung = spart Wasser
* unterdrückt Samenunkräuter = erspart Arbeit; mindert den Bewuchs von Unkräutern (bei einer Mulchdecke von 3 cm wird der Bewuchs von unerwünschtem Aufwuchs um 68 % unterdrückt, bei Mulchdecken von 5 cm um 90 % und bei 7 cm um bis zu 92 %)

Die Tabelle auf der gegenüberliegenden Seite gibt einen guten Überblick über verschiedene Mulchmaterialien.

Ratschläge zur Mulchpraxis

- ganzjährig lückenlose Bedeckung der Kulturböden erforderlich
- gemulchte Flächen müssen wir völlig ungestört belassen
- gewachsene Unkräuter herausziehen und auf der Mulchdecke liegen lassen
- kurzgeschnittenes oder geschreddertes Mulchmaterial lässt sich leicht verteilen, der Rotteprozess ist überschaubarer und geht zügig voran
- bevor die Rotteschicht aufgebracht wird, sollte der Boden oberflächig mit Ziehhacke oder Sauzahn aufgeraut werden

Erden und Substrate

Erden und Substrate werden für die Kultur von Pflanzen in Gefäßen, folglich auch in Hochbeeten, hergestellt, um das Pflanzenwachstum aufgrund des begrenzten Wurzelraumes und fehlenden Bodenanschlusses zu optimieren. Neben selbst herstellbarem Kompost (oder Komposterde) können auch industriell gefertigte Bodenverbesserungsmittel zur Optimierung des Wasserhaltevermögens der Erden und Substrate eingesetzt werden.

Kompost

Kompost besteht aus organischen Abfällen und kann selbst hergestellt werden. Die Güte des Kompostes ist abhängig von den organischen Inhaltsstoffen und dem Grad der Zersetzung durch die Mikroorganismen. Ein guter Kompost benötigt bis zur Reife mindestens ein Jahr, bevor er in den Boden eingearbeitet werden sollte. Kann eigener Kompost aus zeitlichen Gründen nicht hergestellt werden, kann man „reifen" Kompost ohne Probleme in Erdenwerken zu Preisen von 4,50 bis 10 € pro m³ (ohne Transport) kaufen (Näheres zum Thema Kompost im Kapitel III).

Material	Kulturen	Vorteile	Nachteile	Allgemeines	Preis
Rasen-schnitt	alle	Nährstoff-zufuhr	Zu viel fördert die Fäulnis	dünn ausbringen, 2-3 cm	
Wiesen-schnitt	Gemüse-arten, Tomaten, Kohl, Zucchini	Nährstoff-zufuhr	Evtl. Unkraut-same	dünn ausbringen, 2-3 cm	
Stroh	Erdbeeren, Zuckermais, Gurke, Zucchini, Tomate	gute Belüftung	Stickstoff-fixierung, zusätzliche Stickstoffabgabe	zusätzlich düngen	40 €/100 kg
Brenn-nessel Beinwell-Heu	Gurke, Tomate, Bohnen	dunkle Farbe, (schnelle Erwärmung)	schnelle Zerset-zung, muss oft nachgemulcht werden	eine dicke Auflage von 10 cm ist möglich	175 €/m3
Rinden-mulch	Wege, unter Bäumen, Sträuchern	dunkle Farbe, (schnelle Erwärmung)	Lieblingsplätze der Schnecken	nur Qualitäts-mulch verwenden, grobe Absiebung	50,00 €/m3
Kompost-mulch	Pflanz-flächen	unterdrückt den Breitkraut-wuchs, Boden-leben wird gefördert, langfristige Bodenstruktur, Bodenfrucht-barkeit wird verbessert		Schichtdicke 3-5 cm, schützt den Boden vor Austrocknung	15 €/m3

Eigenschaften und Wirkungsweise
- bessere Durchlüftung und Drainage
- erhöhte Kapazität zur Wasserspeicherung (das 2- bis 3-fache des Eigengewichtes)
- bessere Wasserdurchleitung bei Niederschlägen (Verhinderung von Trockenstress)
- Schutz vor Bodenverdichtung und Erosion
- aktiviert das Bodenleben
- verhindert Nährstoffauswaschung und speichert diese pflanzenverfügbar
- verbessert das Wachstum der Wurzeln
- erhöht die Bodentemperatur
- in der Regel pH-neutral

Anwendung
- Gemüse: 5 l Kompost/m^2 und Jahr (bei stark zehrenden Pflanzen mit hohem Stickstoffbedarf wie z.B. Kohl, Kartoffeln, Porree etc. 10 l Kompost/m^2)
- Obstgehölze/Ziergehölze: 5 l Kompost/m^2
- Zierpflanzen/Balkonblumen: Mischungsverhältnis Kompost : Erde 1 : 3
- Pflanzung von Sträuchern und Bäumen: Mischungsverhältnis Kompost : Erde 1 : 4
- Neuanlagen (einmalige Gabe): bis max. 50 l Kompost/m^2

Kompost sollte grundsätzlich nicht eingegraben, sondern nur flach in die obere Bodenschicht eingearbeitet werden.

Geohumus®
Geohumus ist ein innovatives Granulat aus Mineralien und Hybridmaterialien.

Eigenschaften und Wirkungsweise
- speichert Nährstoffe und über 30 % Wasser (das 40-fache seines Eigengewichts)

- besseres Bodenklima durch Quellen und Schrumpfen
- besteht zu 25 % aus organischen Stoffen und zu 75 % aus mineralischen Stoffen
- setzt kontinuierlich einen Mineralmix frei (Spurenelemente)
- sehr ökologisch in der Herstellung (keine Abwässer und Abfälle)
- unterliegt der natürlichen mineralischen Verwitterung
- fördert den Sauerstoffgehalt im Boden und das mikrobielle Bodenleben
- verbessert das Wachstum der Wurzeln
- lockert den Boden und bringt dadurch Sauerstoff in den Boden
- sorgt für länger blühende Pflanzen und kräftigere Fruchtstände
- kein Gefahrstoff
- pH-neutral

Anwendung

Geohumus in das Substrat einarbeiten. Pflanze in das Pflanzloch einsetzen und mit dem Substrat verfüllen. Anschließend bis zur Sättigung wässern. Bei Flächenanwendung: 200g/m² (Preis für 100 m²: 217,50 €)

Stockosorb®

Stockosorb® ist ein industriell entwickeltes wasserspeicherndes Granulat.

Funktion und Wirkungsweise

1. Bei Kontakt mit Wasser quellen die einzelnen Granulate zu Gelpartikeln auf und speichern (bis zum 300-fachen des eigenen Volumens) das Wasser und darin gelöste Pflanzennährstoffe.
2. Pflanzen entziehen den Gelpartikeln nach und nach durch die Saugkräfte der Haarwurzeln die Wassermenge, die zur Deckung ihres Bedarfs nötig ist.

Vorteile
- Wasser und Nährstoffe werden im Wurzelbereich pflanzenverfügbar gespeichert
- fördert die schnelle und bessere Bewurzelung
- verringert die notwendige Gießfrequenz
- Nährstoffaustrag wird verringert
- pH-neutral
- unschädlich für Pflanzen, Bodenorganismen und Grundwasser
- über mehrere Jahre funktionsfähig
- auch bei 50 cm Bodenüberdeckung erreicht Stockosorb® die maximale Quellfähigkeit gegen den vorhandenen Bodendruck
- 8 g Stockosorb® speichern bis zu 1000 ml pflanzenverfügbares Wasser

Anwendung

Stockosorb® gründlich mit dem Substrat mischen. Behandelte Flächen nach der Pflanzung bis zur Sättigung wässern. Bei Flächenanwendung: 200–300 g/m² (Preis für 100 m²: ca. 200–250 €)

Ein **Ausflusshahn** ist in jedem Baumarkt für weniger als 3 Euro mitsamt Dichtungen zu kaufen. Bei der Installation muss aber darauf geachtet werden, dass das Loch mit einem Lochbohrer sauber ausgeschnitten wird und die Wand nicht einreißt.

Musterpflanzgefäß

Der Schichtenaufbau für das Musterpflanzgefäß zeigt, dass mit einfachen Materialien ein aus bau- und vegetationstechnischer Sicht optimaler Pflanzenstandort geschaffen werden kann. Die Mörtelwanne wird im unteren Bereich mit einem Drainagematerial, wasserspeichernd und wasserführend, gefüllt. Überschüssiges Wasser kann mit Hilfe eines eingebauten **Hahns** abgelassen werden. Die Trennung vom Substrat erfolgt mit einem Filtervlies. Dieses lässt Wasser in die Drainageschicht durch, hält Bodenbestandteile aber gleichzeitig zurück. Das Substrat kann selbst hergestellt werden und wird mit Bodenverbesserungsmitteln angereichert. Eine Mulchschicht deckt das Substrat ab und schützt es vor Austrocknung.

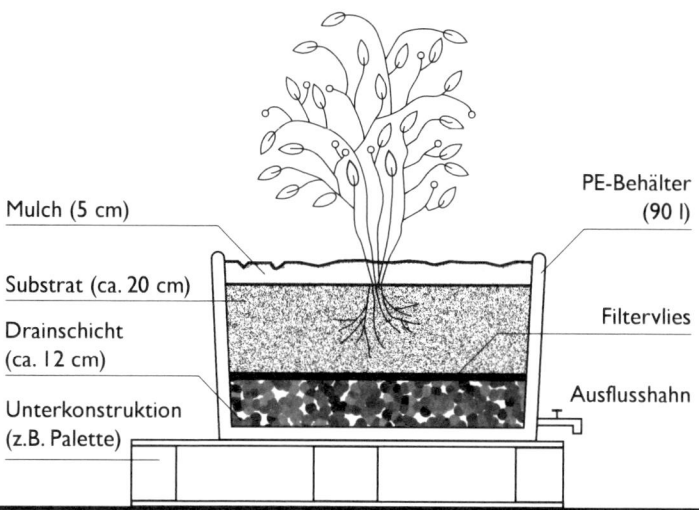

Mulch (5 cm)

Substrat (ca. 20 cm)

Drainschicht
(ca. 12 cm)

Unterkonstruktion
(z.B. Palette)

PE-Behälter
(90 l)

Filtervlies

Ausflusshahn

Substrat
- Gemisch aus Oberboden und Humus
Alternativ:
- Gemisch aus Oberboden und Stockosorb®
- Gemisch aus Oberboden und Geohumus®

Drainschicht
- Kies 16/32
Alternativ:
- Gesteinsschotter 40/70
oder versch. Recycling-
materialien (Ziegelsplitt)

Schnitt durch den
Schichtenaufbau eines
Musterpflanzgefäßes

2. Bildungsbaustein
Installation einer Tröpfchenbewässerungsanlage mit Eigendruck

Methode: Workshop zur Installation einer Tröpfchenbewässerungsanlage

Teilnehmer*innen: Gärtner*innen aus Urban-Gardening-Projekten

Einbeziehung der Teilnehmer*innen: gemeinsame Montage einer Bewässerungsanlage

Inhalte und Ablauf des Moduls: Analyse, Planung, Bau und Installation einer einfachen Bewässerungsanlage mit Tropfschläuchen

Ort: größere (Gemeinschafts-)Beete in Urban-Gardening-Projekten

Dauer: Analyse und Planung ca. 120 Minuten; Bau und Installation der Anlage ca. 180 Minuten

Vorbereitungen und Materialien: Flächen begutachten (ggf. Skizzen anfertigen); Material auswählen; Materialbedarf berechnen

Kosten: abhängig von der Größe des Beetes (ca. 100 € für 10 m² Beetfläche)

Analyse
Am Beginn jedes Wassermanagements steht die Analyse der örtlichen Bedingungen: Wie viel Wasser wird benötigt? Wo kann wie viel Wasser, welcher Qualität und mit welchem

technischen und finanziellen Aufwand verfügbar gemacht werden? Zudem stellt sich die Frage, wie das Wasser gesammelt bzw. gespeichert werden kann, und schließlich, wie es auf sparsame und verlustarme Weise verteilt wird.

Bewässerungsmöglichkeiten von Pflanzbeeten

Druckwasserleitung: Steht eine Druckwasserleitung mit Gartenanschluss zur Verfügung, so kann entweder mit Gießkannen gegossen werden oder es wird ein Schlauch angeschlossen, mit dem dann direkt oder mittels eines Regners (Schwenk- oder Kreisregner) bewässert wird.

Zeitweiliger Zugang zu Frischwasser: An etlichen Garten-Standorten gibt es freundliche Nachbar*innen, die die Nutzung ihres Wasseranschlusses erlauben. Weil dieser nicht immer zur Verfügung steht, ist es sinnvoll, einen Vorratsbehälter zu füllen, aus dem dann geschöpft werden kann. Dies kann ein oberirdischer Container oder ein Erdtank sein.

Eigener Brunnen: Wenn Grundwasser führende Schichten nicht zu tief liegen, kann ein eigener Brunnen eine gute Lösung sein. Da für die Gärten nicht Trinkwasserqualität, sondern nur Brauchwasserqualität benötigt wird, sind die hygienischen Bestimmungen relativ leicht zu erfüllen. Allerdings lohnt sich ein eigener Brunnenbau (mittels Bohr- oder Rammtechnik) wirklich nur, wenn das Grundwasser nicht tiefer als sieben bis acht Meter liegt. Gefördert wird das Wasser, je nach Ergiebigkeit, mit einer traditionellen Schwengelpumpe oder, komfortabler, einer Unterwassermotorpumpe oder einer Kreiselpumpe. Je nach Standort, technischem Know-how und Kosteneinsatz könnte die Pumpe auch besonders ökologisch mit Sonnen- oder Windenergie betrieben werden.

Für die Anlage eines solchen Brunnens ist die Erlaubnis der unteren Wasserbehörde (bei der Stadt- oder Landkreisverwaltung) notwendig.

Regenwasser: Regenwasser kommt kostenlos vom Himmel, es ist nicht so kalkhaltig wie Leitungswasser und zum Pflanzenwässern naturgemäß prädestiniert. Leider lässt sich der Zufluss von oben nicht planen und so fließt manches Mal zu viel Wasser, dann muss es in den Städten über die Kanalisation abgeführt werden und die Stadtwerke nehmen dafür auch noch (stets steigende) Gebühren. Kaum etwas liegt also näher, als das Regenwasser selbst aufzufangen und zu sammeln, um es gezielt wieder einsetzen zu können.

Um es für den Garten nutzen zu können, kann man das abfließende Regenwasser eines Daches – wenn es denn eins gibt – in eine Regentonne (ab 15 € im Handel erhältlich) leiten. Zur Gartenbewässerung werden auch Erdtanks mit einem größeren Fassungsvermögen vertrieben, wobei dies den finanziellen und technischen Aufwand deutlich erhöht (z.B. kostet ein 1000-l-Erdtank aus Kunststoff ab 400 €, für Filtereinrichtungen, Tauchpumpe und weiteres Zubehör sind zusätzliche Ausgaben erforderlich). Noch deutlich teurer ist es, das Niederschlagswasser von benachbarten versiegelten Flächen in einer Zisterne zu sammeln. Von günstigen örtlichen Bedingungen abgesehen, wird dies für die meisten städtischen Gärten nicht in Frage kommen.

Planung

Die Situation in vielen städtischen Gärten ist ähnlich schwierig wie beim Allmende-Kontor auf dem Tempelhofer Feld: kein dauernder Zugang zu Frischwasser, kein anzapfbares Oberflächenwasser und die Anlage einer unterirdischen Zisterne ist nicht erlaubt, wirtschaftlich nicht vertretbar oder, erst recht bei zeitlich begrenzter Nutzung, beides. Also bleibt sehr oft nur die Möglichkeit, einen oder mehrere Sammelbehälter aufzustellen,

Eine Besonderheit des Tempelhofer Feldes ist neben der begrenzten Verfügbarkeit von Wasser die exponierte Lage der Gärten am Rande des ehemaligen Flugfeldes. Die dadurch bedingte wind- und strahlungsexponierte Lage führt zu einer erhöhten Verdunstung, die Beete trocknen sehr schnell aus. Diese besonderen kleinklimatischen Bedingungen müssen bei sämtlichen Planungen berücksichtigt werden. Zudem handelt es sich um temporäre Gärten mit der durch die frühere Nutzung als Flughafen und eventuelle Bodenverunreinigungen bedingten Auflage, dass keine Beete im anstehenden Erdboden angelegt werden dürfen. Gegärtnert wird daher in Hochbeeten auf der Erdoberfläche.

Die Berechnungen in Sachen Regenwasserverfügbarkeit auf dem Tempelhofer Feld klangen dagegen verführerisch: Bei jährlich 560 mm Niederschlag (entspricht 560 Liter/m²) und ca. 4000 m² asphaltierter Fläche hätten über 2200 m³ Wasser aufgefangen werden können! Die Kosten von mindestens 2000 Euro für die technische Umsetzung der Regenauffanganlage wären aber bei einem Gesamt-Jahresverbrauch von unter 150 m³ Wasser nicht zu rechtfertigen gewesen, also wurde diese Idee schnell verworfen. Eine preiswertere und technisch einfacher umzusetzende Lösung für die Sammlung, Speicherung und Nutzung von Regenwasser wird im 3. Bildungsbaustein (siehe Seite 199) vorgestellt.

die in Abständen extern befüllt werden (beim Allmende-Kontor bedeutet das: fast tägliche Füllung mit Brunnenwasser aus einem entfernteren Hydranten). Solche Situationen erhöhen die Anforderung, mit dem schwer zu beschaffenden Wasser sparsam umzugehen, die in besonderem Maß von der Technik der Tröpfchenbewässerung erfüllt wird.

Tröpfchenbewässerung

Tröpfchenbewässerung ist eine Bewässerungstechnik, mit der durch ein verzweigtes Rohr- bzw. Schlauchsystem geringe Wassermengen in definierter Zeit direkt an die Pflanzen gebracht werden.

Vorteile

- Verdunstungsverlust wird minimiert
- keine Benetzung des Laubes (Pilzerkrankungen werden nicht gefördert)
- Nährstoffe können direkt über das System verabreicht werden
- sie ist bequem: einmal installiert, wird das Wasser direkt zu den Pflanzen transportiert

Grundsätzlich kann eine Tröpfchenbewässerung mit jeder Art der Wasserzufuhr verbunden werden: mit einer Frischwasserleitung – dann aber mit vorgeschaltetem Druckminderer – oder auch einer Zisterne mit angeschlossener Pumpe. Im Folgenden wird sie, passend zur Lage in den meisten Gärten, als Anlage mit Eigendruck bzw. Schwerkraft vorgestellt.

Die vorgestellte Anlage ist zur Demonstration mit zwei unterschiedlichen Leitungssystemen ausgestattet: zum einen mit den 8mm-Schläuchen mit Tropflöchern (Netafim™) und zum anderen mit 16mm-Rohren mit Tropfern (Rainbird®). Der Unterschied liegt vor allem in der Wassermenge, die zu den Pflanzen gebracht wird. Bei Netafim sind es pro Öffnung 2 l pro Stunde, bei Rainbird 4 l pro Stunde. Je nach Wasserbedarf oder Dichte der Bepflanzung empfiehlt sich eher das eine oder das andere System, die sich ansonsten aber sehr ähnlich sind. Jeder Bewässerungsstrang lässt sich separat öffnen und schließen, wodurch die beabsichtigte Bewässerung (z.B. eine Stunde pro Tag) „halbautomatisch" erfolgen kann.

Anleitung für Bau und Installation einer Tröpfchenbewässerung

Das einfache Bewässerungssystem besteht aus Wasserbehälter, Filter, Verteilerrohren und Tropfschläuchen. Da das System den Eigendruck des Wassers nutzt, muss der Behälter erhöht stehen und so positioniert werden, dass eine materialsparende Leitungsführung ermöglicht wird.

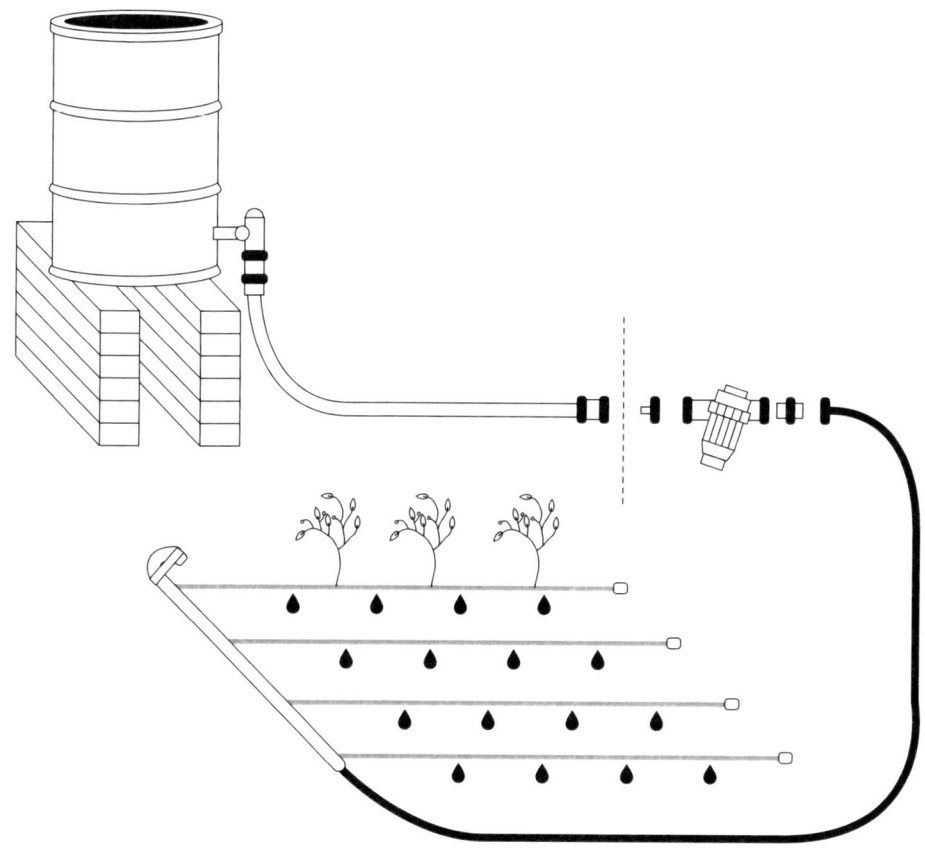

1. Arbeitsschritt: Aus den Paletten und den Querverstrebungen wird mit Hilfe der Holzschrauben ein stabiles Podest gebaut, das auf einem ebenen Untergrund standfest aufzustellen ist. Darauf wird der Wasserauffangbehälter positioniert. Ganz wichtig ist dabei, dass das Podest das Gesamtgewicht tragen kann und der Behälter gegen Verrutschen gut gesichert wird (durch Holzrahmen, Spanngurte o. dgl.).

Material- und Werkzeugbedarf Wasserspeicher mit Podest
* Wasserauffangbehälter (z.B. Regentonne 300 Liter)
* 5 Europaletten
* 2 Bretter als Querverstrebung
* selbstschneidende Holzschrauben
* Akkuschrauber mit passendem Bit
* Wasserwaage

2. Arbeitsschritt: Im nächsten Schritt wird ein Wasserfilter vor den Bewässerungskreislauf angeschlossen, der das Verschlämmen bzw. Verstopfen der einzelnen Tropflöcher/Tropfer am Ende des jeweiligen Systems verhindert.

Material- und Werkzeugbedarf Wasserfilteranschluss und Kreislaufverteilung
* Hahn für Wassertonne
* Schlauch
* Anschlussstück

- Wasserfilter 1 Zoll (komplett)
- T-Stück 16 mm (wenn zwei Bewässe-
  rungskreisläufe angeschlossen werden)
- Verteilerrohr 16 mm
- Kugelhahn 16 mm
- Schlauchschellen
- Akkuschrauber mit Lochbohrer
- scharfes Messer/Gartenschere

3. Arbeitsschritt: Mit dem Lochbohrer
wird die Öffnung zur Befestigung des
Hahns in die dafür vorgesehene Stelle in
die Tonne gebohrt und dieser mittels des
integrierten Gewindes eingedreht. Der
Filter wird nun mit Hilfe des Schlauchs
und der Verbindungsstücke an den Hahn
angeschlossen. Ein T-Stück unterhalb
des Filters teilt die Anschlussleitung in
zwei Bewässerungsstränge. Durch die
Kugelhähne ist ein separates Schalten der
Kreise möglich. Nun können die eigentlichen Bewässerungsleitungen für die
beiden Stränge angeschlossen werden.

Werkzeugbedarf
- Locheisen
- scharfes Messer/Schere

Materialbedarf Bewässerung Verteilerrohre
- Verbinder von Schlauchkupplung
  auf 1-Zoll-Gewinde
- PE-Rohr 16 mm
- div. Verbindungsstücke 16 mm
  (gerade, T- und Winkelverbinder)
- Endverschluss 16 mm

4. Arbeitsschritt: Das PE-Rohr wird an den Verteiler angeschlossen und verlegt. Dann werden die Tropfrohre mit den Verbindern aufgesteckt und in Bögen so im Beet verlegt, dass alle Pflanzen durch die in vorgegebenem Abstand eingebauten Tropfer die optimale Wassermenge erhalten. Das Tropfrohr wird mit Leitungshaltern in der Erde befestigt, die Enden mit einem Verschluss abgeklemmt.

Materialbedarf Bewässerung mit Neta-fim™ Tropfrohr
• Verbinder 8 mm x 8 mm
• Tropfrohr Netafim™ 8 mm, 2 l/h, Tropferabstand 30 cm
• Endverschluss 8 mm
• Leitungshalter

5. Arbeitsschritt: Das zweite Ver-teilerrohr wird im Beet verlegt und mit Erdspießen befestigt. Mit dem Lochei-sen werden entsprechend dem jeweili-gen Bedarf an Tropfern Löcher in das Verteilerrohr gestochen und die Tropfer angesteckt. Das Ende wird mit einem Verschluss abgeklemmt.

Materialbedarf mit RainBird® Tropfrohr
• Verteilerrohr RainBird® 16 mm
• Erdspieße für Tropfrohr 16 mm
• Endverschluss 16 mm
• Tropfer 4 l/h

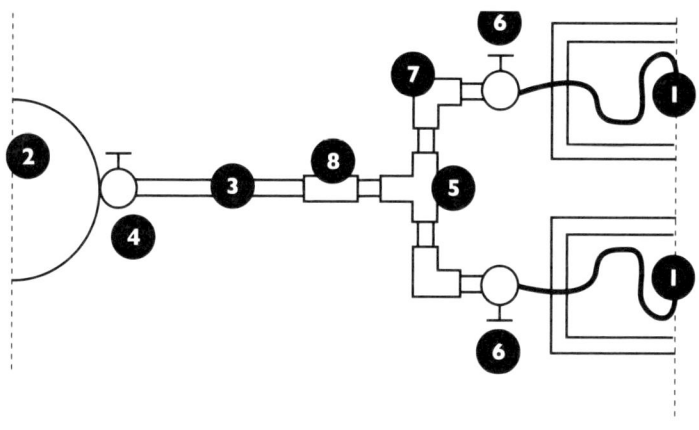

1 Tropfschlauch	**5** T-Stück Verbinder
2 Wasserbehälter 300 l	**6** Kugelhahn
3 Leitungsschlauch	**7** L-Stück Verbinder
4 Wasserhahn	**8** Filter

Leitungs- und Ausstattungsplan Weidenbeet (nicht maßstäblich)

Fazit des Allmende-Kontors

Hallo!

Zuerst nochmal unseren Dank an alle Beteiligten für die Erstellung dieser Anlage! Sie ist schon sehr praktisch, speziell wegen der Wasserversorgung auf dem Feld. Allerdings reicht der Wassertank (ca. 200 l) gerade mal für eine Bewässerung. Wir beabsichtigen, einen 1000 l Tank aufzustellen, um somit mehrere Bewässerungsgänge durchführen zu können (Anwesenheit erforderlich, um wieder abzustellen). Wir müssen ja mit einen Schlauch auffüllen und dann können wir auch direkt gießen, so dass wir zur Zeit gießen und gleichzeitig den Tank auffüllen, als Reserve bzw. für Tage, wo der Schlauch nicht zugänglich ist oder wenig Zeit ist, das hilft sehr, da wir sonst Gießkannen nehmen müssten. Am besten wäre ein direkter Anschluss an einen Wasserhahn zum Tank oder gleich an das Leitungssystem. Der Wasserfilter ist relativ schnell zugesetzt. Liegt evtl. am Standort (hell und warm) und der Abdeckung des Tanks (Algenbildung). Die Handhabung der Hähne ist einfach und konnte nach kurzer Erklärung von allen geleistet werden. Beide Systeme funktionieren problemlos. Für diese dichte Bepflanzung würde ich aber die dünnere Leitung (Netafim) bevorzugen, wegen des geringeren Abstandes der Tropfauslässe.

Gruß an alle Beteiligten

Michael Meichßner

Anzahl/ Einheit	Bezeichnung	Einzelpreis €	Gesamtpreis €
1 Stk.	Regentonne 300 Ltr.	22,35	22,35
1 Stk.	Hahnstück IG ¾" für Hahn ½" Gardena® 901-50	1,76	1,76
1 Stk.	XFF-T-Stück 17 mm	0,32	0,32
1 Stk.	XFF-Anschluss 17 mm – ¾"	0,39	0,39
1 Stk.	XFF-Winkel 17 mm	0,28	0,28
3 Stk.	XCL017-Tropfrohr-Rohrschelle Clamp 16 mm	0,27	0,71
1 Rolle	DBL RainBird®-Verteilerrohr 25 m schwarz	8,29	8,29
1 Rolle	Netafim™ –Tropfrohr 25 m	29,00	29,00
15 Stk.	Erdspieß schwarz für Tropfrohr 16 mm	0,26	3,90
1 Stk.	XFD-Dripline-Kupplung IG ¾"	0,56	0,56
1 Stk.	Lock-Quick-Endstopfen 16 mm	0,54	0,54
15 Stk.	RainBird®-Tropfer 4 l/h schwarz XB-10PC	0,27	4,05
1 Stk.	Installationswerkzeug XM-Tool f. XB-PC Tropfer	2,46	2,46
3 Stk.	Schlauchklemme	2,39	7,17
3 Stk.	Teichtechnikschlauch	2,99	8,97
1 Stk.	KS-Spiralschlauch 1	4,59	4,59
1 Stk.	KS-Spiralschlauch	3,95	3,95
1 Stk.	HT-Überschiebmuffe	1,80	1,80
1 Stk.	HAT-Übergangsrohr	0,85	0,85
1 Stk.	HAT-Übergangsrohr	0,70	0,70
1 Stk.	HTB-Bogen	1,18	1,18
1 Stk.	Schlossriegel	4,65	4,65
	Gesamtpreis brutto		**108,47**

Materialkosten Kostenzusammenstellung für die Bewässerungsanlage (Weidenbeet des Allmende-Kontors, Berlin-Tempelhof am 31.05.2012)

Die im Handel erhältlichen Komplettpakete (z.B. Starter-Set RainBird®, Netafim™ Kleigarten Kit) kosten jeweils etwa 100 bis 150 € (ausreichend für ca. 15 m² Gemüsebeet) brutto, einschließlich Regentonne.

Im Winter müssen der Wasserbehälter entleert und die Schläuche aufgedreht werden, damit das Wasser abfließen kann.

3. Bildungsbaustein
Bau eines „selbstbewässernden" Hochbeetes

Präsentation für die
Gärtner*innen des
Allmende-Kontors

Methode: Workshop zum Bau eines Hochbeetes

Teilnehmer*innen: Gärtnerinnen und Gärtner aus Urban-Gardening-Projekten

Einbeziehung der Teilnehmer*innen: Gemeinsame Planung und Bau eines selbstbewässernden Hochbeetes

Inhalte und Ablauf: Analyse, Planung und Bau eines selbstbewässernden Hochbeetes

Ort: (Gemeinschafts-)Beete in Urban-Gardening-Projekten

Dauer: Seminar mit Präsentation der Materialien ca. 60 Minuten; Handskizzen für den Bau ca. 120 Minuten; Zusammenstellung der Materialien ca. 60 Minuten; Bau des Hochbeetes ca. 2–3 Tage (Gesamtdauer: 1–2 Wochenenden, je nach Größe des Beetes)

Vorbereitungen und Materialien: Material auswählen und Material berechnen

Kosten: Abhängig von der Größe des Beetes und der ausgewählten Materialien; ca. 250 € für 10 m² Beetfläche bei Verwendung von Recyclingmaterialien, mit Materialien aus dem Baustoffhandel liegt der Preis um ein Vielfaches höher.

Analyse

Stellen Sie sich doch einmal die Frage, wie ein ideales Hochbeet aussehen müsste. Sicher, dazu gehören gute, fruchtbare Erde und kräftiges, gesundes Saatgut. Aber was ist der Beitrag des Beetes, des Beetaufbaus selbst? Sammeln wir einige Kriterien: Es erschwert Wühlmäusen und andere Nagern wie z.B. Wildkaninchen, unsere Pflanzen von unten oder oben anzuknabbern, und es ermöglicht einen rückenfreundlichen Zugang ohne Bücken. Aber vor allem trocknet es nicht aus, denn wenn es sinnvoll aufgebaut ist, nutzt es das Regenwasser optimal, ja speichert es sogar, um es in trockenen Zeiten bedarfsgerecht an das Erdsubstrat abzugeben. Ein solches Beet verträgt zur Urlaubszeit sogar mehrwöchige Abwesenheit, wenn es über ausreichenden Wasserspeicher verfügt. So ein „selbstbewässerndes" Hochbeet gleicht einer eierlegenden Wollmilchsau und so etwas Ähnliches haben sich die Peter-Lenné-Schüler ausgedacht und als Muster aufgebaut. Sie stellen es hier vor, damit es möglichst viele Nachahmer*innen findet.

Planung

Jedes Beet, sei es auch noch so klein, muss im Vorfeld sorgfältig geplant werden. Dies erleichtert später die praktische Umsetzung. Neben grundsätzlichen Überlegungen zur Auswahl und Beschaffung der Materialien ist es sinnvoll, die Gedanken zu verschriftlichen oder zu skizzieren. Eine Skizze, besser noch eine Zeichnung, veranschaulicht die bauliche Umsetzung. Eine Auswahl und Zusammenstellung der benötigten Materialien und Werkzeuge ergänzen den Planungsprozess.

Die Schüler hatten die Aufgabe, ein Pflanzbeet als Modell- und Gemeinschaftsbeet mit ca. 10 m² Grundfläche für Nutzer*innen des Allmende-Kontors zu konstruieren. Dabei sollte der größtmögliche Einsatz von umweltfreundlichen Materialien (Recyclingmaterialien) berücksichtigt werden und auf konventionelle Bewässerungseinrichtungen wie auch auf externe Wasserzufuhr sollte möglichst verzichtet werden. Neben einer Konstruktionszeichnung mit Grundriss, Ansicht und Schnitt waren eine Material- und Werkzeugliste zu erstellen und die geplanten Baukosten (Materialkosten) zu ermitteln. Entstanden sind drei unterschiedliche Konstruktionsvorschläge mit Material- und Kostenermittlungen, von denen einer ausgewählt und vor Ort aufgebaut wurde. Dieser wird nun ausführlich vorgestellt.

Für die Darstellung der beiden anderen Konstruktionen fehlt hier der Platz. Auf der Homepage der Peter-Lenné-Schule können aber die entsprechenden Konstruktionszeichnungen sowie Material- und Werkzeuglisten im Detail angesehen werden: http://www.peter-lenne-schule.de/berufsfelder/garten-bau/urban-gardening.html oder Eingabe „Urban Gardening" im Suchfenster der Startseite.

Auswahl des Beetes

In Abstimmung mit den Nutzer*innen des Allmende-Kontors wurde der folgende Vorschlag zur Umsetzung ausgewählt. Das Beet kann nahezu vollständig aus Recycling Materialien hergestellt werden und demonstriert einfach und anschaulich eine praktikable Möglichkeit der Regenwasseraufnahme, Speicherung und Nutzung. Die ausklappbaren Flügel mit ca. 8 m² Grundfläche können ca. 4.500 Liter Wasser im Jahr aufnehmen, von dem ein Großteil im eingebauten Wasserspeicher mit ca. 1.800 Litern Volumen gespeichert werden kann. Gleichzeitig ist

Anzahl/ Einheit	Bezeichnung	Einzelpreis €	Gesamtpreis €
32 Stk.	Bretter verschiedene Größen und Längen	2,50	80,00
29 Stk.	Europaletten (80x120x14,5 cm)	8,00	232,00
26,4 m²	Vlies	1,00	26,40
5 kg	Schrauben/Nägel	1,00	5,00
24 Stk.	Lochband 0,4 m	0,42	10,08
27 Stk.	Winkel	2,00	54,00
30 m²	Teichfolie/LKW-Plane	4,50	135,00
11 Stk.	Kanthölzer (0,9x0,9x0,5 m)	2,75	11,00
5 Stk.	Türen/OSB-Platten	5,00	25,00
10 Stk.	Ablaufgarnitur	2,90	29,00
pauschal	Schlauchschellen	10,00	10,00
10 Stk.	Flex Schlauch (0,5 m Länge)	2,90	29,00
1 Stk.	Bostik Universalkleber (Kartusche 290 ml)	8,00	8,00
2 m	Plastikrohr (PE)	2,00	4,00
21 m	Gartenschlauch	1,00	21,00
2 Stk.	Haken und Ösen	3,00	6,00
1,7 m³	Laubkomposterde	11,20	19,04
22 Stk.	Scharniere	1,00	22,00
	Gesamtpreis brutto		**725,52**
	Gerundet		**750,00**

Materialauswahl
Für das Beet auf dem Allmende-Kontor ergab sich folgende Materialkalkulation, basierend auf Preisen von Baustoffhandel und Internetbörsen.

das ca. 9 m² große Beet von allen Seiten für Aussaat und Pflege der Kulturpflanzen gut erreichbar und die bei Bedarf aufstellbaren Flügel schützen die Pflanzen und das Substrat vor allzu schneller Austrocknung.

Aufgrund der hohen Kosten und ökologischer Gesichtspunkte bietet es sich für urbane Gärten an, mit Recyclingmaterialien zu arbeiten. Bei einem Großteil der für das Hochbeet verwendeten Baustoffe und Materialien kann auf Recyclingmaterial zurückgegriffen, teilweise können alternative Materialien eingesetzt werden. Recyclingmaterialien sind erhältlich auf Recyclinghöfen der Kommunen, „Recyclingshops" (z.B. KUNST-STOFFE) oder über Internetbörsen (z.B. Ebay).

Im ersten Jahr des Projektes kamen die Fachschüler*innen mit der Verwendung von Alternativ-Materialien und dem Recycling in urbanen Gärten in Kontakt. Dabei wurde deutlich, dass gewisse Berührungsängste und Unwissenheit über den Umgang mit diesen Materialien vorhanden waren. Fachschüler*in sind daran gewöhnt, aus dem Gartenbau-Katalog zu bestellen. Doch im Projekt wurde deutlich, dass großes Interesse daran bestand, mehr über Recycling zu erfahren. Im Rahmen eines Workshops zur Sensibilisierung für Recycling mit **KUNST-STOFFE** wurde nicht nur der Unterschied zwischen **Downcycling** und **Upcycling** deutlich, sondern es wurde auch der Grundstein für die Arbeit mit Recycling-Materialien im zweiten Jahr des Projektes gelegt. In der gemeinsamen Auseinandersetzung mit dem Thema wurden neben den Chancen auch die Grenzen dieses Ansatzes im konventionellen Gartenbau thematisiert.

KUNST-STOFFE – Zentralstelle für wiederverwendbare Materialien e.V. fördert die kreative Auseinandersetzung mit Wieder- und Weiterverwendungsstrategien. Rest- und Gebrauchtmaterialien werden in einer Sammelstelle als nachhaltige Ressourcen erschlossen und an Kunstschaffende, Selbermacher*innen und gemeinnützige Einrichtungen preiswert abgegeben.

In der folgenden Liste sind alle Materialien aufgeführt, die für den Bau des Beetes tatsächlich verwendet wurden. Ein Teil davon konnte aus zeitlichen Gründen nur über den Baustoffhandel bezogen werden, jedoch ist für vergleichbare Beete eine Beschaffung von Recyclingmaterialien oder alternativen Baustoffe durchaus möglich und empfehlenswert.

Im Gegensatz zum **Downcycling**, beim dem sich der Wert der Produkte im Recyclingprozess verringert, kommt es beim **Upcycling** zu einer stofflichen Aufwertung des recycelten Materials. Beispiele dafür wären, wenn z.B. aus Müll Kunst wird oder aus einer Palette ein Hochbeet entsteht.

Materialien	Bezugsquelle		
	Recycling (Holz, Metall, Kunststoff)	Baumarkt	Alternative Materialien
Abläufe (Waschbecken)	X		
Dachlatten (40/60 mm oder glw.)	X		
Dachpappennägel (30-40 mm)		X	
Drahtgitter (Zaunelement)	X		
Draht (Sechseckgeflecht, 13 mm)	X		
Folie 1mm (PVC oder glw.)		X	LKW-Plane
Folienkleber		X	
Gartenschlauch (1/2 Zoll)	X		
Gewebeplane	X		
Halbrundhölzer (100 mm oder glw.)	X		
Holzpaletten (Europaletten)	X		
Holzschrauben (vers. Längen)		X	
Kanthölzer (70/90 mm oder glw.)	X		
KG Rohre (DN 150)	X		
Lochband (Rolle)		X	
Messstab (Holzstab)	X		
PE-Rohre (DN 50)	X		
PE-Bögen 87° (DN 50)	X		
Pumpe (Eigenbau)	X		
Sand (0/2 mm oder glw.)		X	Boden
Schalbretter (140/23 mm oder glw.)	X		
Scharniere (Türen)	X		
Stahlwinkel (70/70/55/2,5 mm)		X	
Substrat (Oberboden-Kompost-Gemisch)	X		eigene Herstellung
Styropor (Styrodur)	X		
Vlies (150 g/m²)		X	Stoffe
Vlies (500 g/m²)		X	Stoffe
Vlies (1000 g/m²)		X	saugfähige Stoffe
Tackernadeln		X	Reißzwecken
Tape (Gewebeband)		X	

Materialliste für das
gebaute Hochbeet

Anleitung zum Bau
eines „selbstbewässernden" Hochbeetes

Die Handlungsanleitung ist sehr kleinschrittig aufgebaut und beschreibt in 30 Arbeitsschritten den Bau dieses wasserspeichernden Hochbeetes. Zusammen mit der Material- und Werkzeugliste ist der Nachbau für jede*n mit ein wenig handwerklichem Geschick problemlos möglich. Die Anleitung soll zum Nachbauen anregen und aufgrund der einsetzbaren Recyclingmaterialien außerdem eine preiswerte Alternative zu herkömmlichen Hochbeeten bieten. Sie kann (und sollte) in verschiedene Sprachen übersetzt werden, die Bilder tragen zur Vereinfachung und zum Verständnis bei. Dadurch kann sie auch in interkulturellen Gärten verwendet werden.

Die vollständige Anleitung kann auf der Homepage der Peter-Lenné-Schule eingesehen und heruntergeladen werden: http://www.peter-lenne-schule.de/berufsfelder/gartenbau/urban-gardening.html oder Eingabe „Urban Gardening" im Suchfenster der Startseite.

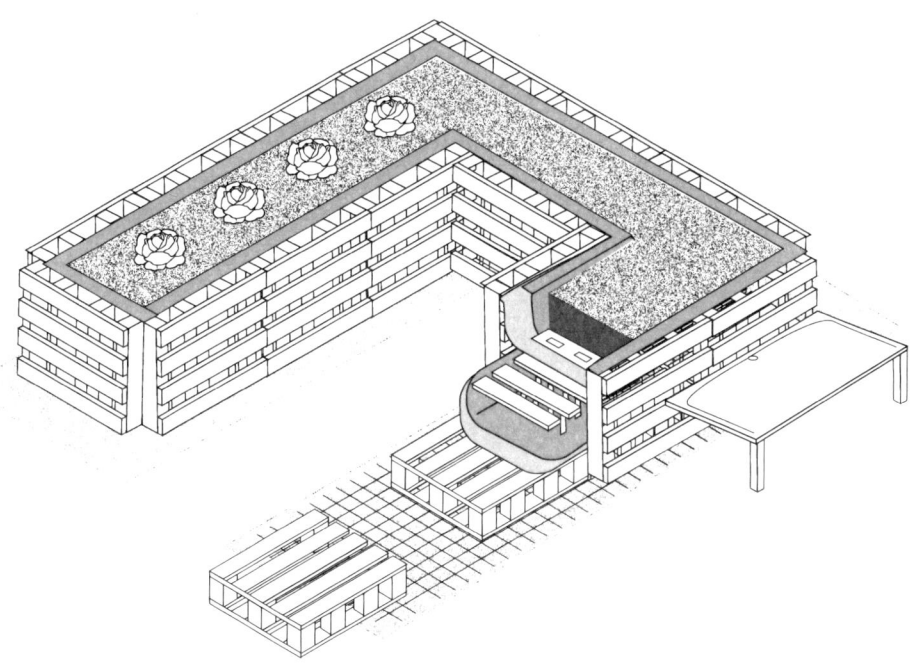

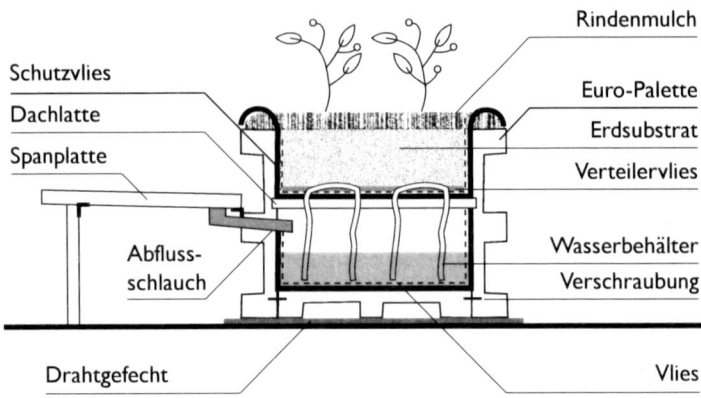

Schutzvlies

Dachlatte

Spanplatte

Abfluss-
schlauch

Rindenmulch

Euro-Palette

Erdsubstrat

Verteilervlies

Wasserbehälter

Verschraubung

Drahtgefecht

Vlies

Das Grundgerüst: Der Aufbau der Konstruktion beginnt mit neun Euro-Paletten (leicht zu beschaffen, stabil, günstig), die auf dem Boden ausgelegt werden (hier haben wir eine U-Form gewählt, damit man von allen Seiten leicht an das Beet heran-reichen kann). Als Schutz gegen Wühlmäuse verlegt man unter den Paletten engmaschigen Draht, an den Seiten fixiert. An diese Unterkonstruktion werden jeweils an den Seiten Euro-Pa-letten angestellt und mit den liegenden Paletten verbunden. Die Ecken verschraubt man mit langen Schrauben oder Winkeln. Dies ist das tragende Gerüst des Hochbeetes.

1. Grundfläche abstecken und Baugrund mit Sand planieren

Begründung: Standort nach Vorgabe und waagerechter Einbau
der Bodenplatte (Wasserstand)

Beschreibung: Planum des Baugrundes (Höhenausgleich mit Sand)

Material: Sand

Werkzeuge: Bauwinkel, Bandmaß, Zollstock, Schnur, Schnurnä-
gel, Schaufel, Wasserwaage

2. Maschendraht mit Überlappung auslegen

Begründung: Draht zum Schutz gegen Wühlmäuse
Beschreibung: Draht auf dem Planum auslegen
Material: Sechseckgeflecht aus Draht, verzinkt, engmaschig (13 mm)
Werkzeug: Kneifzange

3. Paletten für die Bodenplatte auslegen und andrücken

Begründung: waagerechte und standsichere Unterlage für das
     Hochbeet
Beschreibung: Paletten waagerecht auslegen
Material: Paletten
Werkzeug: Bauwinkel, Gummihammer, Maßband, Zollstock,
     Wasserwaage, Richtscheit

4. Maschendraht zuschneiden und fixieren

Begründung: sauberer Abschluss und Schutz der Folie
Beschreibung: Draht mit Brett umbiegen, überschüssigen Draht
     entfernen, Draht befestigen
Material: Tackernadeln, Dachpappnägel, Brett
Werkzeug: Hammer, Kneifzange, Tacker

5. Seitenwände anstellen, ausrichten und verschrauben

Begründung: flucht- und höhengerechte (Vor-)Montage
Beschreibung: Verschrauben der Seitenwände mit den Grund-
platten
Material: Paletten, Holzschrauben (70 mm)
Werkzeug: Wasserwaage, Richtscheit, Bauwinkel

6. Seitenwände lotgerecht stellen und verschrauben

Begründung: Fixierung der Paletten gegen Verschieben
Beschreibung: Verschraubung der Paletten untereinander mit-
tels vorgefertigter Holzbretter
Material: Holzbretter (l = 30 cm), Holzschrauben (50 mm)
Werkzeug: Holzsäge, Akkuschrauber, Wasserwaage, Richtscheit

7. Innenwinkel (und Außenwinkel) montieren

Begründung: Fixierung der Paletten gegen seitliches Ausdrücken
Beschreibung: Stahlwinkel anlegen, Löcher markieren, ggf.
vorbohren
Material: Stahlwinkel, Holzschrauben (20 mm)
Werkzeug: Akkuschrauber, Hammer, Stift

8. Zuflusslöcher markieren und ausschneiden

Begründung: Durchlässe für die Zuflussrohre (50 mm Durch-
    messer)
Beschreibung: Löcher vorbohren und passgenau ausschneiden
Material: Paletten
Werkzeug: Stift, Bohrmaschine mit Kranzbohrer, Stichsäge/
    Stechbeitel, Raspel, Hammer

Der Wasserauffangbehälter: In diese Konstruktion wird Vlies
($150g/m^2$) im gesamten Kasten ausgelegt, um einen Schutz
zwischen Holz und Folie zu gewährleisten. Darauf wird bis
zur halben Höhe Teichfolie verlegt, die den inneren Auffangbehälter oder Wassertank bildet. Ein Lattenrost aus passend
gesägten Dachlatten klemmt die Folie am Palettengerüst fest
und dient gleichzeitig als Untergrund für die spätere Subst-
ratschicht. An vorher markierten Stellen (in unserer Konstruktion 6 Stellen) werden etwa 30 cm lange PE-Rohre (z. B.
Abwasserrohre mit 5 cm Durchmesser) durch Folie und
Palette geführt, durch die das aufgefangene Regenwasser in
den inneren „Tank" gelangt.

9. Vlies auslegen und anheften
Begründung: Schutz der Folie vor Beschädigungen
Beschreibung: Vlies zur Arbeitserleichterung an die Paletten heften
Material: Vlies ($150g/m^2$), Tackernadeln
Werkzeug: Cuttermesser, Tacker

10. Teichfolie passgerecht schneiden und auslegen
Begründung: Speicher für das aufgefangene Regenwasser
Beschreibung: Folie ausmessen, auf Maß schneiden, einlegen
    und gleichmäßig überlappen lassen
Material: Teichfolie (1 mm) aus PVC (alternativ PE, Kautschuk)
Werkzeug: Cuttermesser, Bandmaß, Zollstock, Stift

11. Folienteller für Eckverbindungen zuschneiden

Begründung: fachgerechte Ausbildung der Ecken
Beschreibung: Folienteller auf einer Schablone zurechtschneiden
Material: Teichfolie
Werkzeug: Cuttermesser, Schablone (z.B. Eimer)

12. Folien verkleben und andrücken, aushärten lassen

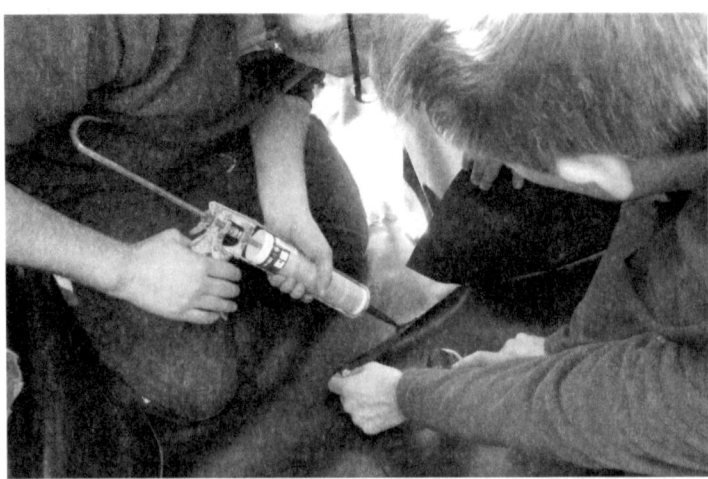

Begründung: Übergänge und Verbindungen wasserdicht herstellen
Beschreibung: Folie säubern, kleben und anpressen (Aushärte-
    zeit des Klebers berücksichtigen)
Material: Teichfolienkleber
Werkzeug: Tapetenroller, Silikonspritze

13. Durchlässe in der Folie ausschneiden
Begründung: Durchlass für die PE-Rohre
Beschreibung: Löcher sorgfältig und passgenau ausschneiden
Material: Folie
Werkzeug: Stift, Cuttermesser

14. Zuflussrohre schneiden, von innen durchführen und eindichten

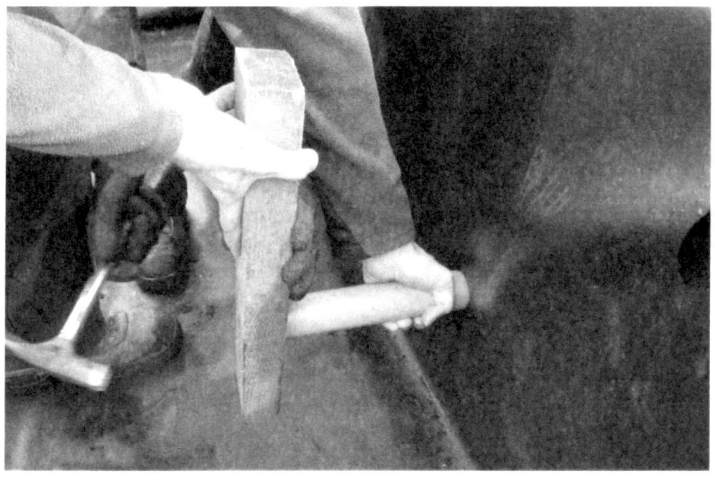

Begründung: Zufluss des gesammelten Regenwassers in den
    Speicher (und gleichzeitig Überlauf)
Beschreibung: PE-Rohre auf 30 cm Länge schneiden, durch
    Öffnung führen und abdichten
Material: PE-Rohre 30 cm (DN 50), Folienkleber
Werkzeug: Klopfholz, Hammer, Raspel, Winkelschleifer (od. Eisensäge)

15. Dachlatten schneiden, gleichmäßig auslegen und mit Paletten verschrauben

Begründung: Unterkonstruktion für das Substrat
Beschreibung: Dachlatten auf Maß schneiden, jede zweite Latte
 mit Paletten verschrauben
Material: Dachlatten (40/60 mm), Holzschrauben (90 mm)
Werkzeug: Akkuschrauber, Hammer

Das Regenfangsystem: Weil nur noch jetzt der Zugang zum unteren Teil, dem Wassertank, möglich ist, muss an dieser Stelle der Bau des Regenauffangs vorgezogen werden.
Um Regenwasser aufzufangen, werden auf halber Höhe der Euro-Paletten außen alte Türen oder Spanplatten horizontal angebracht und durch Überzug mit Folie abgedichtet. Diese müssen ca. 2% Gefälle nach innen aufweisen. Zur Stabilisierung werden unterhalb der Platten Stützpfosten angebracht. Platten und Stützpfosten werden mit Scharnieren versehen, um sie bei Bedarf hochklappen und durch Haken und Ösen fixieren

zu können. So können sie zugleich als Windschutz der Beete dienen, damit diese nicht so schnell austrocknen.

Auf den „Regenfangplatten" werden Kanten (z.B. Leisten oder alte Schläuche) angebracht, die das Wasser zu einem Loch leiten. Von diesen Löchern aus wird das Wasser durch die oben erwähnten PE-Rohre nach unten in den Wasserauffangbehälter geleitet.

16. Spanplatten für die Flügel schneiden
Begründung: Flügel zum Auffangen und Ableiten des Regenwassers
Beschreibung: Spanplatten mit Kreissäge (optional Tischkreissäge) auf Maß schneiden
Material: Spanplatten (ca. 25 mm stark)
Werkzeug: Kreissäge (Tischkreissäge), Zollstock, Stift

17. Durchlässe bohren und mit Raspel glätten
Begründung: Ableiten des Regenwassers
Beschreibung: Durchlässe bohren und mit Raspel glätten
Material: Spanplatten (ca. 25 mm stark)
Werkzeug: Bohrmaschine/Kranzbohrer, Raspel

18. Gartenschlauch schneiden, auslegen und am Flügel befestigen

Begründung: Wasserführung mit Gefälle zum Ablauf
Beschreibung: Gefälle zum Ablauf herstellen
Material: Gartenschlauch (½ Zoll), Dachpappennägel (30 mm)
Werkzeug: Cuttermesser, Hammer

19. Flügel mit Gewebeplane straff bespannen und fixieren
Begründung: Holzflügel schützen und Regenwasser sammeln
Beschreibung: Plane auslegen, auf Maß schneiden, spannen
    und fixieren
Material: Gewebeplane, Tackernadeln (Reißzwecke)
Werkzeug: Cuttermesser, Tacker (Hammer)

20. Abfluss einsetzen und verschrauben

Begründung: Regenwasser ableiten und durch angeschlossene
    Rohre in den Speicher leiten
Beschreibung: Abläufe mit Dichtung einsetzen und verschrauben
Material: Waschbeckenabläufe
Werkzeug: Schraubendreher

21. Flügel waagerecht an Paletten montieren

Begründung: Flügel ausgeklappt zum Regenwasser auffangen, zum Schutz des Beetes einklappbar
Beschreibung: waagerechte Montage der Flügel (Wasserabfluss)
Material: Scharniere, Holzschrauben (20 mm)
Werkzeug: Akkuschrauber, Zollstock

22. Stützfüße anfertigen, mit Gefälle zum Beet unter den Flügeln montieren

Begründung: Stabilität der Flügel und Wasserleitung zum Beet
Beschreibung: leichtes Gefälle der Flügel zum Beet beachten, Löcher vorbohren
Material: Dachlatten, Kanthölzer, Holzschrauben (20 und 50 mm)
Werkzeug: Bohrmaschine, Akkuschrauber, Kreissäge, Wasserwaage, Hammer, Zollstock

24. Wasserstandanzeiger lotrecht anbringen und eindichten

Begründung: Kontrolle des Wasserstandes im Speicher
Beschreibung: Rohr und Styropor zuschneiden, Rohrende ca. 1 cm über max. Wasserspiegel fixieren
Material: Rohrschellen, PE-Rohr 50 cm (DN 40), Kleber, Styropor/Styrodur, Holzstab
Werkzeug: Eisensäge, Hammer, Schraubendreher, Wasserwaage, Cuttermesser

Der Erdsubstratbehälter: Auf dem Lattenrost – der Zwischenebene – legen wir eine Folie aus, die beidseitig bis zum Rand hochgezogen wird. In die Folie werden kleine Schlitze geschnitten, durch die saugende Streifen aus extra starkem Vlies (500–1000 g/m²) gesteckt werden, die bis zum Boden des „Wassertanks" reichen. Auf dem Zwischenboden wird ein Verteilervlies (500–1000 g/m²) flächig ausgelegt, wobei auf eine Verbindung zu den Saugstreifen zu achten ist. Auf diesem Zwischenbodenvlies wird nun das Erdsubstrat eingebracht.

Hinweis: vor Einsatz des Vlieses muss die Saugfähigkeit praktisch überprüft werden!

25. Teichfolie passgerecht schneiden und auslegen

Begründung: Schutz der Holzkonstruktion und Trennung Wasserspeicher-Substrat
Beschreibung: Folie ausmessen, auf Maß schneiden, einlegen und gleichmäßig überlappen lassen
Material: Teichfolie (1 mm) aus PVC (alternativ PE, Kautschuk)
Werkzeug: Bandmaß, Zollstock, Cuttermesser

26. Vlies in Streifen schneiden
Begründung: saugfähige Dochte zum Wassertransport (Kapillarität)
Beschreibung: Streifen 5 cm breit und 100 cm lang schneiden
Material: saugfähiges Vlies (1000 g/m²)
Werkzeug: Cuttermesser, Zollstock, Stift

27. Folie einschneiden und Vliesstreifen einhängen

Begründung: Eintauchen der Vliesstreifen in den Wasserbehälter zum Wassertransport (Ansaugen)
Beschreibung: Vliesstreifen mit beiden Enden gleichmäßig auf den Speicherboden aufliegend
Material: Vliesstreifen (1000 g/m²)
Werkzeug: Cuttermesser, Zollstock

28. Vlies passgerecht schneiden, über Vliesstreifen und Folie auslegen

Begründung: Wasserverteilung unter dem Substrat, Schutz- und Filterfunktion
Beschreibung: Vlies auslegen, seitlich hochführen und temporär fixieren
Material: Vlies (500 g/m²)
Werkzeug: Cuttermesser, Zollstock

29. Folie und Vliese mit Halbrundhölzern fixieren, oberen Abschluss herstellen

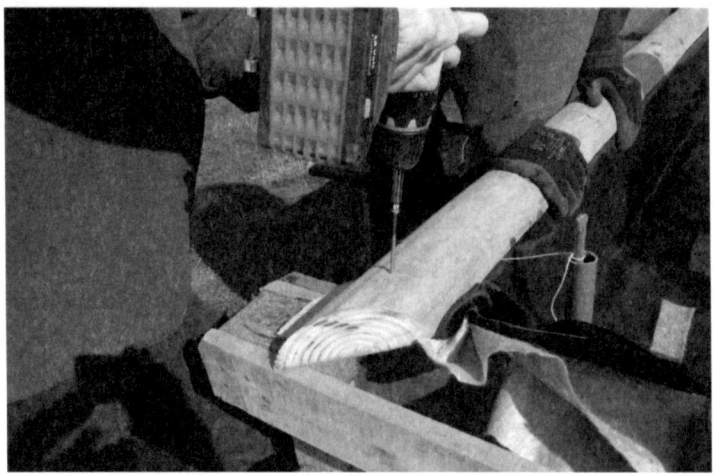

Begründung: Fixierung von Vlies und Folie gegen Verrutschen, sauberer (unfallfreier) Abschluss
Beschreibung: Gehrungsschnitt am Zusammenführen der Hölzer
Material: Halbrundhölzer (10 cm), Holzschrauben (90 mm)
Werkzeug: Bandmaß, Winkel (45°), Stift, Akkuschrauber, Kreissäge

30. Substrat (Oberboden-Kompostgemisch) einbringen und planieren

Begründung: Pflanzsubstrat (25 cm stark) für Gemüse und Nutzpflanzen
Beschreibung: Substrat gleichmäßig bis Oberkante der Paletten verteilen und andrücken
Material: Substrat (Oberboden-Kompostgemisch)
Werkzeug: Schubkarre, Schaufel, Harke

So funktioniert die Beetbewässerung: Bei Regen füllt sich bei aufgeklappten Flügeln nach und nach der Wasserbehälter. Wenn das Erdsubstrat im oberen Teil langsam austrocknet, saugen die Vliesstreifen das Wasser aus dem Auffangbehälter nach oben und geben es über das Verteilervlies kontinuierlich an Boden und Pflanzen ab.

Bei Bedarf kann der Wasserbehälter auch von außen aufgefüllt werden und sichert auf diese Weise auch bei längerer Abwesenheit eine ausreichende Wasserzufuhr.

Fazit des Allmende-Kontors (Frauke Hehl)

Das Beet, das gut sichtbar nahe am Weg gelegen ist, wird immer wieder mit viel Interesse studiert. Ebenso die Tatsache, dass zu dieser Jahreszeit (Oktober 2013) frisches Grün daraus sprießt. So inspiriert es Vorbeikommende, es sich näher anzuschauen und sich mit dem Hintergrund des Beetes zu befassen: Warum ein wasserspeicherndes Beet hier? Auf den ersten Blick erfassen Besucher*innen nicht, dass dieser schöne Gemeinschaftsgarten einer ziemlich schwierigen Bewässerungssituation ausgeliefert ist. Die, die darin gärtnern hingegen, die wissen nur zu genau, dass der viele Wind, die intensive Sonne, ja eben diese untypischen urbanen Bedingungen das Gärtnern an dieser Stelle nicht gerade erleichtern. Dennoch war es vielleicht verwunderlich, dass ob des offenen Angebots, solch brauchbare Infrastruktur gemeinsam mit den Gärtner*innen vor Ort anzulegen, bei diesen erst mal auf keine allzu große Resonanz stieß.

Es dauert eben einfach oft eine Weile, bis Dinge sich vermitteln. Dennoch ist das Interesse an der Beettechnik inzwischen spürbar angewachsen und sollten auch die Erfahrungen mit dem Beet in der Saison 2014 „Früchte tragen", so ist davon auszugehen, dass dieser Prototyp zum Nachbau und Weiterbau anregt. Sicherlich war es für alle Beteiligten auch ein interessanter und lehrreicher Austausch von Anliegen, Überzeugungen und Wissen, der durch diese Zusammenarbeit zwischen der Peter-Lenné-Schule und Gärtner*innen des Gemeinschaftsgartens des Allmende-Kontors entstanden ist.

Fazit eines beteiligten Schülers (Andreas Karsch)

Nachteilig hat sich am Anfang gleich ausgewirkt, dass das gewählte Gelände ein größeres Gefälle aufwies, als gedacht und so die Arbeiten gleich ins Stocken gerieten, weil nicht genügend Sand zum Gefälleausgleich vorhanden war, eine waagerechte Grundplatte für dieses Beet jedoch von Nöten ist!

Beachtet werden muss auf jeden Fall, dass die Paletten unterschiedliche Maße besitzen können. Wenn dies von Anfang an beachtet würde, ließen sich etwaige Abweichungen eher ausgleichen. Ansonsten hat das Auslegen der Grundplatten kein Problem verursacht.

Es sollte unbedingt darauf geachtet werden, dass ein engmaschiges Drahtgeflecht vorher ausgelegt wird und der Draht genug Überstand hat, damit er seitig hochgeklappt werden kann, um besseren Schutz gegen Wühlmäuse zu liefern.

Beim Anstellen der Seitenwände sollten gleich die ggf. schon zurechtgeschnittenen Querlatten eingelegt werden, um auszuschließen, dass diese im Nachhinein nicht mehr rein passen. Diese Querlattung wurde von uns doch mehr als anfänglich gedacht mit den Seitenwänden verschraubt, um die Stabilität der Konstruktion zu erhöhen.

Die nachfolgenden Arbeitsschritte klappten problemlos, jedoch darf der zeitliche und logistische Aufwand nicht unterschätzt werden, da sich manches leichter planen als ausführen lässt. Es sollte auf jeden Fall darauf verzichten werden, die Stützen für die Flügel vorher zurechtzuschneiden. Diese passt man erst am Erfüllungsort an, um Unebenheiten des Bodens adäquat ausgleichen zu können.

Nicht nur die Arbeitszeit, auch die Kosten wurden im Voraus zu niedrig eingeschätzt, da wir auf sehr viel Neuware zurückgreifen mussten. Wir sind am Anfang davon ausgegangen, dass sich das meiste durch recyceltes Material realisieren ließe. Im Grunde ist es zwar richtig, dass viele verbaute Materalen auch aus gebrauchtem Bestand hätten kommen können, dafür jedoch müssen die entsprechenden Quellen rechtzeitig und zeitintensiv erschlossen werden.

Ein ausgiebiger Langzeittest des Hochbeetes fand noch nicht statt, da das Frühjahr erst ansteht, wo sich auch zeigen wird, inwieweit die Vliesstreifen das Wasser wirklich ins Substrat saugen. Der Wassertank weist jedoch schon einen gewissen Füllstand von zuletzt gesichteten ca. 10 cm auf.

Ein Überlauf sollte noch nachträglich realisiert werden.

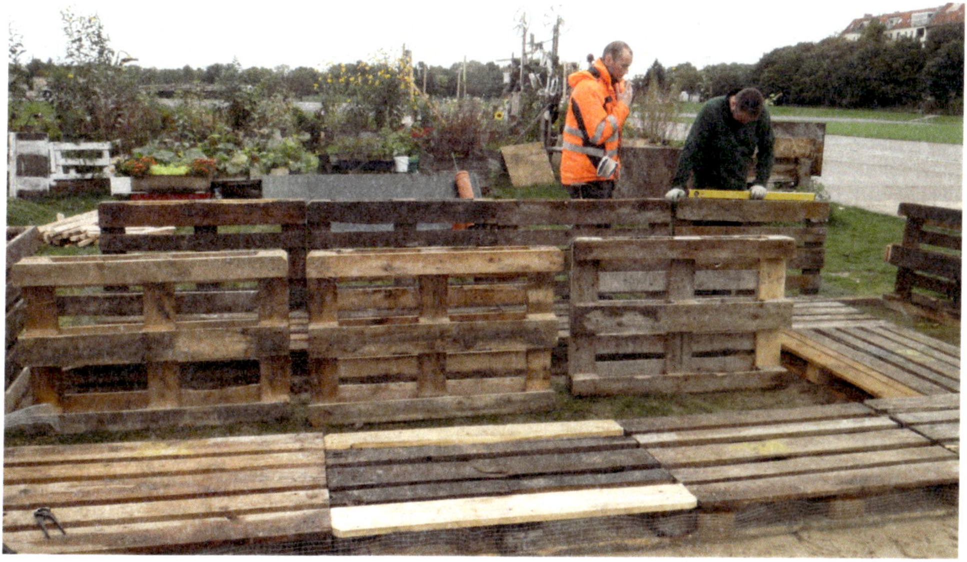

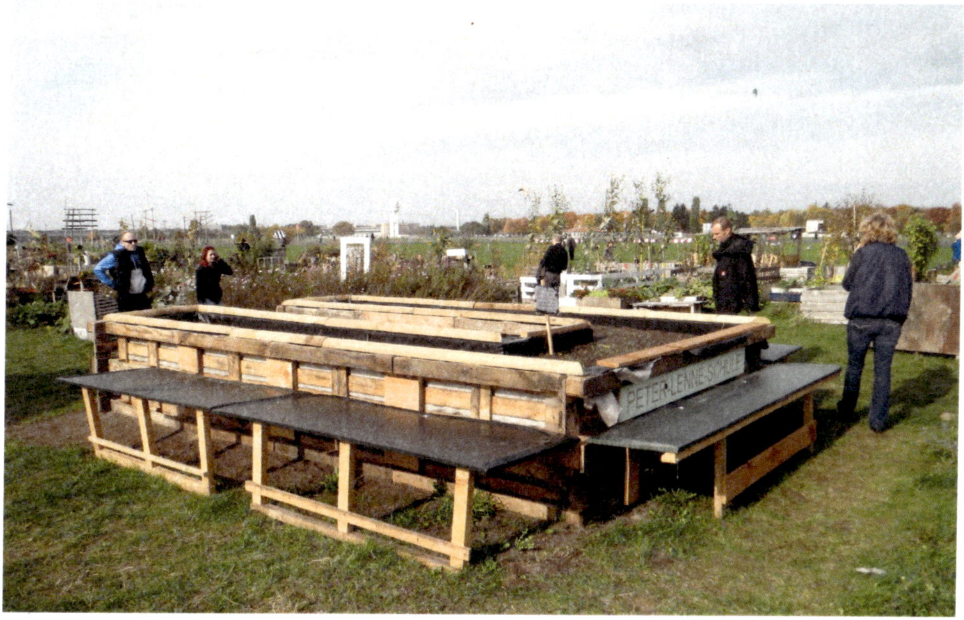
PETER-LENNE-SCHULE

Fazit der betreuenden Lehrer*innen

Das Projekt hat den Schüler*innen sehr viel Freude bereitet und viele neue Aspekte und Anregungen in die Ausbildung gebracht. Entscheidend für die weitere Ausgestaltung der Lehrpläne an der Schule war und ist, dass bei diesem Projekt das Lernen auf mehreren Ebenen erfolgte. Die Schüler*innen wurden für das Thema „Recycling und wiederverwendbare Baustoffe" sensibilisiert und lernten, den Bedürfnissen ihrer Klient*innen entsprechend zu planen. Das soziale Miteinander der Schüler*innen und der „Urban Gardening Community" führte zu einer erweiterten Sichtweise, die sich nicht nur in der Auseinandersetzung mit wiederverwendbaren Baustoffen und deren Einsatz im umgesetzten Projekt widerspiegelt, sondern auch in den Gedanken zu einer nachhaltigen Entwicklung. Neben den fachlichen Kompetenzen im Umgang mit „neuen" oder besser: alternativen Baustoffen wurden die Methoden- und Sozialkompetenzen bei den Präsentationen – nicht nur vor Ort, sondern auch in englischer Sprache in Paris – und der gemeinsamen praktischen Umsetzung im Team vor Ort gestärkt. Dieses Projekt ist – im Gegensatz zu vielen anderen Projekten im Bereich der beruflichen Bildung – in die Praxis umgesetzt worden und der Erfolg ist prüfbar! „Das Projekt hat uns sehr viel Spaß gemacht, unsere Kreativität angeregt und wir haben unterschiedlichste Dinge gelernt, die wir ansonsten im Rahmen unserer Ausbildung nicht vermittelt bekommen hätten", so lautet das einhellige Fazit der Schüler*innen.

Und last, but not least: Die Gärtner*innen des Allmende-Kontors, die gemeinsam und mit Unterstützung der Schüler*innen sich Wissen zum Wassermanagement theoretisch und praktisch angeeignet haben, können ihr Wissen als Multiplikator*innen anderen Gärtner*innen weitergeben!

Beteiligte Schüler*innen: Melanie Enslen, Marc Eyerund, Sven Krüger, Felix Lohmann, Stefan Peglau, Hannes Philipp, Lasse Scheel, Boris Suckow, Issa Taoum, Jennifer Welke, Christoph Wendland, Frederik Wietheger, Michael Zech, Nils Karl Siemen (zeitweise), Marcel Dallmann, Max General, Matthias Geßner, Andreas Karsch, Thomas Klaus, Frederik Krabbe, Axel Lamme, Jens Brandenburg (zeitweise)

Betreuende Lehrer*innen: Detlef Haß, Udo Kahlert, Klaus Pellmann, Meike Poets

Alle Fotografien von Udo Kahlert

Gemeinsam gärtnern und forschen

Von Severin Halder und Julia Jahnke

Wie kann eine Wissenschaft aussehen, bei der urbane Gärtner*innen und Forscher*innen gemeinsam forschen, lernen und praxisrelevante Ergebnisse entstehen?

Dieses Kapitel bietet einen Einblick in die diesem Handbuch zugrunde liegenden Forschungsprozesse und reflektiert dabei das Projekt „Urban Gardening in Berlin". Die Basis hierfür bildet eine Einführung in die Aktionsforschung, die die Möglichkeiten und Grenzen der Forschung im Umfeld der urbanen Gartenbewegung skizziert. Die Beschreibung des Forschungsprozesses erfolgt anhand konkreter Beispiele aus der partizipativen Praxis. Die anschließende Reflexion des Zusammenspiels von Wissenschaft und Gartenpraxis bringt sowohl Synergien als auch Probleme zum Vorschein. Ziel ist es, die im Laufe des Projekts gewonnenen Erfahrungen transparent zu machen und darüber hinaus Anregungen für die partizipative Aktionsforschung zu vermitteln.

Eine partizipative Aktionsforschung

Gemeinsam gärtnern und forschen

Im vergangenen Jahrzehnt gab es einen Boom in der Forschung zu urbaner Landwirtschaft[1]. Im globalen städtischen Krisenkontext werden die urbanen Gärten und Felder als Hoffnungsträger für einen gesellschaftlichen Wandel betrachtet (vgl. von der Haide et. al. 2011). Besonders hierzulande gelten die neuen urbanen Gärten als Laboratorien, in denen experimentell alternative Formen der sozialen, politischen, ökologischen und ästhetischen Praxis erprobt werden (vgl. Baier et al. 2013, Müller 2011). Neben zahlreichen Abschlussarbeiten[2] entstehen immer mehr geförderte Forschungsprojekte[3] zu Themen rund um die urbane Landwirtschaft. Dabei erheben einige Forschungsprojekte den Anspruch, mit den urbanen Gärtner*innen zusammenzuarbeiten und praktische Resultate zu erzielen.

Unter dem Überbegriff der **Aktionsforschung** zeigen sich seit der Mitte des 20. Jahrhunderts zunehmend Tendenzen, über Beschreibungen, Analysen und Theorien hinaus konkret zur Problemlösung beizutragen. Der Anspruch der partizipativen Aktionsforschung, mit und für Praktiker*innen zu arbeiten und dabei von der Ebene schriftlicher Beteuerungen in die Sphäre greifbarer Resultate zu wechseln, stellt die Forschenden noch immer vor große Herausforderungen.

Dieses Kapitel widmet sich dem Umgang mit diesen Herausforderungen am Beispiel des Projekts „Urban Gardening in Berlin" (siehe S. 13). Einführend erläutern wir dazu unseren Hintergrund, unsere Fragen und Ziele sowie unsere Sichtweise auf die partizipative Aktionsforschung. Anschließend beschreiben wir das Forschungsprojekt anhand unserer Aufgaben. Dazu stellen wir exemplarisch konkrete Prozesse und Ergebnisse aus der Forschungspraxis vor und zeigen unsere Funktionen darin. Anknüpfend daran reflektieren wir die verschiedenen Seiten des Zusammenspiels von Wissenschaft und Gartenpraxis und leiten Anregungen für die partizipative Aktionsforschung ab.

Unser Hintergrund

Aus eigener Erfahrung kennen wir beide Seiten der Wechselbeziehung Gartenbewegung–Wissenschaft, denn wir verstehen uns als Gartenaktivist*innen und sind gleichzeitig Forscher*innen, die zu urbaner Landwirtschaft und Gemeinschaftsgärten in Deutschland sowie in Nord- und Südamerika arbeiten (vgl. von der Haide et al. 2011; Halder 2009, 2012, 2013; Jahnke 2010, 2011).

Unser Forschungsimpuls entspringt dieser aktivistisch-akademischen Doppelrolle bzw. der Wertschätzung beider Seiten und der möglichen Synergieeffekte, die daraus entstehen. Über das Forschen sind wir (noch mehr) Teil der Gartenbewegung geworden und teilen deren Wünsche hinsichtlich einer sinnvollen „Beforschung". Als Gartenaktivist*innen wiederum haben wir ein Interesse am wissenschaftlichen Blick auf die Bewegung, um durch Reflexion ein tieferes Verständnis unseres Umfelds zu erlangen. Wir forschen explizit normativ, denn wir sind daran interessiert, die urbane Gartenbewegung konkret zu unterstützen.

Aktionsforschung erhebt den Anspruch, einen konkreten Beitrag zur Lösung von Problemen zu leisten, die von Interesse für das Wohlbefinden von Individuen sowie Gemeinschaften sind (vgl. Reason & Bradbury 2006:1). Ausgehend von einem bestimmten lokalen Kontext soll sie zur Veränderung ungerechter Zustände beitragen. Bei der partizipativen Aktionsforschung werden die „Beforschten" (Forschungsobjekte) aktiv in den Forschungsprozess involviert und damit zu Forschungssubjekten: Ihre Werte sowie ihre alltäglichen Probleme rücken dadurch in den Mittelpunkt. Ergebnisse dessen sind konkrete Aktionen und deren anschließende kritische Reflexion (vgl. Kindon et al. 2010: 14).

Literatur zur politischen Relevanz des Gärtnerns: Mckay, George (2011): Radical gardening - politics, idealism & rebellion in the garden. London: Frances Lincoln; Müller, Christa (Hrsg.) (2011): Urban Gardening - Über die Rückkehr der Gärten in die Stadt. München: oekom.

Forschende Gartenaktivisit*innen

Wir bezeichnen uns als Gartenaktivist*innen, denn wir pflegen seit Jahren ein enges Verhältnis zur Gartenbewegung und sind selbst in ihr aktiv. Die urbane Gartenbewegung verstehen wir als das „Politische" der modernen wie traditionellen Formen der urbanen Landwirtschaft. Neben den explizit politischen Gartenaktivist*innen zählen wir auch implizit politische Stadtgärtner*innen und alle politischen Aspekte der Subsistenz, der kritischen Bewusstseinsbildung und des Gemeinschaftlichen der urbanen Landwirtschaft dazu. Wir selbst fühlen uns als Gartenaktivist*innen insbesondere dem Rosa Rose Gemeinschaftsgarten und dem Allmende-Kontor (siehe Kapitel II) verbunden bzw. bilden selbst einen Teil davon. Parallel dazu sind wir im Bereich Forschung und Bildungsarbeit in Form von Publikationen, Vorträgen, Workshops, Kartierungen, Moderation, Beratung und Vernetzung tätig.

Im Lehr- und Forschungsgebiet Beratung und Kommunikation (LFBK) der Landwirtschaftlich-Gärtnerischen Fakultät der Humboldt-Universität zu Berlin waren wir als Mitarbeiter*innen in den Projekten „Urban Gardening in Berlin" sowie der AG Klimabildungsgärten in einen akademischen Kontext eingebunden. In dieser Position bewegten wir uns „von der Universität in die Gärten", um dort zu forschen. Dort angekommen, fanden wir uns jedoch in einer ambivalenten Situation wieder.

Da wir in den Gärten nicht als externe Wissenschaftler*innen wahrgenommen wurden, so auch nicht agieren wollten und gleichzeitig als wissenschaftliche Angestellte nicht mehr frei als Gartenaktivist*innen handeln konnten[4]. Dieser Umstand ermöglichte uns intensive Einblicke in die Wahrnehmungsweise beider Seiten.

AG Klimabildungsgärten

Während Severin Halder mit der Begleitung des Projektes „Urban Gardening in Berlin" betraut war, bearbeitete Julia Jahnke das Pilotprojekt AG Klimabildungsgärten. Die Arbeitsgruppe KlimaBildungsGärten war von 2009 bis 2013 Bestandteil des Innovationsnetzwerkes Klimaanpassung Brandenburg Berlin (INKA BB) (vgl. Foos et al. 2012). Das Ziel der AG war die Sensibilisierung der Teilnehmer*innen für das Thema Klimaanpassung durch praktisches Erleben im Kontext der urbanen Landwirtschaft. Die AG ermöglichte einen Erfahrungs- und Wissenaustausch verschiedener Akteur*innen der urbanen Landwirtschaft u.a. über Workshops zur Vermehrung von Saatgut. Da die Teilnahme sehr schwankte, muss eher von einem losen Netzwerk als von einer festen Arbeitsgruppe die Rede sein. Zur Fortführung der AG über INKA BB hinaus wurden konkrete Ideen entwickelt (siehe S.244), jedoch kaum umgesetzt, da der organisatorische Aufwand auch den vormals sehr aktiven Teilnehmer*innen zu hoch war und die durch den Projektrahmen gebotene Unterstützung bei der Organisation nicht weitergeführt wurde. Überschneidungen und Kooperationen der AG Klimabildungsgärten mit der Bearbeitung des Projektes „Urban Gardening in Berlin" bilden die Basis für die vorliegende gemeinsame kritische Reflexion.

Die Einsichten aus dem Spannungsfeld einer parallel aktivistischen und akademischen Realität wollen wir nutzen, um daraus Lehren für die partizipative Aktionsforschung zu ziehen. Insbesondere im Kontext des steigenden Forschungsinteresses an urbanen Gärten halten wir unsere Reflexionen hinsichtlich der zukünftigen Entwicklung der urbanen Gartenbewegung für relevant. Dabei gilt unser Hauptinteresse der Frage, wie Wissenschaftler*innen Forschungsprojekte so gestalten können, dass sie praxisrelevant und partizipativ sind. Für die Reflexion unserer Aktionsforschung sind folgende Fragen zentral:

- Welche Synergien und Grenzen ergaben sich im Projekt „Urban Gardening in Berlin" zwischen Wissenschaft und Gartenpraxis?
- Wie partizipativ war die Aktionsforschung und welche Gründe hatte die Intensität der Partizipation?
- Welche Form der Partizipation ist dem Verhältnis von Wissenschaft und Gartenpraxis zuträglich?

Aktionsforschung

„Eine Forschung, die nichts anderes als Bücher hervorbringt, genügt nicht."
(Lewin 1946: 280)

Der Begriff „Action Research" wurde erstmalig von Kurt Lewin (1890–1947) verwendet. Er beschreibt einen Prozess, bei dem die Theorie durch praktische Interventionen entwickelt wird und die Forschungsziele und Mittel zu deren Erreichung in Übereinstimmung mit den „Beforschten" und den gemeinsam erarbeiteten Prinzipien stehen (vgl. Kindon et al. 2007: 9f). Forschung in diesem Sinne kann als Abkehr vom Ideal der Objektivität verstanden werden, sprich einer (vermeintlich) neutralen Perspektive, die Forschende durch ihre „Distanz" erlangen. Der bisher „unsichtbare" Forschende wird „sichtbar". Daraus resultiert eine Wahrnehmung des Forschenden als einflussreicher Akteur im Forschungsprozess, der die ungewohnte Betrachtung seiner selbst durch die Beforschten ertragen muss (vgl. Fitzek 2011). Lewin veränderte damit grundlegend das Verhältnisses von Forscher*in und Beforschten.

Literatur

Chatterton, Paul; Hodkinson, Stuart; Pickerill, Jenny (2010): Beyond Scholar Activism: Making Strategic Interventions Inside and Outside the Neoliberal University. In: ACME. 9. S. 245–275.

> **Sichtbarwerdung**
>
> Als passendes Bild für die durch Lewin veränderte (Selbst-) Wahrnehmung der vermeintlich abwesenden Forschenden erscheint uns der Kontakt des Kobolds Pumuckl mit einem Leimtopf in der Schreinerei des Meister Eder. Der unsichtbare Kobold (als Pendant zu den Forschenden) wird erst durch das Klebenbleiben an diesem für den Meister Eder (als Pendant zu den Beforschten) sichtbar. Sein Verhältnis zum Meister Eder ändert sich damit grundlegend, denn Pumuckl ist von diesem Zeitpunkt an vom Schreinermeister eindeutig als einflussreicher Akteur in der Werkstatt zu identifizieren und mit dessen Reaktionen auf seine Streiche konfrontiert.

Aktionsforscher*innen involvieren die Praktiker*innen aktiv in den Forschungsprozess, wenn sie ihn als partizipativen oder sogar kollektiven demokratischen Prozess verstehen, der Aktion und Reflexion bzw. Theorie und Praxis in der Zusammenarbeit mit anderen vereint (vgl. Reason & Bradbury 2006:1). Im Folgenden sprechen wir der Einfachheit halber von partizipativer Aktionsforschung, da der Begriff unserer akademisch angebundenen Forschungspraxis am nächsten kommt[5].

Lernprozesse in der partizipativen Aktionsforschung

Zentraler Bestandteil der Aktionsforschung ist eine sich wiederholende Abfolge von Aktion und Reflexion. Ziel der Reflexion ist dabei eine verbesserte Analyse, Planung und Durchführung der (folgenden) Aktion.

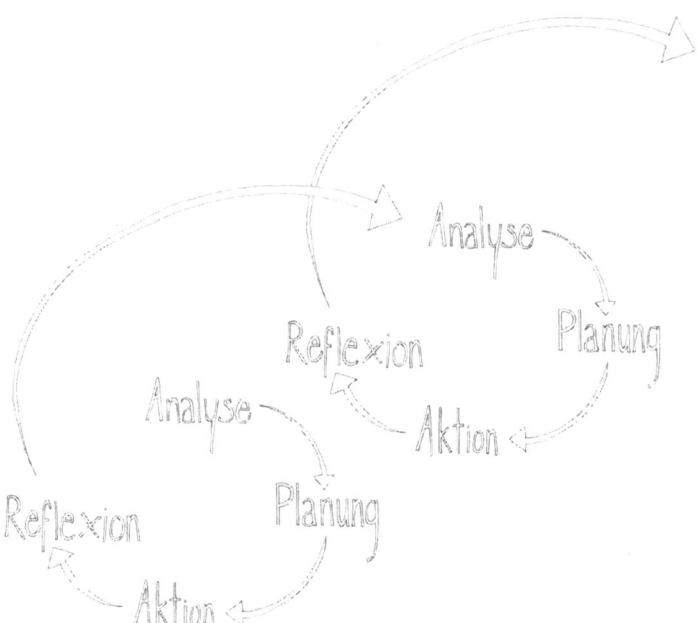

Zyklus der Aktions-
forschung

Der gesamte Zyklus der Aktionsforschung kann als Lernpro-
zess verstanden werden. Lernprozesse spielen in der Aktionsforschung eine zentrale Rolle. Aktionsforscher*innen beziehen
sich oftmals auf Paulo Freire und charakterisieren damit ein
auf emanzipatorischer Bildung fußendes Selbstverständnis der
partizipativen Aktionsforschung.

„Ein wirkliches Wort sagen heißt daher,
die Welt verändern." (Freire 1984: 71)
Kennzeichen des Bildungsverständnisses von Paulo Freires
(1921–1997) ist die Parteilichkeit für die Marginalisierten
und eine radikale Kritik der bestehenden Verhältnisse. Seine
„Bewusstseinsbildung" hat zum Ziel, die kapitalistische und
neokoloniale Ausbeutung sowie die darin verwurzelten sozio-
kulturellen Strukturen zu überwinden. Ausgangspunkt bildet

die Befreiung der Ausgebeu-
teten und Unterdrückten von
der „Kultur des Schweigens",
d.h. Bildung bedeutet in diesem
Zusammenhang einen politi-
sierten Prozess der Reflexion.
Sie beginnt in der alltäglichen
lebensweltlichen Umgebung und
entfaltet sich über den Dialog.
Ausgehend vom konkreten
Umfeld und dem damit ver-
bundenen Alltagswissen sollen
Menschen sich ermächtigen,
die eigene Umwelt sowie das
eigene Handeln zu reflektieren
und selbst zu erforschen. „Für
Freire ist Forschen kein Privileg
weniger Wissender, sondern
eine Grundeigenschaft aller
Menschen und Voraussetzung,
Klarheit über sich und die Welt
zu erlangen" (Novy 2005: 5). Daher sollen Wissenschaftler*innen

„[…] die Armen nicht ‚verstehen' und ihnen die Welt erklären,
sondern mit den Armen über die Welt und ihre Strukturen
nachdenken, um diese gemeinsam zu ändern" (Novy 2005: 10).
Forscher*innen, die in der Tradition der Befreiungspädagogik
stehen, drängen sich daher „niemals auf, sondern handeln als
einfühlsame Beobachter" (Freire 1984: 92).

Darstellungen alltägli-
cher Situationen, wie
dieser Einblick in eine
Siedlung (mit Gärt-
chen) am Rande einer
lateinamerikanischen
Großstadt, sind typi-
scher Bestandteil von
Bildungsmaterialien,
die in der Tradition
Freires stehen.

Partizipation

Seit den 1960er Jahren ist in verschiedenen gesellschaftlichen
Zusammenhängen, so auch in der Forschung, eine Tendenz zu
mehr Mitsprache zu beobachten. Ursprung dessen ist die Frage,

ob und wie Hierarchien abgeschafft oder zumindest abgeflacht werden können. Sowohl radikale, die Machtverhältnisse grundsätzlich in Frage stellende, wie auch gemäßigte Forderungen nach beispielsweise mehr Bürgerbeteiligung haben ihren Teil dazu beigetragen, dass die Diskussion um Partizipation an Bedeutung gewann. Bei genauerer Betrachtung bezeichnet der Begriff Partizipation das im Folgenden dargestellte Spektrum verschiedener Partizipationsintensitäten.

Form der Beteiligung	Partizipatzionsintensität
Volle Entscheidungsmacht	Starke Partizipation
Teilweise Entscheidungsmacht	Mittlere Partizipation
Mitbestimmung	Schwache Partizipation
Anhörung & Informations-weitergabe	Passive Partizipation
Anweisung, Dekoration & Manipulation	Nicht-Partizipation

Das Spektrum der Partizipation (angelehnt an Arnstein, 1969; Hart 1992)

Unabhängig davon, ob es sich um politische Entscheidungsprozesse oder Forschungsprojekte handelt, existiert ein Spektrum von manipulativen bis emanzipatorischen Formen der Partizipation. Entscheidend ist daher die Frage, von wem Partizipation warum und wie (nicht) angeboten bzw. angenommen wird. Partizipation hat stets zwei Seiten, die der „Mächtigen", die Partizipation ermöglichen, und die der „Betroffenen", die Beteiligungsmöglichkeiten in Anspruch nehmen können. Deshalb befinden sich kollektive Formen der Organisation, die wie die Selbstorganisation ohne diesen Dualismus funktionieren, jenseits des Partizipationsspektrums. Grundsätzlich geht die Gewährung oder Nichtgewährung von Partizipation immer von der mächtigeren Seite aus. Sie kann dabei jedoch entweder von den Betroffenen eingefordert oder von sich aus angeboten werden. Zentral ist immer die Intention, mit der Partizipation angeboten wird. Denn das Angebot „Partizipieren zu lassen" kann als Mittel zum Zweck (z.B. der Effizienzsteigerung) oder als Ziel im Sinne des **Empowerment** verstanden werden (vgl. Nelson & Wright 1995: 1).

Methodenmenü der partizipativen Aktionsforschung

Ab den 1970er Jahren kam es zu einer Weiterentwicklung der partizipativen Aktionsforschung, bei der neben einer kritischen Reflexion der Forschungspraxis (s.u.) die Entwicklung partizipativer Methoden von entscheidender Bedeutung war. Ihr Wert liegt darin, Formen des Austauschs und der Zusammenarbeit zu schaffen, die es ermöglichen, dass die Forschenden zurück und die Praktiker*innen nach vorne treten können. Zentrale Aspekte sind dabei die gemeinsame Aktion sowie der Dialog zwischen Praktiker*innen und Forscher*innen. Daraus kann sich ein Rollentausch ergeben, der Praktiker*innen in Forscher*innen verwandelt und umgekehrt.

Im Folgenden ist eine Auswahl partizipativer Methoden dargestellt (vgl. Chambers 1994: 959ff.; Kindon et al. 2010: 17):
- Teilnehmende Beobachtung: Forscher*innen nehmen am Alltag der Praktiker*innen teil und beobachten aus dieser Perspektive heraus das Geschehen.
- Offene Befragungen und Gruppendiskussionen: Die Praktiker*innen (mit oder ohne Forscher*innen) befragen sich und diskutieren gemeinsam.
- Transect Walk: Praktiker*innen und Forscher*innen begehen gemeinsam das Forschungsgebiet, stellen Fragen, beobachten, hören zu …
- Eigene Geschichtsschreibung: Die Praktiker*innen erstellen ihre Chronologie der wichtigen Ereignisse und beschreiben ihre Sicht auf den Wandel der Zeit.

Mit **Empowerment** werden Prozesse der „Ermächtigung" bezeichnet, die den Grad an Autonomie verstärken und dazu führen, dass Individuen oder Gemeinschaften selbstbestimmt leben können.

- Analyse der Differenz: Die Praktiker*innen beschreiben unterschiedliche Gruppen aufgrund von Einkommen, Geschlecht, Alter und die Beziehung der verschiedenen Gruppen zueinander.

Viele dieser Methoden sind aufgrund der Einbindung der Praktiker*innen in den Forschungsprozess geprägt durch Offenheit, schnelle Anwendbarkeit und Vereinfachung. Visualisierungs- und Inszenierungstechniken kommt eine besondere Bedeutung zu, da sie als teils spielerische und nonverbale Methoden zusätzlich einen inklusiven Charakter sowie hohe Attraktivität ausstrahlen. Zu ihnen zählen:

- Visualisierung unter Verwendung von Postern, Flipcharts, Meta-Plan-Karten etc.
- Kartieren und Modellieren: Die Akteur*innen zeichnen ihre eigenen Karten, filmen oder bauen dreidimensionale Modelle.
- Inszenieren und Dokumentieren: Die Akteur*innen schaffen inszenierte oder dokumentarische Formen der Kommunikation (z.B. Videos, Fotos, Theaterstücke).

Von Teilnehmern eines kollektiven Kartierungsworkshops erstelltes Icon für gewonnene Kämpfe um urbane Grünflächen

Grenzen der partizipativen Aktionsforschung

Das Konzept der Partizipation ist inzwischen im politischen Mainstream angelangt[6]. Es ist notwendig geworden, zwischen verschiedenen Intensitäten der Partizipation zu unterscheiden, um innerhalb der Flut dessen, was als partizipativ bezeichnet wird, das Potenzial für echte Beteiligung an Entscheidungsprozessen ausfindig zu machen. Die Unterscheidung der verschiedenen Intensitäten von Partizipation kann als Kritik an schwacher Partizipation verstanden werden (vgl. Arnstein 1969). Kritisiert wird, dass eine als Partizipation getarnte „Nicht-Partizipation" vermeintlich basisdemokratische Mittel zur Legitimierung dominanter Interessen missbraucht. Die Unterscheidung kann aber auch auf ein flexibleres Verständnis von Partizipation hindeuten, das ihre Intensität den unterschiedlichen Kontexten und Situationen anpasst (vgl. Pretty et al. 1995).

Kritik an der Partizipation wird in Forschungsprozessen insbesondere mit (poststrukturalistischem) Blick auf ein vereinfachtes Machtverständnis von oben und unten (bzw. reich und arm) und der damit einhergehenden Homogenisierung von lokalem Wissen oder Gemeinschaften (vgl. Kothari 2001) geäußert. Es wird vor dem Mythos der Gemeinschaft (vgl. Guijt & Shah 1998) und der Romantisierung des lokalen Wissens gewarnt, da diese eine „Reduktion der sozialen Komplexität und eine Überbewertung der lokalen Expertise" (Segebart 2007: 50) beinhalten können. Partizipative Forschung kann also das Machtgefälle innerhalb von Gemeinschaften verschleiern oder sogar verstärken und damit eine neue Form der „Tyrannei" entstehen lassen (vgl. Kothari 2001).

Desweiteren wird auf die problematische Beziehung zwischen Forscher*innen und Beforschten verwiesen: Partizipative Forschung führe zu einer (Re-)Produktion der Forschenden als Expert*innen der Partizipation, die die Beforschten als Subjekte der Forschung brauchen und diese disziplinieren (wollen), sich entsprechend partizipativ zu verhalten. Kern dieser Kritik ist der Verweis auf die Gefahren der Legitimierung und (Re-)Autorisierung von Forschungspraktiken und Hierarchien durch vermeintlich gemeinschaftliche Wissensproduktion (vgl. Kindon et. al. 2010: 21). Die partizipative Forschung wird zudem oftmals für ihre Unwissenschaftlichkeit kritisiert, da sie unsauber (vgl. Fuller 1999), zu wenig theoriegeleitet sowie schwer nachzuvollziehen sei. Aktionsforscher*innen selbst verweisen auf physische, emotionale und berufliche Gefahren, die im Kontext konträrer akademischer und zivilgesellschaftlicher Rahmenbedingungen auftreten können (vgl. Adams & Moore 2010).

So wird deutlich, dass es sich bei der partizipativen Aktionsforschung nicht um eine hierarchie- oder machtfreie Sphäre handelt, sondern vielmehr um ein umkämpftes Feld, das jedoch bei aller Kritik eine konkrete Möglichkeit bietet, ungerechte und unreflektierte Zustände zu verändern (vgl. Kindon 2010: 25).

Literatur

Wagner, Thomas (2013): Die Mitmachfalle - Bürgerbeteiligung als Herrschaftsinstrument. Köln: Papyrossa.

Aktionsforschung im Rahmen von „Urban Gardening in Berlin"

Die partizipative Aktionsforschung ist in ihrer Entstehung mit der Agrarforschung im ländlichen Raum des globalen Südens (vgl. Chambers 1994) verknüpft. Inzwischen ist sie auch Bestandteil der Beforschung der Landwirtschaft im urbanen Norden geworden. Das LFBK ist sowohl international wie auch in Deutschland im Bereich der partizipativen Aktionsforschung tätig. Im Rahmen des Projekts „Urban Gardening in Berlin" (siehe S. 13) waren wir mit der partizipativen und aktionsorientierten wissenschaftliche Begleitung und Teilen der Projektkoordination betraut. Auf der Grundlage von Teilnahme, Beobachtung, Reflexion und Intervention sollten sowohl das Gesamtprojekt wie auch die Einzelteile des Projekts prozessbegleitend unterstützt werden. Die Unterstützung beinhaltete die auf der gegenüberliegenden Seite dargestellten Aufgabengebiete.

Im Folgenden beschreiben wir das Projekt anhand der Aufgabengebiete und veranschaulichen diese mit Beispielen aus der Forschungspraxis. Damit soll ein Überblick über die Bestandteile des Projekts und die angewandten Methoden ermöglicht werden.

Das Aufgabengebiet **Praxis-Teilprojekte** beinhaltete die Unterstützung der Praxispartner*innen und deren Bildungsaktivitäten (siehe Kapitel I-V). Die Unterstützung erfolgte durch Beratungstätigkeiten bei der Weiterentwicklung der Bildungsbausteine, basierend auf teilnehmender Beobachtung, Protokollen und informellen Gesprächen, sowie durch praktische Unterstützung bei der Durchführung von Veranstaltungen und Generierung von Produkten.

Praxis-Teilprojekte

Wissenschaftliches Teilprojekt

Abschlusspublikation

Runder Tisch

Gesamtprojekt

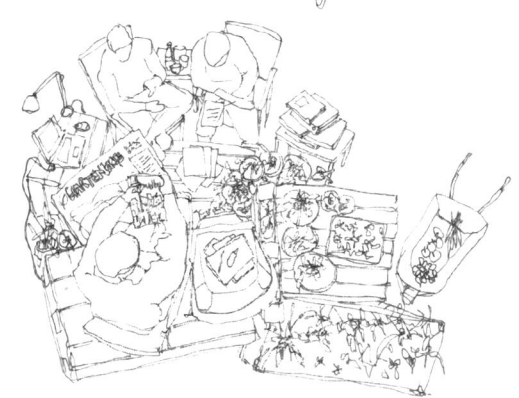

Workshop zur
Jungpflanzenanzucht
auf dem Tempelhofer
Feld

Beispiel aus der Forschungspraxis

Die Bildungsbausteine „Jungpflanzenanzucht" (siehe Kapitel I)
und „Selbstbewässerndes Hochbeet" (siehe Kapitel V) stehen
exemplarisch für die konkrete Unterstützung der Praxis-Teilprojekte durch die Humboldt-Universität. Bei der Konzeption
und Durchführung wurde hier Zuarbeit in Form von Kontakt-
vermittlung, Kommunikation, Moderation sowie Öffentlichkeitsarbeit geleistet. Die Workshops, die jeweils gemeinsam mit
dem Allmende-Kontor (siehe Kapitel II) realisiert wurden, sind
Beispiele für die Zusammenarbeit der Teilprojekte untereinander sowie die Einbindung projektexterner Partner*innen.

Die Aufgabe als **wissenschaftliches Teilprojekt** bestand darin, eine empirische Forschung durchzuführen, die in möglichst
konkreten Interventionen münden sollte. Ausgehend von Text-
und Recherchearbeit verschafften wir uns dabei einen Überblick
über die Themenfelder urbane Landwirtschaft, Bildung und
Aktionsforschung. Im Zentrum dieser Begleitforschung stand
die Realisierung einer Bestandsaufnahme der urbanen Land-

wirtschaft in Berlin. Forschungstätigkeiten im Bereich Bildung, insbesondere jene mit dem Fokus „Verbindung formeller und informeller Bildung" erfolgten größtenteils im Rahmen der Betreuung von Abschlussarbeiten.

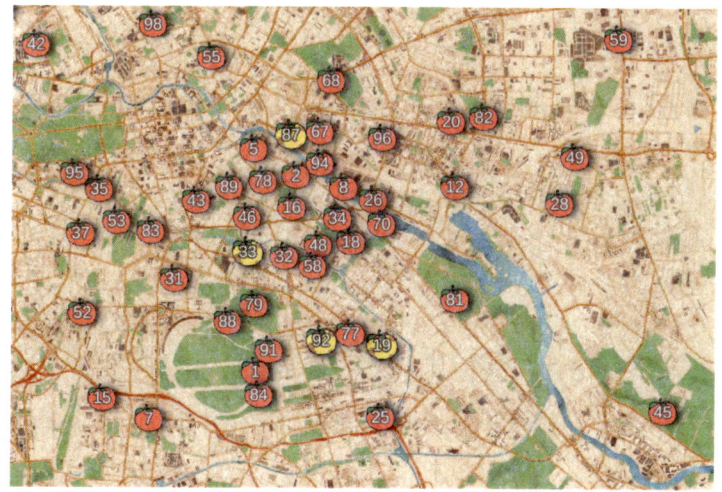

Berliner Gartenkarte

Beispiel aus der Forschungspraxis

Auf der Suche nach verbündeten Wissenschaftler*innen kam es zu einer Zusammenarbeit mit dem Projekt INNSULA[7]. Die Kooperation zielte darauf ab, eine möglichst vollständige und für die Entwicklung der Internet-Plattform stadtacker.net sinnvoll strukturierte Datenerhebung der urbanen Landwirtschaft in Berlin durchzuführen. Auf stadtacker.net werden „Wissen, Erfahrungen, Aktivitäten und Projekte aus dem Bereich der Urbanen Landwirtschaft und des Stadtgärtnerns gesammelt [...] für alle und mit allen, die sich für das ‚Ackern' in der Stadt interessieren und engagieren. Die Plattform dient der Information, der Vernetzung und der gegenseitigen Unterstützung" (www.stadtacker.net). stadtacker.net wurde gemeinsam mit Akteur*innen aus Wissenschaft und Praxis entwickelt. Sie ist

241

ein spannendes, wenn auch nicht widerspruchsfreies Beispiel[8] für eine fruchtbare Zusammenarbeit von verschiedenen Forschungsprojekten mit Praxispartner*innen auf der Forschungsebene. Die im Rahmen von stadtacker.net aggregierten Daten dienten in der Folge zur Erstellung der Gartenkarte. Diese Kartierung von Gemeinschaftsgärten und urbaner Landwirtschaft in Berlin ist dem Handbuch beigelegt. Auf der Rückseite befindet sich eine detaillierte Beschreibung des Entstehungsprozesses. Dabei handelt es sich um ein sehr praxisorientiertes, beliebtes und sichtbares Produkt des Forschungsprozesses.

Die Aufgabe beim Aufbau eines Netzwerkes durch den **Runden Tisch** „Urban Gardening & Bildung" bestand darin, den Runden Tisch zu initiieren und am Leben zu halten. Dazu wurden große Teile der Koordination und Organisation, von der Vorbereitung und Moderation bis hin zur Dokumentation und dem Anstoßen der Verstetigung über die Projektlaufzeit hinaus, übernommen.

Beispiel aus der Forschungspraxis
Der Runde Tisch „Urban Gardening & Bildung" war ein Ort für projektinterne Auswertung und Kommunikationsprozesse und darüber hinaus ein Forum für verschiedene Akteur*innen der urbanen Landwirtschaft. Er spielte eine wichtige und sich wandelnde Rolle im Projekt und in der Berliner Gartenbewegung. Durch seine Regelmäßigkeit und die rege Teilnahme verschiedener Akteur*innen traditioneller wie moderner Formen städtischer Landwirtschaft wurde er zu einem Werkzeug der Vernetzung für die urbane Gartenbewegung. Die vierteljährlich stattfindenden Treffen waren geprägt von geographischer, inhaltlicher sowie struktureller Dynamik und passten sich dabei immer mehr den Bedürfnissen der Stadtgärtner*innen an. Der Runde Tisch war berlinweit in verschiedenen Gemeinschaftsgärten wie auch bei Einrichtungen der formellen Bildung im Garten- und Landbau zu Gast. Bezeichnend war dabei der zunehmend partizipative

Der Runde Tisch
zu Gast im
Prinzessinnengarten

Charakter. Das Informieren über den Stand des Projektes wurde
allmählich abgelöst von Führungen durch den jeweiligen Garten
vor Ort sowie Präsentationen von Institutionen und Projekten
wie der Saatgutinitiative „Social Seeds – Kulturpflanzenvielfalt in
Berliner Gemeinschaftsgärten". In Anbetracht der prekären Lage
urbaner Grünflächen (siehe S. 13) verwandelte er sich schluss-
endlich auch in einen Ort für politische Diskussionen.
Über ein Jahr vor Ende der Projektlaufzeit wurde damit begonnen, mit Praxispartner*innen gemeinsam die Frage nach
der Zukunft des Runden Tisches zu erörtern. Dabei wurde
deutlich, dass die Veranstaltung von zentraler Bedeutung für die
Gartenbewegung ist und eine Fortführung über den Projektrahmen hinaus gewünscht wird. Im Zuge der wissenschaftlichen
Begleitung des Verstetigungsprozesses konnten aus einem
ähnlichen Versuch im Rahmen der AG Klimabildungsgärten
hilfreiche Schlussfolgerungen gezogen werden. Unterstützt
wurde dieser Prozess im Rahmen einer Masterarbeit durch die
Erstellung eines Konzepts zur Fortführung des Runden Tisches
(s.u.). Maßgeblich war dabei die über die schriftliche Arbeit
hinausgehende praktische Umsetzung.

Konzept zur Fortführung (vgl. Lesmeister 2013, 84ff.):

- Erstellung einer Übersicht schon existierender Vernetzungsveranstaltungen, von lokalen informellen Saatguttauschbörsen bis hin zum bundesweiten Urban Gardening Sommercamp
- Vorstellung des bisherigen Charakters des Runden Tisches
- Diskussion über die Fortführung anhand der folgenden Fragen:
  - Warum brauchen wir eine solche Veranstaltung?
  - Welche thematische Ausrichtung soll die Veranstaltung haben?
  - Wie soll sie strukturiert sein (Rhythmus, Ablauf, Ort)?
  - Wie soll die Veranstaltung heißen?
- Wer kann etwas dazu beitragen?
- Erstellung einer Jahresplanung mit Verantwortlichkeiten für die einzelnen Termine
- Zusammenstellung einer Gruppe von Personen, die für kontinuierliche Unterstützung bei der Organisation zuständig ist

Im Februar 2014 fusionierte der Runde Tisch mit dem seit 2009 alle zwei Jahre stattfindenden Gartenaktivist*innen-Treffen[9] und machte damit den ersten Schritt, um unabhängig vom Projekt als Forum Stadtgärtnern ein zweites Leben zu beginnen. Aus den Erfahrungen der AG Klimabildungsgärten wurde deutlich, dass eine rein selbstorganisierte, auf dem Prinzip der „Staffelstabübergabe" basierende Organisation, störanfällig ist. Denn eine einzige nicht planmäßig erfolgende Übergabe der Verantwortlichkeit gefährdet die gesamte Fortführung. Daher bedarf es einer begleitenden Organisation, die für Kontinuität sorgt. Die im Rahmen der Verstetigungsdiskussion der AG Klimabildungsgärten von den Teilnehmer*innen erarbeitete Checkliste (s.u.) erscheint uns eine hilfreiche Orientierung zur Planung und Durchführung von derartigen Gruppen- und Netzwerktreffen zu sein.

CHECKLISTE

Wichtige Faustregel:
Dinge selber erledigen oder Verantwortung
an bestimmte Personen abgeben

Vorbereitung

- Ort finden
- Thema vorbereiten
- (- Referent*in / Gäste einladen)
- Finanzierung bedenken
- Kommunikation im Vorfeld :
  - E-Mail Verteiler aktualisieren
  - Termin finden
  - Ablauf planen
  - Programm machen
  - Wegbeschreibung erstellen
  - Einladung verschicken (per Mail,
    eventuell auch per Post oder Telefon
    kommunizieren)
  - Um Rückmeldung bitten
  - Nachfragen, wo das darauffolgende
    Treffen organisiert und ob der/diejenige
    anwesend sein wird

- Planung des Ablaufs:
  - Koordination mit Vor-Ort-Kontakt (z.B. Garten)
  - Infrastruktur bedenken (Küchenausstattung,
    Beamer, Moderationsmaterial ... ?)
  - Einkauf (Tee, Kaffee, Obst, Gemüse, Kekse ..)

Durchführung

- Absprache mit Vor-Ort-Kontakt (Schlüssel etc)
- Früher vor Ort sein
- Getränke & Snacks vorbereiten
- Raum & Infrastruktur vorbereiten (Stühle, Beamer...)
- Moderation:
  - Anfang & Ende festlegen
  - Ablauf vorstellen
  - Auf die Zeit achten
  - Dokumentation sicher stellen
  - Die Gesprächskultur pflegen
  - Thematischen Fokus beachten

- Bestandteile des Treffens:
  - Ortsbesichtigung
  - Teilnehmer*innen-Liste ausfüllen lassen mit Informationen zu Kontakten, Ressourcen,...
  - Vortrag / Workshop
  - Austausch über aktuelle Termine
  - Informeller, dezentraler Austausch (z.B. Bier & Suche)
  - Planung des nächsten Treffens
    - Verantwortung weitergeben
    - Zeitfenster diskutieren
    - Organisation & Ablauf diskutieren
  - Feedbackrunde ← Aufräumen nicht vergessen :-

Nachbereitung
  - Dokumentation (Protokoll, Fotos) verschicken

Im Rahmen der **Abschlusspublikation** bestand die Aufgabe darin, den gesamten Prozess zu koordinieren und zentrale Bausteine selbst zu erarbeiten. Dies beinhaltete die Konzeption der Publikation, Moderation der Redaktionsarbeit, Begleitung des Layouts und strukturelle Unterstützung der Autor*innen.

Beispiel aus der Forschungspraxis

Ein konkretes Ergebnis der Begleitforschung ist das Handbuch „Wissen wuchern lassen" selbst. Es handelt sich dabei um das Ergebnis eines partizipativen Prozesses, der damit begann, die Entwicklung der einzelnen Bildungsaktivitäten der Gärtner*innen zu beobachten, zu dokumentieren, zu reflektieren und zu verändern. Anschließend wurde strukturelle Unterstützung bei der Konzeptualisierung und Verschriftlichung der Bildungsbausteine angeboten, um aus den vielseitigen Aktivitäten einzelne Kapitel zu entwickeln (siehe Kapitel I-V). Die abschließende Redaktionsarbeit wurde gemeinsam von einzelnen Akteur*innen des Allmende-Kontors, des Bürgergartens Laskerwiese, der GFBM und der Humboldt-Universität ausgeführt. Die Koordination der Redaktionsarbeit war Aufgabe der Humboldt-Universität[10].

247

Die Aufgaben bei der Gestaltung des **Gesamtprojekts** erstreckten sich von der Projektantragsstellung über die Koordination und Kommunikation bis hin zu Beratungsprozessen. Zentraler Bestandteil war die fortlaufende Evaluierung. Dazu wurden die durch teilnehmende Beobachtung, Beschreibung und Bewertung des Projekts gewonnenen Erkenntnisse an die Praxispartner*innen kommuniziert und mit ihnen hinsichtlich möglicher Veränderungsprozesse diskutiert.

Die Abschlusspublikation war auch Handarbeit

Beispiel aus der Forschungspraxis

Als ein praktisches Werkzeug für die partizipative Prozessgestaltung erwies sich die **SWOT**-Analyse. Der Analyserahmen, der sowohl interne Faktoren (Stärken und Schwächen) wie auch externe (Möglichkeiten und Gefahren) beinhaltet, erwies sich als hilfreich bei der gemeinsamen Bestimmung des Status quo des Gesamtprojekts sowie seiner Bestandteile. Neben der Auflistung positiver Aspekte waren insbesondere die Benennung von Problemen und die daraus gezogenen Schlüsse für den weiteren Projektverlauf von Bedeutung. Aufgrund von

SWOT steht für die englischen Begriffe strength, weakness, opportunity und threat.

248

Kritik und Wünschen der Praxispartner*innen ergaben sich z.B. Änderungen bei der Konzeption der projektinternen Treffen (Uhrzeit, Dauer und Inhalte) sowie der Gestaltung der Projekt-Zwischenberichte. Auf Wunsch der Autor*innen wurde die Pflichtaufgabe, halbjährliche Zwischenberichte zu verfassen, in eine schrittweise Annäherung an die Abschlusspublikation uminterpretiert.

Reflexion der Aktionsforschung

Ziel unserer Forschungsaktivitäten war es, in den verschiedenen Aufgabengebieten zu intervenieren, um sie zu unterstützen. Die Unterstützung erfüllte bestimmte Funktionen und geschah auf folgenden Ebenen:

- Prozessgestaltung
- Beratung
- Praktische Unterstützung
- Vernetzung
- Ergänzende empirische Forschung

Die unterschiedlichen Funktionsebenen werden anhand der einzelnen Interventionen und der angewandten Methoden im Folgenden beschrieben. Bei der Abgrenzung der Funktionsebenen voneinander wird deutlich, dass sie sich teilweise überschneiden, da einzelne Interventionen mehrere Funktionen haben können. So war beispielsweise die Moderation Teil der Beratung, der Prozessgestaltung als auch der praktischen Unterstützung.

Aufbauend auf der Beschreibung der Funktionsebenen erläutern wir, welche Synergien und Probleme sich zwischen der urbanen Gartenpraxis[11] und der Wissenschaft im Projektverlauf ergeben haben. Die abschließende Sammlung bündelt teilweise darauf basierende Anregungen für die partizipative Aktionsforschung. Wir ordnen den jeweiligen Interventionen Partizipationsintensitäten (siehe Tabelle S. 234) zu.[12] Die verschiedenen Partizipationsintensitäten sind anhand der Formen der Beteiligung am Projekt im Folgenden beschrieben:

- Nicht-Partizipation: Praxispartner*innen haben keinerlei Einfluss auf den Projektverlauf.
- Passive Partizipation: Meinungen der Praxispartner*innen werden zur Kenntnis genommen und Informationen zum Projektstatus werden weitergegeben.
- Schwache Partizipation: Meinungen der Praxispartner*innen werden zur Kenntnis genommen und teilweise umgesetzt.
- Mittlere Partizipation: Entscheidungen in Projektteilaspekten werden gemeinsam getroffen.
- Starke Partizipation: Relevante Entscheidungen und Ziele des gesamten Projekts werden gleichberechtigt erarbeitet.

Bei der Selbstorganisation eignen sich Praktiker*innen Projektbestandteile an und kümmern sich unabhängig vom Projekt darum.

Prozessgestaltung

Parallel zum gesamten Projektverlauf waren wir damit beauftragt, eine partizipative Prozessgestaltung und -begleitung durchzuführen. Die folgende Tabelle gibt einen Überblick über die Prozessgestaltung anhand der einzelnen Interventionen, die dabei angewandten Methoden und deren jeweiliger Partizipationsintensität.

Intervention	Angewandte Methoden	Partizipations-intensität
Projektantrag formulieren	Gruppendiskussion, Textarbeit	Schwache bis mittlere Partizipation
Projektinterne Situationsanalyse (Bedarf und Möglichkeiten)	Gruppendiskussion, teilnehmende Beobachtung & informelles Gespräch	Schwache bis mittlere Partizipation
Projektplanung	Gruppendiskussion & informelles Gespräch	Schwache bis mittlere Partizipation
Projektinterne Kommunikation	Gruppendiskussion, informelles Gespräch & Informations-weitergabe	Schwache Partizipation
Koordination	Gruppendiskussion & Informations-weitergabe	Passive Partizipation
Konzeption und Dokumentation der Projekttreffen	Protokoll	Passive Partizipation
Interne Evaluierung inkl. Zielfokussierung und Anpassung des Projektes	SWOT-Analyse, Gruppendiskussion, teilnehmende Beobachtung & informelles Gespräch	Passive bis mittlere Partizipation

Synergien zwischen Gartenpraxis und Wissenschaft:

- Durch die Doppelrolle „Gartenaktivist*innen-Wissenschaftler*innen" hatten wir einen guten Zugang zur Realität der Praktiker*innen. Dies hatte eine realistische projektinterne Situationsanalyse (des Bedarfs und der Möglichkeiten) zum Ergebnis.
- In der Rolle der wissenschaftlichen Angestellten wurden wir z.B. bei der Moderation des Runden Tisches auch als Bestandteil der Gartenbewegung wahrgenommen und respektiert. Dies ermöglichte eine inhaltlich fundierte Auseinandersetzung.

Probleme zwischen Gartenpraxis und Wissenschaft:
Ein Ungleichgewicht zwischen Hauptamt seitens GFBM und HU sowie Ehrenamt in den Praxis-Teilprojekten und die daran gekoppelte unterschiedliche Bezahlung führte zu Diskussionen und Unzufriedenheit. Ein Beispiel dafür war die Terminfindung für Projekttreffen: Während die Hauptamtlichen Kernarbeitszeiten favorisierten, waren es bei Ehrenamtlichen Zeiten ausserhalb der Kernarbeitszeit. Besonders problematisch war in diesem Zusammenhang, dass die ungleichen Voraussetzungen und deren Auswirkungen auf die Partizipationsintensität im Projektverlauf nicht zu Beginn des Projektes thematisiert worden waren.

Beratung
Wir waren bemüht, im gesamten Projektverlauf den Praxispartner*innen auch mit Hilfe unserer Beratungstätigkeiten praktische Hilfestellungen zu bieten. Die folgende Tabelle gibt einen Überblick über die beratenden Tätigkeiten anhand der erfolgten Interventionen, der angewandten Methoden und deren jeweiliger Partizipationsintensität.

Synergien zwischen Gartenpraxis und Wissenschaft:
Insbesondere die Aufgaben der Projektkoordination wie Berichtswesen, Zeitplan und Evaluierungsprozesse boten eine

sinnvolle Hilfestellung für die Praxis. In Anbetracht der teilweise sehr prozesshaften Arbeitskultur der Praxis-Teilprojekte wurde dadurch die Planung, Struktuierung und Dokumentation der Aktivitäten, die im Tagesgeschäft der urbanen Gärtner*innen oft zu kurz kommt, ermöglicht und diente beispielsweise als Hilfestellung für weitere Bildungsarbeit.

Intervention	Angewandte Methoden	Partizipations-intensität
(Weiter-)Entwicklung von Bildungsmodulen	Gruppendiskussion, teilnehmende Beobachtung & informelles Gespräch	Starke Partizipation
Strukturvorschlag für Bildungsbausteine	Gruppendiskussion	Passive Partizipation
Analyse hinsichtlich der Verstetigungsfrage des Runden Tisches	Teilnehmende Beobachtung, Workshop & informelles Gespräch	Starke Partizipation (beginnende Selbstorganisation)
Fachlicher Input	Vortrag & Literaturhinweis	Passive Partizipation

Probleme zwischen Gartenpraxis und Wissenschaft:
Teilweise wurden Aufgaben der Projektkoordination und die daran gekoppelten Arbeiten für die Praxispartner*innen wie z.B. die Dokumentation oder Evaluation in ihrem Umfang kritisiert und vernachlässigt.

Praktische Unterstützung
Den Projektprozess und die darin involvierten Akteure durch konkrete Mitarbeit zu unterstützen war eine zentrale Funktion der Aktionsforschung. Unseren Dienst erwiesen wir dabei sowohl bei der Durchführung von Veranstaltungen (z.B. Runder Tisch) wie auch bei der Generierung von Produkten (z.B. Gartenkarte).

Die folgende Tabelle stellt die zentralen Interventionen, die angewandten Methoden und die jeweilige Partizipationsintensität dar.

Intervention	Angewandte Methoden	Partizipations-intensität
Moderation	Visualisierung	Passive bis schwache Partizipation
Dokumentation	Protokoll	Passive Partizipation
Mitarbeit bei der Organisation von Veranstaltungen	Von der Konzeption, über die Öffentlich-keitsarbeit bis zum Aufräumen	Starke Partizipation (beginnende Selbst-organisation)

Synergien zwischen Gartenpraxis und Wissenschaft:

*   Die Organisation von Veranstaltungen und die Erstellung von Produkten wurde durch die wissenschaftliche Begleitung stark gefördert. Es handelte sich dabei um Werkzeuge der Vernetzung der Gartenbewegung, die von Gartenaktivist*innen allein in dem Umfang schwer realisierbar gewesen wären.
*   Der Runde Tisch, die Gartenkarte und die Abschlusspublikation haben durch informelle Gespräche und Feedbackschlaufen einen „bewegungsnahen" Charakter, der sich in einem entsprechenden Design, hohem Praxisbezug und einer großen Akzeptanz zeigte. Wir gehen davon aus, dass rein von Wissenschaftler*innen entwickelte Konzepte das in dem Maße nicht hätten leisten können.
*   Durch unsere Doppelrolle waren aktivistische und akademische Netzwerke und Ressourcen für die Realisierung von Veranstaltungen und Produkte zugänglich. Der ständige Kontakt mit den Expert*innen aus der urbanen Gartenpraxis ermöglichte beispielsweise eine umfassende Kartierung der dynamischen, und diversifizierten urbanen Landwirtschaft in Berlin (s. Gartenkarte), die wohl ohne diese Zuarbeit unmöglich gewesen wäre.

Probleme zwischen Gartenpraxis und Wissenschaft:
Die methodische Vorbereitung der im Rahmen aktivistischer
Veranstaltungen, wie dem Berliner GartenaktivistInnen-
Treffen, geplanten Erhebungen war teilweise nicht ausrei-
chend. So wurden die Veranstaltungen zwar dem Anspruch
der Gartenpraxis gerecht, verloren jedoch an Wert für den
Forschungsprozess.

Vernetzung

Die Vernetzung der Praxispartner*innen untereinander sowie
mit weiteren Akteur*innen moderner und traditioneller urbaner Gartenformen war ständiger Begleiter im Forschungsprozess. Die kommende Tabelle zeigt die Interventionen der
Vernetzung, deren Methoden und jeweilige Partizipationsintensität.

Intervention	Angewandte Methoden	Partizipations-intensität
Informationen zu themenspezifischen Terminen	Visualisierung, Gruppendiskussion & informelles Gespräch	Mittlere bis starke Partizipation
Zusammenbringen von Akteuren	Vortrag, Gruppen-diskussion & informelles Gespräch	Mittlere Partizipation

Synergien zwischen Gartenpraxis und Wissenschaft:
* Durch die Doppelrolle wurde die Vernetzung von aktivis-
  tischen und universitären Sphären erleichtert und sinnvolle
  Formen der Zusammenarbeit sowie der Austausch von
  Informationen ermöglicht. So konnte im Rahmen der
  Datenerhebung die Entstehung von Parallelstrukturen
  vermieden werden und der Runde Tisch als ein zentrales
  Vernetzungswerkzeug etabliert werden.

- Die universitäre bzw. aktivistische Anbindung des Projekts ermöglichte es, die Veranstaltungen und Produkte jeweils in einem formelleren bzw. aktivistischeren Licht erscheinen zu lassen und somit ein breiteres Publikum anzusprechen. Das führte zu einer vermehrten Einbindung der traditionellen und formelleren Formen urbaner Landwirtschaft wie Gartenarbeitsschulen, Umweltbildungseinrichtungen, Bahnlandwirtschaft und Kleingärten in den Runden Tisch und die Gartenaktivist*innen-Treffen.

Ergänzende empirische Forschung

Neben den prozessgestaltenden, beratenden, praktischen und vernetzenden Funktionsebenen war auch eine im klassischeren Sinne forschende Ebene Teil unserer Tätigkeit mit dem Ziel, Daten zu erheben, projektinterne Prozesse zu reflektieren und selbstformulierte Forschungsfragen zu beantworten. Teilweise erfolgte die Forschung im Rahmen von qualitativ-empirischen Abschlussarbeiten[13]. Die folgende Tabelle gibt einen Überblick über die Interventionen, die angewandten Methoden und die dazugehörige Partizipationsintensität.

Synergien zwischen Gartenpraxis und Wissenschaft:
Die Einbindung von Student*innen bei der Umsetzung praxisrelevanter Prozesse und Produkte (z.B. Gartenkarte, Verstetigung des Runden Tisches) führte für die Gartenbewegung zu nutzbaren Ergebnissen und für die Studierenden zu konkreten praktischen Lerneffekten.
Probleme zwischen Gartenpraxis und Wissenschaft:
- Im Rahmen von stadtacker.net wurden die Grenzen der Kooperation zwischen wissenschaftlichen Institutionen und Gartenbewegung deutlich. Ein Beispiel dafür ist die Verwendung von lizenzierter Software und die eingeschränkten Besitz- und Zugriffsrechte auf institutseigene Server, die die geplante selbstorganisierte Fortführung von stadtacker.net zumindest verkomplizieren (vgl. Artola 2013).

- Teilweise wurde im Rahmen der Aktionsforschung aufgrund der Praxisorientierung der Wissenschaftler*innen die Reflexion vernachlässigt. Deshalb mangelte es der Reflexion teilweise an Zeit und theoretischer Basis. Eine nicht immer ausreichende Distanz zur eigenen Praxis trug ebenfalls ihren Teil dazu bei.

Intervention	Angewandte Methoden	Partizipationsintensität
Theoretische Auseinandersetzung mit der Thematik	Lektüre & Textproduktion	Schwache Partizipation
Forschungsdesign (Forschungsfrage und Analysekriterien) definieren	Lektüre & Textproduktion	Schwache Partizipation
Evaluierung der Projekttreffen (u.a. Dokumentation, Systematisierung, Interpretation)	Analyse von Protokollen, Visualisierung & Gruppendiskussion	Mittlere Partizipation
Evaluierung der Bildungsangebote (u.a. Dokumentation, Systematisierung, Interpretation)	Teilnehmende Beobachtung, informelles Gespräch & Gruppendiskussion	Mittlere Partizipation
Datenerhebung (im Rahmen von stadtacker.net)	Gruppendiskussion, Recherche & Kartierung	Starke Partizipation
Systematisierung, Ableitung, Reflexion und Kommunikation der Projektergebnisse	Dokumentation, teilnehmende Beobachtung, informelles Gespräch, Interview & Gruppendiskussion; Vorträge & Textproduktion	Schwache Partizipation
Kooperation mit Wissenschaftler*innen	Gruppendiskussion & informelles Gespräch	Schwache Partizipation

Fazit

Die positive Resonanz und hohe Akzeptanz verschiedener Projektergebnisse wie beispielsweise des Runden Tisches oder der Gartenkarte, bei Praktiker*innen und Wissenschaftler*innen macht deutlich, dass das Projekt von vielen Akteur*innen als sinnvoll wahrgenommen wurde.

Welche Synergien und Grenzen ergaben sich im Projekt „Urban Gardening in Berlin" zwischen Wissenschaft und Gartenpraxis?
Das positive Gesamtbild lässt sich auf die partizipative Projektplanung sowie die Einbindung der Praxispartner*innen in die Evaluierungsprozesse und unsere Doppelrolle als Gartenaktivist*innen und Wissenschaftler*innen zurückführen. Dadurch waren eine ständige Interessenvertretung beider Seiten und eine kontinuerliche „Kursanpassung" möglich. In der Kooperation zwischen Wissenschaft und Gartenpraxis waren folgende Synergien von zentraler Bedeutung:

- Eine praxisnahe projektinterne Situationsanalyse förderte einen für alle sinnstiftenden Projektverlauf.
- Der Einsatz wissenschaftlicher Ressourcen und Methoden in den Netzwerken der Praxispartner*innen förderte konkrete und relevante Ergebnisse und Prozesse, die eine Qualitätskontrolle der Praktiker*innen durchliefen.
- Der alltägliche Wirkungsradius beider Seiten konnte durch die Vernetzung von Wissenschaft und Gartenpraxis erweitert werden. Möglichkeiten der konstruktiven Zusammenarbeit und des Austauschs wurden genutzt.

Dennoch gab es Grenzen der Zusammenarbeit:

- Die durch das Projektdesign vorgegebenen ungleichen Beteiligungsmöglichkeiten wurden zu Beginn nicht ausreichend thematisiert und führten bei unterschiedlichen Interessen zu Konflikten und teilweiser Kritik der Ziele.
- Das gleichzeitige Agieren in zwei Bereichen bedeutete für uns Aktionsforscher*innen eine Doppelbelastung.

Wie partizipativ war die Aktionsforschung und wie kam die Partizipationsintensität zustande?

Zusammenfassend lässt sich feststellen, dass das Projekt von den Praxispartner*innen im Rahmen ihrer Möglichkeiten aktiv mitgestaltet wurde. Die Partizipation der einzelnen Praxispartner*innen wie auch die Partizipationsintensität in den einzelnen Phasen des Projektes schwankte jedoch stark. Dies war davon abhängig, welche Partizipationsintensität (siehe S. 234) in der jeweiligen Phase angeboten und gewünscht wurde. Allgemein ließ sich beobachten, dass die Partizipationsintensität stieg, desto mehr die Interventionen mit den Interessen und der Arbeitsweise der Praxispartner*innen übereinstimmten.

Im Rahmen der Prozessgestaltung konnte in der Projektantrags- und Planungsphase eine mittlere Partizipation erreicht werden, da die Praxispartner*innen für die Konzepte ihrer Teilprojekte zum Teil selbst verantwortlich waren. Eine stärkere Beteiligung der Praxispartner*innen fand, u.a. aufgrund der dafür notwendigen finanziellen Ressourcen und des fehlenden Interesses beiderseits, nicht statt. Wenn, wie bei der Konzeption und Dokumentation der Arbeitstreffen, mit passiver Partizipation gearbeitet wurde, ist dies als Übernahme von „lästigen" Aufgaben der Projektkoordination durch die Wissenschaftler*innen zu verstehen, bei denen kein großes Beteiligungsinteresse von Seiten der Praxispartner*innen bestand.

Sowohl bei der Beratung als auch bei der praktischen Unterstützung waren die Partizipationsintensität der einzelnen Interventionen sehr unterschiedlich. So bestand beispielsweise an der praktischen (Weiter-)Entwicklung von Bildungsmodulen großes Interesse, während die Strukturierung der Bildungsmodule mit Hinblick auf deren Verschriftlichung von den Praxispartner*innen weniger selbstständig fokussiert wurde. Bei der Verstetigung des Runden Tischs konnte sogar eine beginnende Selbstorganisation beobachtet werden. Bei Aufgaben wie der Dokumentation und dem fachlichen Input waren die Praxispartner*innen zumeist froh, nur informiert zu werden und nicht aktiv partizipieren zu müssen.

Auch im Bereich Vernetzung variierte die Partizipation. Einerseits bestand Interesse an der aktiven Teilnahme an Vernetzungsveranstaltungen wie dem Runden Tisch, andererseits blieben einige Praxispartner*innen manchen Veranstaltungen fern und waren nur an deren Dokumentation interessiert. Der direkte Forschungsprozess war eher schwach partizipativ, was jedoch auch als ein Übernehmen von Aufgaben, an denen kein Interesse der aktiven Teilhabe von Seiten der Praxispartner*innen war, zu verstehen ist. Ausnahmen bildeten hierbei die Evaluierung der Projekttreffen und der jeweiligen Bildungsmodule sowie die Datenerhebung im Rahmen von stadtacker.net.

Welche Form der Partizipation ist dem Verhältnis von Wissenschaft und Gartenpraxis zuträglich?

Die Analyse des Verhältnis von Wissenschaft und Gartenpraxis legt offen, dass man Partizipation nicht nur quantitativ, sondern auch qualitativ beurteilen sollte. Im Projektverlauf wurde deutlich, dass es entscheidend ist, wann (bei welchen Entscheidungen) und wie (mit welche Methoden) partizipiert wird. Eine starke Partizipationsintensität ist nicht zwangsläufig in allen Projektphasen anzustreben bzw. dem Verhältnis von Wissenschaft und Gartenpraxis nicht immer zuträglich. Wir sind deshalb davon überzeugt, dass eine offene und ehrliche Diskussion über die Möglichkeiten und Sinnhaftigkeit der Partizipationsintensität in den verschiedenen Projektphasen die zentrale Voraussetzung für eine fruchtbare Zusammenarbeit von Wissenschaft und Gartenpraxis bildet. Aus unserer Erfahrung heraus sollte ein situativer und flexibler Ansatz gewählt werden, der das Finden der geeigneten Partizipationsintensität für alle Beteiligten in der jeweiligen Situation erlaubt. Damit dies möglich ist, müssen jedoch die nötigen Rahmenbedingungen geschaffen werden.

Anregungen für die
partizipative Aktionsforschung

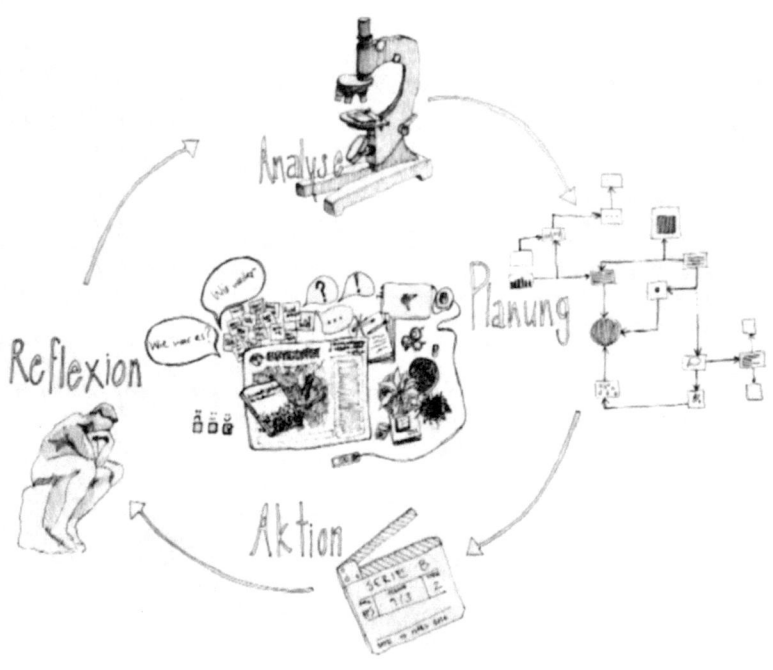

"The goal of research is not the interpretation of the world,
but the organization of transformation."
(Conti 2005 zitiert in Chatterton et al. 2010: 261)

Im Laufe des Forschungsprozesses wurde offensichtlich, dass Kooperationen zwischen Wissenschaft und Praxis einerseits Raum für Synergien bieten, jedoch auch Stolpersteine beinhalten. Aufbauend auf diesen Erfahrungen und inspiriert von den „seven principles towards a strategy for scholar activism" (Chatterton et al. 2010: 261ff.), sind im Folgenden Anregungen für die partizipative Aktionsforschung zusammengetragen. Sie sind nach den Phasen der Aktionsforschung geordnet und um Stolpersteine ergänzt. Wir möchten darauf hinweisen, dass es sich dabei um eine Orientierung für eine fruchtbare Forschungspraxis handelt, die dem jeweiligen Kontext angepasst werden muss, und dass somit nicht immer alle Anregungen umsetzbar oder sinnvoll sind.

Analyse

- Erkennt das emanzipatorische Potenzial von Wissenschaft und beschäftigt euch mit verschiedenen Formen der aktions- und kooperationsorientierten Forschung und deren Herausforderungen.
- Besprecht das Thema mit möglichst vielen potenziellen Forschungs- und Praxispartner*innen und bildet daraus eine Gruppe für euer partizipatives Forschungsprojekt. Klärt die Erwartungen aller Beteiligten sowie deren Möglichkeiten und Grenzen während des Forschungsprozesses.
- Sucht euch gleichgesinnte Forscher*innen, organisiert euch in Netzwerken und Kollektiven und schafft dadurch ein verständnisvolles und reflektiertes Umfeld für eure Aktionsforschung.

Planung

- In der Phase des Projektdesigns ist eine möglichst starke Partizipation von zentraler Bedeutung für den weiteren Projektverlauf. Setzt euch deshalb beim Projektdesign für einen möglichst großen partizipativen Aktionsraum ein. Macht den Ansatz der Aktionsforschung und Partizipation (kann aus strategischen Gründen z.B. auch als „transdisziplinäres Arbeiten" betitelt werden) bereits im Antrag deutlich. Bedenkt, insbesondere bei der Einbindung der Praxispartner*innen, dass diese Phase normalerweise nicht finanziert ist, aber sehr ressourcenaufwändig sein kann.
- Die Projektziele und Forschungsfragen sollten offen gelegt werden und im Idealfall diskutiert oder sogar gemeinsam erarbeitet werden.
- Wird eine hohe Partizipationsintensität aller Beteiligten erwünscht, ist eine dem lokalen Kontext angepasste und gerechte Ressourcenverteilung, -nutzung und -schonung von zentraler Bedeutung.
- Kommuniziert transparent die Ressourcenverteilung sowie die partizipativen Handlungsspielräume und Grenzen. Definiert eure Rolle und eure Aufgaben dabei klar und plant gleichzeitig Möglichkeiten der Veränderung ein. Vermeidet den Eindruck von vermeintlich flachen Hierarchien im Projekt, wenn es diese nicht gibt.

Aktion

- Die Praxisrelevanz bedarf großer Flexibilität und kontinuierlicher Feedbackschleifen. Sucht daher einen ständigen Abgleich der Projektaktivitäten und -ziele mit denen der Praxis, um an die aktuellen lokalen Gegebenheiten angepasste Interventionen zu realisieren.
- Wichtig ist eine Fokussierung des Projektes auf konkrete und praktische (nicht-akademische) Ergebnisse.
- Wenn ihr euch mit gesellschaftlichen Wandlungsprozessen durch soziale Bewegungen und politische Aktivisten beschäftigt, dann lasst auch eure Art der Forschung davon inspirieren und werdet selbst Teil des Wandels. Bemüht euch z.B., euren (wissenschaftlichen) Beitrag zur globalen Wissensallmende zu leisten und publiziert unter einer Creative Commons Lizenz oder schenkt den Idealen eurer Praxispartner*innen im Rahmen von wissenschaftlichen und politischen Veranstaltungen Raum.
- Macht euch bewusst, dass eure Forschung soziale Bewegungen unterstützen kann, wenn sie ein Teil kollektiver, strategischer Interventionen ist, die für die Bewegung relevant sind. Es kann beispielsweise sinnvoll sein, den Aufbau von Vernetzungsstrukturen oder Prozesse der Selbstorganisation zu unterstützen, wenn dafür den Aktivist*innen die Zeit und die Ressourcen fehlen. Macht euch dabei bewusst, dass kollektive und strategische Interventionen eine langfristige „Verpflichtung für die Sache" benötigen, die die Laufzeit eines Forschungsprojektes überschreiten kann.
- Engagiert euch für einen Konsens zwischen Wissenschaft und Praxis bei konfliktiven Themen wie Zeit- und Ortswahl von Treffen oder der Ausrichtung und Umsetzung von Aktionen.
- Gestaltet die Grenze zwischen Wissenschaft und Praxis durchlässig. Engagiert euch über die Universität hinaus und werdet aktiver Teil der Informationsflüsse (z.B. E-Mail Listen) und Netzwerke (z. B. Teilnahme an Treffen). Macht euch aber gleichzeitig klar, dass teilweise eine deutliche Trennung von Wissenschaft und Praxis hilfreich sein kann, um transparent und reflektiert zu agieren. Denn es ist wichtig, achtsam zu agieren, damit ihr die involvierten Menschen respektiert und deren Praktiken und Visionen nicht vereinnahmt.

- Bildet euch in aktions- und kooperationsrelevanten Methoden fort und tragt dieses Wissen aus den Universitäten hinaus in die Diskussionen, Planungen und Dokumentationen der Praxis.
- Arbeitet im Forschungsalltag praxisrelevant: schreibt Protokolle, fotografiert, dokumentiert Treffen, bringt Kuchen mit, räumt auf...

Reflexion

- In der Phase der Reflexion und Evaluierung ist eine möglichst starke Partizipation von zentraler Bedeutung für die Kurskorrektur im weiteren Projektverlauf.
- Thematisiert die Konflikte zwischen den verschiedenen Realitäten und Zielstellungen.
- Kümmert euch um die Menschen, Orte und Momente, die es euch ermöglichen eure Aktionsforschung zu reflektieren. Eine begleitende kollektive Reflexion des Forschungsprozesses kann hilfreich sein.
- Beginnt möglichst früh, über den Projektrahmen hinaus zu denken, damit ihr eventuell wünschenswerte Verstetigungsprozesse frühzeitig im Projekt thematisieren und anstoßen könnt.
- Stellt die neoliberale Universitäts- und Projektlogik in Frage, denn was aus Sicht der Universität oder der Drittmittelgeber*innen notwendig und gut erscheint, kann den Werten und Prozessen der Praktiker*innen widersprechen.
- Gebt euch Mühe, eure Erfahrungen und Schlussfolgerungen so zu dokumentieren, dass sie den Beteiligten und möglichst auch Anderen zur Verfügung stehen.

Stolpersteine

- Den Ansprüchen der Doppelrolle als Aktivist*in und Wissenschaftler*in zu entsprechen, bedeutet einen hohen zeitlichen Aufwand, einen teilweise verwirrenden Arbeitsfluss und auch eine emotionale Herausforderung.
- In beiden Rollen wird man unterschiedlich und teilweise skeptisch bewertet. Dies kann zu einer Doppelbelastung und Stress führen.
- In der partizipativen Aktionsforschung ist man auf das kontinuierliche Interesse der Praxispartner*innen angewiesen und davon teilweise abhängig.
- Die praktische Projektarbeit kann einen so sehr in ihren Bann ziehen und beanspruchen, dass die Zeit und Energie für umfangreiches, rein wissenschaftliches Arbeiten fehlt. Das kann zu einem niedrigerem theoretischen Niveau der wissenschaftlichen Arbeit führen und dazu, dass akademische Aktivitäten wie Publikationen und Vorträge auf der Strecke bleiben.

Abschließende Gedanken

Als forschende Gartenaktivist*innen pflegen wir eine aktive und freundschaftliche Beziehung zu unserem „Forschungssubjekt", der urbanen Gartenbewegung. Wir wünschen uns, dass durch eine reflexive Praxis eine Beziehung zwischen Wissenschaft und Gartenbewegung entsteht, die zu beidseitiger Transformation führt, eine Beziehung, die somit gleichzeitig eine Alternative zu traditionellen Formen der Forschung wie auch eine Alternative zu traditionellen Formen des Aktivismus darstellt (vgl. Colectivo Situaciones 2002). Diese Beziehung sollte in einem gleichberechtigten Prozess ausgehandelt werden und auf gegenseitigem Respekt sowie dem Bewusstsein der Möglichkeiten und Grenzen der Beteiligten basieren. Eine kontextangepasste Partizipationsintensität ist dabei ein wichtiger Baustein, der jedoch in einem größeren Zusammenhang steht.

Da die urbane Gartenbewegung sich aus Orten „des Widerstands gegen die neoliberale Ordnung" (Werner 2011) zusammensetzt und Teil eines sozio-ökologischen Wandels ist, sollten sich die urbanen Gärtner*innen nicht damit begnügen, den Universitäten in Projektanträgen und Abschlussarbeiten zu dienen. Vielmehr sollten sie den Anspruch erheben, das Verhältnis zur Wissenschaft in ihrem Sinne zu prägen. In wieweit es ihnen jedoch gelingt, die in ihren Gärten gelebten Visionen von „Allmende", „Kommerzfreiheit" sowie „Gemeinsamen Lernen, Experimentieren und Teilen"[14] auch in die Welt der Wissenschaften hineinzutragen, ist auch von den akademischen Rahmenbedingungen abhängig. Die universitäre Eigenlogik setzt den Visionen der urbanen Gärtner*innen sowie einer gleichberechtigten Zusammenarbeit gewisse Grenzen. Universitäten sind von Hierarchien und der Ökonomisierung sowie Privatisierung von Wissen geprägt. Dadurch wird deutlich, dass eine partizipative und aktionsorientierte Beziehung zwischen Gartenpraxis und Wissenschaft über das Verhalten einzelner Wissenschaftler*innen hinaus einen Wandel verlangt.

Wir danken allen Weggefährt*innen für den kleinen kollektiven Beitrag zum Gedeihen der urbanen Gartenbewegung. Das Wissen darum erfüllt unsere Aktionsforschung mit Leben in einer Art und Weise, wie es die universitäre Welt allein nie vermocht hat. Für die kritische Begleitung und den nötigen Freiraum danken wir Dr. Thomas Aenis und Prof. Dr. Dörte Segebart. Dr. Dörte Martens danken wir für ihre kritischen Anregungen und der ganzen AG Forschung des Allmende-Kontors für den selbstorganisierten Austausch.

So müsste bei der Bewertung von Forschung die Relevanz für die Praktiker*innen die ökonomische Verwertbarkeitslogik, welche sich vor allem in der quantitativen Messung von Publikationen und Drittmitteln ausdrückt, ablösen. Dazu wäre es von Nöten, dass die Forschungsprojekte, die Ideale der Praktiker*innen respektieren. Jedoch sind bei der akademischen Erforschung sozialer Bewegungen deren radikalen Ziele nicht deckungsgleich mit den Zielen der wissenschaftlichen Institutionen. Sie werden daher im Forschungsprozess vernachlässigt.

Dies macht deutlich, dass die urbane Gartenbewegung Formen der Forschung (und Bildung) erschaffen sollte, die den eigenen Idealen entsprechen. Inspiration hierzu ließe sich bei den kleinbäuerlichen Bewegungen des globalen Südens und deren Agrarökologie finden. Denn ähnlich der kleinbäuerlichen Territorien, beinhalten auch die Räume der urbanen Landwirtschaft jene alltägliche, praktische und lokale Ebene autonomer bäuerlicher Produktions- und Widerstandsformen, die geprägt sind durch Subsistenz, Nachhaltigkeit, Ressourcenkontrolle und die produktive Koexistenz von Mensch und Natur (vgl. van der Ploeg 2008).

Der Begriff Agrarökologie beschreibt sowohl eine wissenschaftliche Disziplin, eine landwirtschaftliche Praxis wie auch eine politische Bewegung (vgl. Wezel et al. 2009), die sich mit einer Vielzahl von ökologischen Ansätzen zur Lösung bäuerlicher Fragestellungen beschäftigen. Insbesondere im lateinamerikanischen Kontext ist die Agrarökologie geprägt durch den "Dialog der Weisheiten" zwischen traditionellem Kleinbauerntum und den modernen Agrarwissenschaften. Dieser Dialog bildet die

Basis um "soziale, politische, organisatorische, kulturelle und ökologische Prozesse zu verstehen, zu untersuchen und (gegebenenfalls) darin zu intervenieren. Die Agrarökologie bricht [konsequenter als der Biolandbau] mit dem hegemonialen Entwicklungsmodell, welches auf Monokulturen, Großgrundbesitz, Agrarindustrie und sozialer Exklusion basiert." (Articulação Nacional de Agroecologia, 2007: 260).

Literatur

Altieri, Miguel (1995): Agroecology - The Science of Sustainable Agriculture. Boulder: Westview Press.

Shukaitis, Stevphen; Graeber, David (2007): Constituent Imagination: Militant Investigations - Collective Theorization. Oakland: AK Press.

269

1. Urbane Landwirtschaft verwenden wir als Überbegriff für sämtliche Formen der Landwirtschaft und des Gartenbaus im städtischen Raum, der u.a. das so genannte Urban Gardening, Guerilla Gardening und Urban Farming mit einschließt. In Anlehnung an Mougeot (2000: 10) und Arndt & Haidle (2004: 32) verstehen wir darunter die Praxis des Pflanzenbaus und der Tierhaltung, die innerhalb (intra-urban) oder am Rande (peri-urban) von Städten angesiedelt ist. Dabei handelt es sich häufig um eine flächenintensive und diversifizierte klein- und kleinstlandwirtschaftliche Nutzung im privaten und öffentlichen Raum. Die hauptsächlich auf lokalen Ressourcen basierende Produktion besitzt eine multifunktionale ökologische, soziokulturelle und ökonomische Bedeutung für das jeweilige Umfeld.

2. Eine Sammlung von Forschungsarbeiten befindet sich auf der Homepage der Stiftungsgemeinschaft anstiftung&ertomis..

3. Einen (unvollständigen) Überblick über Forschungsprojekte bietet www. stadtacker.net.

4. So wurden beispielsweise unsere (aktivistischen) Ansichten nicht immer von unserem akademischen Umfeld geteilt.

5. Dennoch teilen wir die Kritik an der partizipativen Aktionsforschung (siehe S. 236) und bemühen uns deshalb in nicht-akamdenischen Kontexten auch andere kollektivere Formen der Aktionsforschung zu praktizieren (z.B. in der AG Forschung des Allmende-Kontors).

6. Als Beispiel sind hier Bürgerhaushalte (z.B. Porto Alegre/Brasilien) oder die partizipative Methodenlehre der Weltbank (vgl. World Bank 1996) zu nennen.

7. Das Projekt INNSULA (Innovationsanalyse Urbane Landwirtschaft), ist Teil des Leibniz-Zentrums für Agrarlandschaftsforschung (ZALF) e.V. Neben dem ZALF wurde auch Kontakt mit Prof. Dr. Katrin Bohn im Rahmen der Ausstellung „Die produktive Stadt/Carrot City" aufgenommen.

8. Zu einer kritischen Reflexion der Zusammenarbeit von Gartenaktivist*innen mit Forschungsinstitutionen aus der Commons Perspektive am Beispiel von stadtacker.net empfehlen wir Artola 2013.

9. Schon beim 2. Berliner Gartenaktivist*innen-Treffen leistete die Humboldt-Universität zu Berlin konkrete Unterstützung bei der Vorbereitung, Durchführung und Ergebnisdokumentation.

10. Eine abschließende Reflexion des Prozesses wird erst nach der Fertigstellung des Buches erfolgen können.

11. Die urbane Gartenpraxis setzt sich aus der Praxis der Teilprojekte, den Akteur*innen des Runden Tisches und unserem eigenen Gartenaktivismus zusammen. Somit handelt es sich bei dem Spannungsfeld zwischen Gartenpraxis und Wissenschaft auch um ein intrapersonelles Spannungsfeld, das aufgrund der eigenen Doppelrolle als „Gartenaktivist*in-Wissenschaftler*in" entsteht. Das Allmende-Kontor, als Praxis-Teilprojekt, spielt hierbei eine besondere Rolle, da Severin Halder auch aktiver Teil des Allmende-Kontors ist.

12. Die Einordnung erfolgte aufgrund teilnehmender Beobachtungen, informeller Gespräche und Revisionen des Kapitels durch beteiligte Praktiker*innen und Wissenschaftler*innen.

13. Julia Lesmeister (2013): Stadtgärten - Orte sozialer und ökologischer Bewusstseinsbildung - Ergebnisdarstellung anhand eines von der Deutschen Bundesstiftung Umwelt geförderten Projektes zum Urban Gardening in Berlin. Masterarbeit an der Universität Rostock; Mona Sofie Schlüter (2013): Berliner Schulgärten in der Krise? Situationsanalyse und Beratungsansätze. Bachelorarbeit: Humboldt-Universität zu Berlin; Katrin Schroeder (2013): Erfassung des Qualifizierungsbedarfs am Beispiel des interkulturellen Gartens der Generationen im Schul-Umwelt-Zentrum Mitte. Bachelorarbeit: Humboldt-Universität zu Berlin.

14. Die Zitate sind einem sich in der Entstehung befindenden Manifest urbaner Gärtner*innen entnommen.

Literaturverzeichnis

Adams, Mags; Moore, Gemma (2007): Participatory Action Research and researcher safety. In: Kindon, Sara; Pain, Rachel; Kesby, Mike (Hrsg.) (2007): Participatory Action Research Approaches and Methods: Connecting People, Participation and Place. London: Routledge, 41-48.

Arndt, Christoph; Haidle, Isabella (2004): Urbane Gärten in Buenos Aires. Gemeinschaftsdiplomarbeit: Technische Universität Berlin.

Arnstein, Sherry R. (1969): A ladder of participation. Journal of the American Institute of Planners 35/4, 216-224.

Articulação Nacional de Agroecologia (2007): Construção do Conhecimento Agroecológico, Novos Papeis, Novas Identidades. Caderno do II Encontro Nacional de Agroecologia.

Artola, Miren (2013): Eine Kooperation auf Augenhöhe – Wissenschaft, Zivilgesellschaft und der gemeinsame Aufbau von stadtacker.net - Die Commons Perspektive. Unveröffentlichte Magisterarbeit: Humboldt-Universität zu Berlin.

Baier, Andrea; Müller, Christa; Werner, Karin (2013) Stadt der Commonisten - Neue urbane Räume des Do it yourself. Bielefeld: transcript.

Chambers, Robert (1994): The Origins and Practice of Participatory Rural Appraisal. World Development 22/7, 953-969.

Chatterton, Paul; Hodkinson, Stuart; Pickerill, Jenny (2010): Beyond Scholar Activism: Making Strategic Interventions Inside and Outside the Neoliberal University. In: ACME 9, 245–275.

Colectivo Situaciones (2002): Hipótesis 891 - Más Allá de los Piquetes. Buenos Aires: Ediciones Mano en Mano.

Fitzek, Herbert (2011): Kurt Lewin und die Aktionsforschung - die Selbstentdeckung des Forschers im Forschungsfeld. Gestalt Theory 33/2, 119-128.

Foos, Eva; Aenis, Thomas; Jahnke, Julia (2012): Capacity building in the field of climate change adaptation - First experiences from a rural research and development project in Germany. IFSA-Paper.

Freire, Paulo (1984): Pädagogik der Unterdrückten - Bildung als Praxis der Freiheit. Reinbek bei Hamburg: rororo.

Fuller, Duncan (1999): Part of the action, or ‚going native‘? Learning to cope with the ‚politics of integration‘. Area 31, 221-227.

Guijt, Irene; Shah, Meera Kaul (1998): The Myth of Community: Gender Issues in Participatory Development. London: ….

von der Haide, Ella; Halder, Severin; Jahnke, Julia; Mees, Carolin (2011): Guerrilla Gardening und andere politische Gartenbewegungen - Eine globale Perspektive. In: Müller, Christa (Hrsg.): Urban Gardening - Über die Rückkehr der Gärten in die Stadt. München: oekom, 266-278.

Halder, Severin (2013): Entre flores e fedores - Ökologische Ungerechtigkeit und fruchtbarer Widerstand in den Favelas. In: Husseini de Araújo, Shadia; Schmitt, Tobias; Tschorn, Lisa (Hrsg.): Widerständigkeiten im Land der Zukunft. Ein anderes Brasilienbuch. Münster: Unrast Verlag. 218-230.

273

Halder, Severin; Jung, Matze; Singelnstein, Fabian (2012). Participatory Map of the Allmende-Kontor Community Garden. In: Jensen, Darin; Roy, Molly (Hrsg.): Food: An Atlas. Oakland: Guerrilla Cartography, 159.

Halder, Severin (2009): Gärten der Gerechtigkeit? Die politische Ökologie der Favelagärten von Rio de Janeiro. Unveröffentlichte Diplomarbeit: Eberhard Karls Universität Tübingen.

Hart, Roger A. (1992): Children's Participation: From tokenism to citizenship. Innocenti Essays 4. Florenz: UNICEF.

Jahnke Julia: Guerrilla Gardening - Political protest, or mainstream-compatible, watered-down, wannabe subculture? In: Friesinger, Günther; Grenzfurthner, Johannes; Ballhausen, Thomas (Hrsg.) (2011): Urban Hacking - Cultural Jamming Strategies in the Risky Spaces of Modernity. Bielefeld: transcript, 107-118.

Jahnke, Julia (2010): Guerilla Gardening anhand von Beispielen in New York, London und Berlin. Berlin: Anderer Verlag.

Kindon, Sara; Pain, Rachel; Kesby, Mike (Hrsg.) (2007): Participatory Action Research Approaches and Methods: Connecting People, Participation and Place. London: Routledge.

Kothari, Uma (2001): Power, knowledge and social control in participatory development. In: Cooke, Bill; Kothari, Uma (Hrsg.): Participation: The new tyranny? London: ZED books, 139-152.

Lesmeister, Julia (2013): Stadtgärten - Orte sozialer und ökologischer Bewusstseinsbildung. Unveröffentlichte Masterarbeit: Universität Rostock.

274

Lewin, Kurt (1946): Tat-Forschung und Minderheitenprobleme. In: Lewin, Kurt (1953): Die Lösung sozialer Konflikte. Ausgewählte Abhandlungen über Gruppendynamik. Bad Nauheim: Christian, 278-298.

Mougeot, Luc J.A. (2000): Urban Agriculture - Definition, Presence, Potentials and Risks. In: Bakker, Nikko et al. (Hrsg): Growing Cities, Growing Food – Urban Agriculture on the Policy Agenda. Feldafing: DSE.

Müller, Christa (Hrsg.) (2011): Urban Gardening - Über die Rückkehr der Gärten in die Stadt. München: oekom.

Nelson, Nici; Wright, Susan (1995): Participation and Power. In: Nelson, Nici; Wright, Susan (Hrsg): Power and Participatory development. Theory and Practice. London: Intermediate Technology Publications, 1-18.

Novy, Andreas (2005): Didaktische Anregungen der Befreiungspädagogik Paulo Freires für die Entwicklungsforschung. SRE-Discussion 2005/01.

van der Ploeg, Jan Douwe (2008): The New Peasantries - Struggles for Autonomy and Sustainability in an Era of Empire and Globalization. London: Earthscan.

Pretty, Jules; Guijt, Irene; Thompson, John; Scoones, Ian (Hrsg.) (1995): A Trainer's guide for participatory learning and action. London: International Institute for Environment and Development.

Reason, Peter; Bradbury, Hilary (Hrsg.) (2006): Handbook of Action Research. London: Sage.

Segebart, Dörte (2007): Partizipatives Monitoring als Instrument zur Umsetzung von Good Local Governance – Eine Aktionsforschung im östlichen Amazonien/Brasilien. Doktorarbeit: Universität Tübingen.

Werner, Karin (2011): Eigensinnige Beheimatungen. Gemeinschaftsgärten als Orte des Widerstands gegen die neoliberale Ordnung. In: Müller, Christa (Hrsg.): Urban Gardening. Über die Rückkehr der Gärten in die Stadt. München: oekom, 54 –75.

Wezel, A.; Bellon, S.; Doré, T.; Francis, C. ; Vallod, D.; David, C. (2009): Agroecology as a science, a movement and a practice - A review. Agronomy for sustainable development 29, 503–515.

World Bank (Hrsg.) (1996): The World Bank Participation Source Book. Washington: World Bank.

Abbildungsverzeichnis

276

Nachworte

Kollektive Annäherung
an Bildung in urbanen Gärten

In der Schlußphase des Projekts „Urban Gardening in Berlin" kam es zu einer gemeinsamen Reflexion über das Zusammenspiel von Bildung und urbanen Gärten. Eine kurze Beschreibung der Menschen, die am Gedankenaustausch beteiligt waren, befindet sich am Ende des Interviews.

Severin: Was ist euer erster Gedanke, wenn ihr an Bildung in urbanen Gärtnern denkt?

Frauke: Ohne es zu merken, lernen die Leute viel in den Gärten. Geht gar nicht anders.

Gudrun: Urbane Gärten sind Orte, wo man ausprobieren kann und praktisch gelernt werden kann – durch schauen, schnuppern und anfassen.

Gerda: Urbane Gärten sind Orte, an denen gelernt wird, ohne dass jemand mit dem Rohrstock oder Zeigestock in der Mitte steht, sondern Bildung gemeinschaftlich passiert.

Joanna: Dass Lehr- und Lernhierarchien aufgebrochen werden, dass da ganz verschiedene Leute voneinander lernen, z.B. Erwachsene von Kindern.

Steffen: Hochbeete, krumme Wege, Nachbarschaftsgrillen und schönes Wetter.

Severin: Welche Rolle spielt Bildung in der urbanen Landwirtschaft?

Joanna: Mich stört es, dass Bildung so ein abstrakter Begriff ist, der sehr akademisiert daherkommt – und eigentlich passiert ja Bildung permanent und ohne gesetzten Rahmen, also informelles Lernen.

Roland: Bildung war der zentrale Punkt, wieso wir den Stadtgarten begonnen haben, das Urbane war auch wichtig, aber die Landwirtschaft dann schon eher zweitrangig.

Gudrun: Urbane Landwirtschaft? Für mich sind urbane Gärten ein Teil von urbaner Landwirtschaft. Denn es gibt ja jenseits von Gemeinschafts- und Selbsterntegärten auch Agrarwirte, die konventionell Landwirtschaft in der Stadt betreiben, doch nicht so offen sind, und wo sicherlich andere Lernprozesse stattfinden.

Frauke: Wir reden doch von Gemeinschaftsgärten, also gemeinschaftlichem Agieren beim Pflanzen.

Severin: Lasst uns die Frage nach der Begrifflichkeit klären. Wie steht ihr zu dem Begriff Urban Gardening oder wie nennt ihr das, was ihr macht?

Joanna: Urban Gardening beschreibt für mich ein Phänomen der letzten Jahre, das ganz massiv geprägt wurde durch den Prinzessinnengarten (siehe Kapitel III) und Dachgärten in New York, und natürlich nicht dem Rechnung trägt, dass es schon ganz lange Gärten in der Stadt gab.

Gudrun: Für mich ist der Begriff zunehmend durchlässig und ich finde das wichtig, dass er offen ist, um niemanden auszuschließen. Ich verstehe darunter mehr als die Gemeinschaftsgärten, für mich zählen auch die Schrebergärten, Schulgärten, Therapiegärten, Baumscheiben und alles mögliche dazu. Für unsere Arbeit benutzen wir zunehmend den Begriff Gemeinschaftsgarten, weil das „urbane" die kleineren Städte und ländlich geprägten Kommunen ausschließt, denn auch dort, z.B. im bayerischen Voralpenland oder im Schwarzwald, entstehen Gemeinschaftsgärten.

Steffen: Ich habe ja den Eindruck, dass die meisten Menschen, die den Begriff Urban Gardening benutzen, Schrebergärten da nicht mit einschließen. Wie seht ihr das?

Sabine: Vielleicht hat der Begriff Urban Gardening für die Großstädter das Gärtnern aus der verschnarchten spießigen Schrebergartenecke herausgeholt. Inzwischen wächst das ja auch teilweise zusammen. Hier in Berlin suchen die Laubenpieper die **Guerrilla Gardeners** auf und man kämpft zusammen um den Erhalt von Kleingärten und Gemeinschaftsgärten.

Gerda: Für mich ist der Begriff ein Modebegriff, der vor allem in den Medien benutzt wird und dort, wo über das Gärtnern in der Stadt geredet und geschrieben wird. Ich würde es als Stadtgärtnern beschreiben, mit den neuen und den alten Formen.

Steffen: Aber das, was mit dem Begriff assoziiert wird, im Gegensatz zu anderen Gartenformen in der Stadt, ist ja auch, dass man z.B. Dinge grundsätzlich in Frage stellt und Konsumkritik äußert?

Gerda: Der weite Begriff des Stadtgärtnern ist für mich einer, der beim Garten beginnt und die verschiedene Zugänge offen lässt, ob nun Gesellschaftskritik oder einfach nur die Hände in den Erde stecken. Und das Spannende ist ja die Mischung und dass ein Gespräch über die Verschiedenartigkeit der Zugänge zustande kommt. Und noch was Subversives – ob der Begriff Urban Gardening oder urbane Landwirtschaft benutzt wird, hängt doch davon ab, welche Förderprogramme da gerade dahinter stehen.

> „**Guerilla Gardening** ist Autonomie in grün. Du kannst es sogar selber definieren." (David Tracey (2007): Guerrilla Gardening - A Manualfesto. Gabriola Island: New Society Publishers). Man kann es z.B. als politische Pflanzaktionen im öffentlichen Raum ohne Genehmigung verstehen.

Frauke: Das was an diesen Orten passiert, ist das Entscheidende. Dass auf engem Raum soziales Miteinander gelebt wird und Achtsamkeit, Sorgfalt und Geduld gelernt wird. Ist dann auch egal, ob es urbane Landwirtschaft oder Urban Gardening heißt.

Severin: Was charakterisiert denn in euren Augen die Lernprozesse in den urbanen Gärten?

Svenja: Ein wichtiger Punkt ist das kooperative Lernen und dass alles sehr vom Prozesscharakter geprägt ist. Sonst, in den Unis und Schulen, wird ja viel Wert auf lineares Denken gelegt. Da in den Gärten aber vieles nicht planbar ist, muss man lernen, mit Prozessen umzugehen, und das ist ne schöne Sache.

Joanna: Den Willen zum Lernen finde ich sehr charakteristisch. Es kommen ganz verschiedene Leute zusammen, die aber alle Bock haben zu lernen und zwar ganz unterschiedliche Sachen.

Gerda: Für mich ist der Bildungsbegriff in den Gärten ein sehr breiter. Das heißt Bildung mit allen Sinnen, also nicht nur mit dem Kopf, sondern mit den Händen – und das Bauchgefühl, wenn ganz andere Menschen ganz andere Dinge tun, gehört auch dazu.

Steffen: Ich unterstelle mal, dass wir alle Bildung als etwas sehen, was automatisch in der Praxis passiert, bei fast allem, was wir tun – zumindest wenn wir es miteinander tun. In den urbanen Gärten jedoch nochmal verstärkt, denn in den Gärten legen wohl viele einfach los, ohne konkrete Vorstellung, was das ist und wie sie damit sich selbst und die eigene Umwelt ändern können.

Severin: Könnt ihr das konkretisieren? Was habt ihr dabei gelernt?

284

Klaus: Ich brech das mal runter auf meine Schüler, die haben ganz viel gelernt im „Urban Gardening"-Projekt, zum einen in der Auseinandersetzung mit den kritischen Gärtner*innen und zum anderen, dass man, auch in der formellen Ausbildung, weg kommen kann vom konventionellen Denken und Handeln und z.B. mit Recyclingmaterialien arbeiten kann.

Frauke: Die Leute tun einfach und lernen dabei. Das Allmende-Kontor (siehe Kapitel II) ist ein super Beispiel, hier sind 5000 qm, ihr könnt hier was machen mit der Kernidee zu pflanzen, aber es passiert ja auch ganz viel anderes drumherum. Das zeigt, wenn Leute Räume und Möglichkeiten zur Verfügung haben, dann haben sie auch Lust, was zu machen, und dabei lernen sie ganz von alleine, auch weil Ängste weg sind, die in formalisierten Lernprozessen oft da sind.

Gerda: Die verstädterten Menschen lernen, dass man nicht auf Knopfdruck nach Lehrbuch gärtnern kann, denn es gibt noch Sonne, Wind und Mäuse.

Severin: Hat jemand ein Geschichte im Kopf, die das Lernen in den Gärten verdeutlicht?

Gerda: Also die urbanen Gärten sind Säcke voller Geschichten, wie die von Vladimir aus Kasachstan, der immer die größten Tomaten hat und das, wo sein Garten sehr ungünstige Voraussetzungen hat. Und da bestaunen die Zaungäste des blühenden Gartens die ausgefeilten kasachischen Pflanztechniken. So sehen die konservativen Kleinbürger*innen vom Berliner Stadtrand, etwas eifersüchtig ob der dicken Tomaten von Vladimir, dass es auch anders gehen kann und jemand aus einem anderen Land nicht unbedingt der Dümmste ist.

Severin: Worin liegt denn der Unterschied zu formalen Bildungsprozessen?

Steffen: Formalisierte Bildung funktioniert ja so, dass man versucht, möglichst gleiche Leute zusammenzubringen, wie in der Schule, wo sortiert wird nach Alter und unterstellter Leistungsfähigkeit. Wenn wir davon ausgehen, dass Lernen ein sozialer Prozess ist, da gewinnt man natürlich durch die Verschiedenartigkeit. Und die sozialen Unterschiede sind etwas, was die Gärten wie wohl kaum einen anderen Lernort auszeichnet.

Gerda: Ich denke, es ist so ein Lernen im Dialog, ob mit Tier, Pflanze oder untereinander. Es handelt sich um einen offenen Prozess ohne definierte Ziele, und dabei die Schnittstellen zu finden, wo man sich aufeinander einlässt, damit es gelingt, das ist die Herausforderung.

Literatur
zum Verhältnis
Mensch-Natur:
Robbins, Paul (2004):
Political Ecology - A
Critical Introduction.
Oxford: Blackwell
Publishing Ltd.

Max: Ich merke, dass die Beziehung Mensch-Pflanze den Menschen unheimlich viel gibt, was die Sinnhaftigkeit des Lebens angeht. Aber auch, dass ihnen die Pflanze widerspiegelt, wie gut man sich um sie kümmert und auf ihre Bedürfnisse einlässt. Das sind Prozesse, die unserer Gesellschaft glaube ich ganz gut tun.

Gudrun: Besonders ist, dass man ausprobieren kann und Fehler machen darf. So lernt man, dass man etwas falsch machen kann.

Joanna: Naja, also jeder Garten und auch wir behaupten gerne, dass Fehler machen erlaubt ist, aber dann gibt es schon auch so perfektionistische Tendenzen. Also ich finde, wir sollten uns öfters fragen, in wieweit wir den riesigen Idealen, denen wir in den Gärten nacheifern, wirklich gerecht werden.

Severin: In dem Projekt „Urban Gardening in Berlin" haben wir ja teilweise versucht, die urbane Landwirtschaft in die formale Bildung zu bringen, wie steht ihr dazu?

Max: Ich denke, wir haben gemerkt, dass das gar nicht so leicht ist und sich da auch Welten begegnen und die urbane Landwirtschaft, wenn sie formalisierte Bildungsprozesse durchläuft, vielleicht gar nicht mehr das ist, was sie ist. Da kommen wir auf die Frage, welche Wertigkeit hat Laienwissen. Dazu fällt mir das Zitat „wir müssen die Unprofessionalität professionalisieren" aus dem Allmende-Kontor ein.

Severin: Wo seht ihr denn Lücken in den Lernprozessen bei den urbanen Gärtner*innen?

Frauke: Ich sehe Lücken, wenn das Gärtnern so hip und schick wird, so wie bei dem Guerilla-Gardening-Hype, durch den dann irgendwo gepflanzt wird, wo man sich gar nicht um die Pflanzen kümmern kann und sie dann eingehen. Durch das Stylishe geht eben die Sinnhaftigkeit und Achtsamkeit verloren.

Sabine: Wenn es zu heftig knallt zwischen den Menschen unterschiedlichster Couleur und es nicht gelingt zu moderieren und die Leute wieder zusammenzubringen, dann gibt es da manchmal eine heftige Lücke.

Svenja: Das Gärtnern ist eine komplexe Sache und es wird oft etwas zu sehr vereinfacht in den urbanen Gärten und man landet schnell beim „hurra, wir machen unser **Saatgut** selber und retten die Welt". Anstatt dass man Leute aufsucht, die sich schon seit Jahrzehnten sich mit dem Thema beschäftigen.

Max: Ein Problem dabei ist aber auch, dass man die Methoden der professionellen Landwirtschaft nicht eins zu eins übernehmen kann, ohne nicht auch deren implizierte Zielsetzungen zu übernehmen. Deshalb müssen wir teilweise auch neues Wissen aus der Kombination von Erfahrungs- und Fachwissen in den urbanen Gärten schaffen.

Saatgut Profis findet man u.a. bei Social Seeds e.V.: Social Seeds ist ein Berliner Initiative, die sich für Kulturpflanzenvielfalt in Berliner Gemeinschaftsgärten einsetzt. Ihr Ziel ist es, „die Vielfalt der Kulturpflanzen mit der Vielfalt an Menschen in Berliner Gemeinschaftsgärten zu verknüpfen und Kulturpflanzenvielfalt durch gemeinschaftliches Engagement lebendig zu erhalten." (www.social-seeds. net)

Steffen: Für mich ist Bildung auch ein Prozess, der idealerweise dazu führt, sich selbst und die Welt anders zu sehen. Und in den urbanen Gärten gibt es ja viele Anknüpfungspunkte z.B. zum **Land Grabbing**. Doch wenn ich mir diesen Teil anschaue, dann ist es vielleicht etwas einfach zu sagen, Bildung findet immer statt, wenn Menschen zusammen kommen, denn das passiert nicht ganz automatisch und hat eben auch damit zu tun, dass man sich Räume schafft zur gemeinsamen Reflexion.

Gudrun: Eine Frage ist ja auch, wie bleibt das, was gelernt wird, im Garten und wird Allgemeingut? Und wie gelingt es uns, dieses Wissen im Netzwerk der Gärten zur Verfügung zu stellen? Ich denke, das Buch hier leistet da einen guten Beitrag.

Joanna: In den Gärten sollte auch Raum dafür da sein, dass man das Rad neu erfinden darf, denn wenn man das Wissen sich selbst erarbeitet hat, dann hat man einen anderen Zugang dazu.

Severin: Habt ihr eine Situation im Kopf, die die Wissenslücken in den urbanen Gärten widerspiegelt, so eine schöne urbane Gartenszene voller Dilettantismus?

Svenja: Also bei uns im Garten waren die Bohnen am Blühen und auf einmal steht da jemand und will „diese hübschen Orchideen" haben.

(Gelächter)

Joanna: Was mich ziemlich beeindruckt hat, auch wenn es echt klischeehaft war, als bei uns ein kleiner Junge im Garten war, der sich geweigert hat, mir zu glauben, dass dieses ovale orange Ding eine Tomate ist. Bis wir es gemeinsam aufgeschnitten und gegessen hatten.

„Von **Land Grabbing** wird gesprochen, wenn private oder staatliche Investoren große Ländereien aufkaufen oder über lange Zeiträume pachten, die bisher von der lokalen Bevölkerung zur kleinbäuerlichen Nahrungsmittelerzeugung, Viehwirtschaft, zum Jagen oder Sammeln genutzt wurden." (http://www.fian.at/home/arbeitsbereiche/zugang-zu-ressourcen/landgrabbing/)

Max: Schön war auch, als eine Schrebergärtnerin in unseren Garten kam und einen Schreikrampf bekam bei dem Anblick eines blühenden Löwenzahns und uns dann lange Vorträge hielt über die Gefahr des Löwenzahns.

(Gelächter)

Max: Was auch immer bei uns vorkommt ist, dass die Leute aufs Allerfeinste hacken, jäten und alles pflegen, aber das Gemüse nicht ernten. Und ich kam dann dahinter, dass der finale Schnitt am Salatkopf, den man wochenlang gehegt und gepflegt hat, eine Begleitung braucht. Viele Menschen sind es, wohl auch durch ihre Zimmerpflanzen, nicht mehr gewöhnt, einen Nutzenanspruch an eine Pflanze zu formulieren.

Severin: Was ist denn für euch das Politische an der Bildung in den urbanen Gärten?

Svenja: Ich denke, es ist sehr politisch, Verantwortung übernehmen zu lernen. Und das passiert in diesen offenen Räumen, in denen nichts passiert, wenn ich nichts mache, und durchaus etwas passiert, wenn ich etwas tue.

Frauke: Das Aktivsein in solchen Prozessen verändert das Alltagshandeln wie z.B. das Komsumverhalten, wenn man weiß, wie mühevoll es ist, drei Karotten zu ernten.

Steffen: Ich denke, man sollte sich immer kritisch mit kritischem Konsum auseinandersetzen, insbesondere wenn Leute das für sich selber beanspruchen, denn wenn man sich z.B. die Discounter, die Marktkonformität des Biolabels und den anhalten Druck auf die Kleinbauern ansieht. Ich würde den Aspekt der Stadtveränderung eher betonen wollen. Das Gärtnern ist ein Bildungsprozess, zu dem einen die eigene Praxis ermächtigt und das Gefühl gibt, man kann etwas verändern. Das wiederum

Transition Towns stellen sich die Frage: „Wie kann unsere Kommune auf die Herausforderungen und Chancen reagieren, die durch das Ölfördermaximum und den Klimawandel entstehen?" (www. transition-initiativen. de)

verwandelt in einem gemeinschaftlichen Prozess unser Bild davon, wie wir „Stadt denken", und kann dann solche **Transition-Town**-Effekte haben.

Frauke: Ich hätte noch das Beispiel von Rosa Rose. Ein Bezirksparlament, wohl nicht ganz bewusst auch, beschließt, durch eine rosa Gedenktafel im Gehweg daran zu erinnern, dass durch Polizeieinsatz private Flächen dem Allgemeinzugang entzogen worden sind. Das ist eine Würdigung des Engagements der Stadtbewohner*innen und deren Wunsch, ungenutzte Flächen durch die Allgemeinheit zu nutzen. Dass diese Kritik am Eigentumszuschnitt durch Privatbesitz durch eine Gedenkplatte legalisiert wird, ist schon etwas Besonderes (siehe Kapitel II).

Gudrun: Ein Beispiel, welches für mich das Politische verdeutlicht, ist der Färberpflanzen-Workshop im Mädchengarten Gelsenkirchen. Manche der Mädchen, die dort mitmachen, gehen auf Förderschulen, in denen es keinen Chemieunterricht gibt, haben aber über das Färben mit Pflanzenfarben ganz praktischen Chemieunterricht und geben dieses Wissen dann sogar an anderen Schulen in Workshops weiter.

Joanna: Der ganze Garten ist ein Politikum, ich kann das gar nicht herunterbrechen, auch wenn für mich die ganze „Recht auf Stadt"-Diskussion ein Punkt ist. Aber so vielfältig politisch wie die Gärten sind, ist eben auch die Bildung in den Gärten politisch.

Svenja: Immer wenn man zusammen mit anderen, die anders sind als man selbst, was aufbaut, einen Freiraum gestaltet, muss man sich mit bestehenden Dingen auseinandersetzen, kann aber auch viele Dinge neu definieren. Das zu lernen, macht Menschen mündig, um Dinge zu verändern.

Severin: Habt ihr ein paar abschließende Gedanken zum Projekt und dem Handbuch?

Klaus: Ich hatte anfänglich gedacht, ich schreibe für das Handbuch etwas über die Ansätze beruflicher Bildung in der Theorie und zum klassischen Bildungsbegriff, habe aber gelernt, dass dafür hier nicht der richtige Ort ist.

Max: Ich hatte ein Problem zu klären, wer das Handbuch lesen wird, denn wenn ich mir die Vielfältigkeit unserer Projekte anschaue, stellt sich mir die Frage: An wen richten wir uns?

Severin: Wir müssen zum Ende kommen, was liegt euch noch am Herzen?

Gudrun: Die urbanen Gärten und die vielfältigen Formen, dort Bildung zu erfahren, ob formell aber vor allem auch informell, sind noch überhaupt nicht richtig anerkannt.

Gerda: Ich denke, jeder Mensch hat ein Recht auf Bildung. Die Bildungschancen für Menschen werden zunehmend unterschiedlich und da ist das Gärtnern in der Stadt eine Möglichkeit, Menschen mit Bildung in Kontakt zu bringen und sie zu ermächtigen, ihren Ort in der Gesellschaft zu finden. Der Begriff der bildungsfernen Schichten sortiert ja die Gesellschaft und an vielen Orten sind wir sortiert, aber bei uns im Allmende-Kontor haben wir keine sortierte Gesellschaft, von Analphabet*innen bis Universitätsprofessor*innen ist alles dabei. Und dort kannst du dann mit Stadtgesellschaft in voller Breite auch andere Dinge bewegen.

Steffen: Ich denke, man erkennt, dass die Gärten ein Raum sein können, wo es um mehr geht und man sich Gedanken macht, wie wir leben wollen. Dazu könnte man die Vernetzung untereinander verbessern, um noch mehr in einen Erfahrungsaustausch zu treten. Und da kann das Handbuch sicherlich einen Baustein bilden.

Am Interview beteiligte Menschen

Frauke Hehl begleitet seit 15 Jahren mit der workstation ideenwerkstatt e.V. Prozesse der Selbstverwaltung, darunter auch Gemeinschaftsgärten wie Rosa Rose und das Allmende-Kontor.

Gerda Münnich hat den ersten Interkulturellen Garten (Wuhlegarten) in Berlin gegründet. Sie begleitet und vernetzt seit über 10 Jahren Gemeinschaftsgartenprojekte – mit dem Schwerpunkt interkulturelle Gärten – in Berlin und Brandenburg und ist derzeit u.a. im Allmende-Kontor und im Wuhlegarten aktiv.

Gudrun Walesch berät, fördert und vernetzt als Mitarbeiterin der Stiftungsgemeinschaft anstiftung & ertomis bundesweit Gemeinschaftsgärten.

Joanna Nogly ist Initiatorin des Stadtgartens Nürnberg.

Klaus Pellmann ist Berufsschullehrer an der Peter-Lenné-Schule.

Max von Grafenstein ist Ökolandwirt und Gründer der Bauerngärten.

Roland Brücher ist Initiator des Stadtgartens Nürnberg.

Sabine Friedler ist Gründungsmitglied des Bürgergartens Laskerwiese und leitet das benachbarte Jugendzentrum E-LOK, zu dessen Profil aktive Stadtteilarbeit gehört.

Severin Halder ist Aktionsforscher an der Humboldt-Universität und Gartenaktivist im Allmende-Kontor.

Steffen Kühne arbeitet als Referent für Politische Bildung im Themenfeld Nachhaltigkeit und sozial-ökologischer Umbau für die Rosa-Luxemburg-Stiftung.

Svenja Nette tut diverse Dinge im Prinzessinnengarten.

Urbane Gemeinschaftsgärten:
Lernräume für eine zukunftsfähige Gesellschaft

Von Christa Müller

Das im Do-it-yourself-Siebdruck gestaltete Titelbild des vorliegenden Handbuchs ist Programm: Wildpflanzen umwuchern eine Hochhauslandschaft, dazwischen sprießen Tomaten und eine überdimensionierte Maiskolben-Heuschrecke schaut sich in aller Ruhe im urbanen Biotop um. Im Buchinnern treffen wir auf eine Gießkanne auf Vogelbeinen und einen Menschen mit Zwiebelkörper: Bruno Latours „Parlament der Dinge" lässt grüßen. Der französische Soziologie brach schon in den neunziger Jahren die Schranke zwischen Kultur und Natur auf und entwarf eine gesellschaftliche Perspektive, die die fragilen, vielfältigen Netzwerke in einem lebendigen Kosmos von menschlichen und nicht-menschlichen Wesen in den Blick rückt. Hier sind Pflanzen und Tiere keine „Ressourcen", sondern selbst Akteure, die ein Recht auf ihnen gemäße Umwelten in der Stadtgesellschaft haben.

Heute experimentieren die neuen urbanen Interventionist*innen mit dieser erweiterten Vorstellung (bzw. Rezeption) von Gesellschaft. In den von ihnen gebauten DIY-Räumen lernen Menschen in Mensch-Ding-Tier-Pflanze-Kohabitationen voneinander und von den geheimnisvollen Welten der Bienen, Stauden, Hühner und Europaletten. Im Gewusel des Miteinanders entsteht freier Raum, um das gesellschaftliche Verhältnis zur Natur neu auszuhandeln.

Urban Gardening, Guerilla Gardening und andere Formen der Aneignung und Umdeutung des öffentlichen Raums spielen im Feld des neuen urbanen Interventionismus eine bedeutende Rolle. Gemeinschaftsgärtnern bzw. der Trend zum Selbermachen generell sind Ausdruck und zugleich Treiber eines gesellschaftlichen Wandels in den westlichen Wohlstandsgesellschaften. Nicht zuletzt deshalb, weil sie deren duale Unterscheidungslinien zwischen Natur und Kultur, Produktions- und

Privatsphäre und in letzter Instanz auch zwischen Bürger*innen und Verwaltung in Frage stellen.

Für Stadtverwaltungen, Behörden und andere Institutionen aus der Tradition der Industriegesellschaft sind die neuen postindustriellen Mentalitäten und Handlungsformen vorläufig noch eine echte Herausforderung. Zugleich haben Stadtverwaltungen die Chance, die Interventionen und die damit verbundenen urbanen Innovationen zu unterstützen und zu fördern, weil sie zu den wichtigsten Grundstückseignern gehören. Für sie ergeben sich viele neue Perspektiven, um ihren Auftrag zu erfüllen, der da lautet, den öffentlichen Raum zugänglich zu machen für alle. Sicherlich ist es darum notwendig, über die Begriffspolarität von privat und öffentlich neu nachzudenken. Gemüseanbau ist nicht per se privat. Wenn er im Rahmen eines für alle offenen Gemeinschaftsprojekts stattfindet, sieht die Sache sofort anders aus. Durch die gemeinschaftliche Nutzung verwandelt sich ein öffentliches Gut in ein Gemeingut, in ein Common, eine Allmende.

Die Privatisierung des öffentlichen Raums, die de facto eher durch seine wachsende Ökonomisierung und durch den motorisierten Individualverkehr stattfindet, wird im Urban Gardening kritisch befragt und durch offene, demokratische Praxen konterkariert: Die Akteure reklamieren öffentliche Flächen für nicht-kommerzielle Orte der Begegnung und des Tätigseins, für gemeinwohlorientierte Nutzungen. Sie ermöglichen Naturerfahrung, sie sind Lernorte für alle, Freiraum zum Selbermachen - und nicht zuletzt Orte der öffentlichen Debatte. Das vorliegende Buch legt von all dem beredt Zeugnis ab. Urbane Gemeinschaftsgärten fangen etwas Sinnvolles mit brach liegenden Flächen an, der Zugang zu ihnen ist frei. Es müssen keine Eintrittsgelder entrichtet werden. Es gibt auch keinen Verzehrzwang. Die pluralen baulichen Settings sprechen vielmehr eine möglichst breite Vielfalt von Menschen an und versammeln sie hier auf produktive Weise. Zwar

295

werden urbane Gärten des neuen Typs häufig von Jüngeren mit akademischer Ausbildung gegründet. Allerdings wollen sie ihre Erfahrungen mit der Natur nicht allein machen, sondern gemeinsam mit anderen. Sie wollen die Menschen kennen lernen, die in ihrem Stadtviertel leben. Vielleicht fühlen sich deshalb Stadtbewohner*innen aus unterschiedlichen Milieus nicht nur von den temporären Architekturen des Hands-on-Urbanism angezogen und vor allem eingeladen, mitzumachen und anzupacken. Das reicht von älteren Erwerbslosen über Studierende, Pfandsammler oder arrivierte Bel-Etage-Bewohner*innen mit und ohne Zuwanderungsgeschichte.

Eine Brachfläche ist eine seltene Gelegenheit, sich in einer nach Klassen und Schichten segregierten Stadtgesellschaft auf Augenhöhe zusammenzufinden. Viele sehen es als Gewinn an, von dem Wissen und Können zu profitieren, das andere mitbringen, und auf diese Weise den eigenen Horizont erweitern zu können.

Die Projekte, von denen in diesem Buch die Rede ist, verstehen sich explizit als selbstorganisierte Lern- und Bildungsräume, oder, wie es so markant in der Einleitung heißt: *Learning by doing* ist hier *Learning by digging*. Man widmet sich gemeinsam den Dingen und befähigt sich gegenseitig. Zahlreiche urbane Gärten unterhalten Akademien, Bibliotheken und Diskussionsforen, in denen Wissen über Stadtentwicklung, Pflanzenwachstum, Subsistenztechniken, aber auch über die Verwerfungen der industriellen Landwirtschaft geteilt werden. Das im Internet praktizierte Teilen von Kenntnissen und das hieraus resultierende Welt- und Machbarkeitsverständnis migriert in die analogen Räume und wird zu Voraussetzung und Grundlage für die Begegnung mit der eigenen Stadt und ihren Bewohner*innen. Nicht zufällig spielen der Anbau von Lebensmitteln und das Experimentieren mit regionalen und saisonalen Qualitäten in der neuen Subsistenzbewegung eine zentrale Rolle. Seit Beginn des 21. Jahrhunderts verbindet sich Selbstversorgung in den urbanen Zentren nicht mehr mit Rückständigkeit und Armut, sondern mit Lebensqualität, Stadtökologie, Bildung und einem neuen Begriff von Wohlstand: Gemeinschaftliche Selbstversorgung ist Grundlage für zeitgenössische Formen der Vergemeinschaftung und für den Zugang zu hochwertigen Lebensmitteln. Der urbane Garten von heute ist ein Experimentierraum, in dem es zentral um die Frage geht, wie wir mit begrenzten Ressourcen und in einem pluralen Setting das „gute Leben" für alle gestalten können.

Von daher ist es folgerichtig, dass ein Buch über urbanes Gärtnern als Bildungshandbuch konzipiert ist und dass dem Forschen über diese Zusammenhänge ein ebenso gebührender Platz eingeräumt wird wie dem Umgang mit der Erde oder dem Hühnermist.

Die Welt braucht mehr solcher Orte und wer wissen will, wie man sie aufbaut, bespielt und langfristig erhält, kommt an diesem Bildungshandbuch nicht vorbei.

Christa Müller ist Soziologin und leitet die Stiftungsgemeinschaft anstiftung & ertomis, die urbane Gärten unterstützt, berät, vernetzt und erforscht. www.anstiftung-ertomis.de

Wir und unsere Verbündeten

Bauerngarten
www.bauerngarten.net

Allmende-Kontor
www.allmende-kontor.de

Prinzessinnengarten
www.prinzessinnengarten.net

Bürgergarten Laskerwiese
www.laskerwiese.blogspot.de

Peter-Lenné-Schule
www.peter-lenne-schule.de

Landwirtschaftlich-Gärtnerischen Fakultät
der Humboldt Universität zu Berlin
www.agrar.hu-berlin.de

Gartenkarte
www.gartenkarte.de

kollektiv orangotango
www.orangotango.info

Stadtacker.net
www.stadtacker.net

Stiftungsgemeinschaft anstiftung&ertomis
www.anstiftung-ertomis.de

workstation ideenwerkstatt e.V.
www.workstation-berlin.org

Dank an:
Alle Gärtner*innen dieser Welt,
ohne euch hätte dieses Buch keinen
Sinn; Gudrun Laufer und Günter
Kühling für eure Unterstützung
als Projektleiter*innen; alle
Unterstützer*innen des
„Runden Tisches Urban
Gardening und Bildung",
der Gartenkarte und von
100% Tempelhof.

AG SPAK Bücher – Solidarische Ökonomie (Auswahl)

Elisabeth Voß, NETZ f. Selbstverwaltung u. Selbstorganisation
Wegweiser Solidarische Ökonomie
ISBN 978-3-930830-50-3 I 2010 I 92 Seiten I 9 €
Nach einer kurzen Einführung in Geschichte und Hintergründe der Solidarische Ökonomie werden einzelne Bereiche vorgestellt: selbstverwaltete Betriebe, Genossenschaften, Kommunen, Haus- und Gartenprojekte, Projekte in den Bereichen Soziales, Kunst, Kultur, Bildung und Medien, Frauenprojekte, Tauschringe, Umsonstläden und Open Source, solidarische Finanzierungsstrukturen, Netzwerke und Verbände.

Kollektiv Orangotango (Hg.)
Solidarität & Kooperation.
Theorie und Praxis in Lateinamerika und Europa
ISBN 978-3-940865-07-6 I 2010 I 180 Seiten I 18 €
Der Sammelband bietet einen Einblick in die Vielfältigkeit alternativer Gedanken und Erfahrungen in Lateinamerika und in Deutschland. Inspiriert wird er hierbei von aktuellen regionalen und globalen Entwicklungstendenzen hin zu solidarischen und kooperativen Formen jenseits von Ausbeutung und Gewinnmaximierung.

workstation ideenwerkstatt berlin (Hg.)
Von Grasmöbeln, 1-€-Jobs und Anderem
Ein Portrait der workstation ideenwerkstatt berlin
ISBN 978-3-940865-41-0 I 2012 I 240 Seiten I 16 €
Die workstation ist in der Berliner Projektelandschaft der Offenen Werkstätten und des Urban Gardening eine frühe Pionierin. Die workstation ist ein Möglichkeitsraum der besonderen Art. Hier soll/kann mensch alles Mögliche selber machen, vor allem aber sich seine eigenen Gedanken. Es geht um den neuen, den eigenen Dreh: Wie man eigentlich leben und arbeiten will...

Lisa Mittendrein
Solidarität ist alles was uns bleibt
Solidarische Ökonomie in der griechischen Krise
ISBN 978-3-940865-55-7 I 2013 I 208 Seiten I 16 €
In Folge von Krise und Austertitätspolitik kämpft die griechische Bevölkerung heute mit dem Zusammenbruch der Wirtschaft, mit Arbeitslosigkeit, Armut, einem dysfunktionalen politischen System und gesellschaftlicher Desintegration. Doch der Widerstand ist und bleibt groß. Immer mehr Griechinnen und Griechen nehmen ihre Versorgung, den Zusammenhalt des Gemeinwesens und die Suche nach Alternativen selbst in die Hand: Sie bauen eine Solidarische Ökonomie von unten auf.

AG SPAK Bücher I www.agspak-buecher.de